Evangelische Beichtstühle in Franken

Bezirk Mittelfranken

Evangelische Beichtstühle in Franken

Hildegard Heidelmann

Helmuth Meißner

Schriften und Kataloge des Fränkischen Freilandmuseums, Band 33
Herausgegeben im Auftrag des Bezirks Mittelfranken von Konrad Bedal

Den folgenden Einrichtungen danken wir für die
freundliche Unterstützung:

Bezirk Mittelfranken
Bezirk Oberfranken
Bezirk Unterfranken
Evangelisch-Lutherische Landeskirche in Bayern
Friedrich-Baur-Beteiligungs-GmbH
Heidelmann & Walter
Landkreis Bayreuth
Landkreis Coburg
Landkreis Kulmbach
Landkreis Wunsiedel

Umschlag: Ausschnitt aus dem Konfessionsbild der Kirche St. Kilian
in Kasendorf, von Andreas Herneisen, 1602

© by Fränkisches Freilandmuseum des Bezirks Mittelfranken
Redaktion und Gestaltung: Andrea K. Thurnwald
Umschlagentwurf: Andrea K. Thurnwald
Gesamtherstellung: Druck + Papier Meyer GmbH, Scheinfeld
ISBN 3-926834-46-3
Printed in Germany 2001
Verlag Fränkisches Freilandmuseum, Bad Windsheim

Inhalt

Geleitwort

Einleitung   9

Beichtstühle in der Fachliteratur   13

Zur Geschichte der lutherischen Beichte   17
Von Luther bis zum Pietismus • Wandel der Beurteilung •
Neues Verständnis für die Einzelbeichte • Zusammenfassung

Zur Geschichte des Beichtstuhls   36
Der katholische Beichtstuhl • Der evangelische Beichtstuhl •
Evangelische Beichtstühle in Franken

Typologie der evangelischen Beichtstühle in Franken   43
Beichtstühle des Typs 1 • Der Schmuck der Beichtstühle des Typs 1 •
Beichtstühle des Typs 2 • Der Schmuck der Beichtstühle des Typs 2 •
Beichtstühle des Typs 3 • Beichtstühle des Typs 4 • Schmuck der
Beichtstühle des Typs 4 • Beichtstühle des Typs 5 • Der Schmuck
der Beichtstühle des Typs 5

Zur Verbreitung der evangelischen Beichtstühle in Franken   59

Ausblick   60
Anmerkungen   62

Katalog   65
Abbildungsnachweis   167
Literaturverzeichnis   168
Register   175
Typologie   183
Verbreitungskarte   185

Beichtstuhl der
Pfarrkirche
St. Helena zu
Großengsee, von
1705

Geleitwort
Wolfgang Brückner

Die vorliegende Dokumentation besitzt drei Promotoren: die beiden Verfasser und das Fränkische Freilandmuseum Bad Windsheim mit seinem im Entstehen begriffenen Ausstellungskomplex „Evangelische Frömmigkeit" in der einstigen Spitalkirche. Frau Hildegard Heidelmann hat an der Universität Würzburg eine volkskundliche Magisterarbeit über „Zeugnisse der evangelischen Beichte in Franken" verfasst und daran anschließend eine Gesamtinventarisation protestantischer Beichtstühle begonnen, ausgehend von Unter- und Mittelfranken. Helmuth Meißner hatte zur gleichen Zeit in Oberfranken die Registrierung der noch vorhandenen Beichtstühle zum Ziel einer eigenen Publikation gemacht, die seinem Buch und Katalog „Kirchen mit Kanzelaltären in Bayern" von 1987 folgen sollte. Daraus ergab sich eine fruchtbar ergänzende Zusammenarbeit von Frau Heidelmann und Herrn Meißner, deren Ergebnis den Fachbeirat des Projektes „Spitalkirche" veranlasst hat, die Drucklegung durch das Freilandmuseum zu empfehlen. Dort sind die Träger Bezirk, Stadt, Museum, Landeskirche und Dekanat gemeinsam daran interessiert, die zukünftige Sammel- und Ausstellungstätigkeit für den restaurierten Sakralraum als Ambiente durch begleitende Forschungen und Quellenaufbereitungen zu unterstützen. Die Dokumentation der evangelischen Beichtstühle bietet sich hierfür als ein ideales, ja wegweisendes Beispiel an. Nicht nur für die Denkmalpflege werden bislang oft missachtete Kirchenmöbel systematisch registriert, sondern damit zugleich wichtige Materialien einer Realienkunde christlicher Archäologie der letzten Jahrhunderte zur Verfügung gestellt. Vor allem aber lässt sich an ihnen als Gesamtbestand der einstige Lebenszusammenhang einer gelebten Frömmigkeitskultur erschließen.

Die Einheit von Glaube und Leben, kirchlicher Praxis und regionalem Selbstverständnis scheint schon in der Konstruktion der Beichtstühle auf. Sie sind unmittelbare Zeugnisse ländlicher Handwerksarbeit und stehen in direkter Parallele zu den schlichten wie aufwendigeren, einfachen wie bunten sogenannten Bauernmöbeln und den üblichen Holzeinbauten oder gar bloßen Stühlen fränkischer Häuser. Es sind die gleichen Schreiner und Maler, oft beides in einer Person, die hier für meist enge Verhältnisse passende Lösungen finden mussten und das nicht nur im räumlichen Sinne verstanden. Wir haben also keine spektakulären Schöpfungen vor uns und kaum populäre Kunst im folkloristischen Verständnis heutiger Nostalgien, sondern meist unscheinbare Gebrauchsmöbel. Erst ihre ursprünglich geistliche Funktion, nämlich die einstige Bestimmung im christlichen Jahreslauf der Bußzeiten machen ihre Besonderheit aus. Nur wenn wir uns den damit verbundenen Sitz im Leben vergegenwärtigen, und das heißt zu verstehen versuchen, was die Einzelbeichte früher bedeutete, werden diese „Antiquitäten" sprechende Zeugnisse einer religiösen Vergangenheit unserer Vorfahren. In den Kirchen sollen sie in Zukunft weiterhin als überkommene Relikte an frühere Zeiten geachtet werden können, zumal die Privatbeichte im fränkischen Protestantismus keineswegs völlig ausgestorben ist, das Museum aber stellt heute den öffentlichen Lernort historischer Erinnerungen dar. Hier wird das Bewusstsein für die Bedeutung kultureller Überlieferungen geschärft. Damit erfüllt das Fränkische Freilandmuseum des Bezirkes Mittelfranken eine wichtige pädagogische Aufgabe an uns allen.

Die Existenz evangelischer Beichtstühle erregt bei den meisten Zeitgenossen, selbst bei evangelischen Christen, stets großes Erstaunen. Zugleich werden Vorurteile gegen die Beichte deutlich. Beides rührt daher, dass die Beichtlehre von Dr. Martin Luther weithin unbekannt ist und man unwillkürlich an die kanonische katholische Beichte denken muss. Private Beichte oder Einzelbeichte in der evangelisch-lutherischen Kirche ist dennoch manchen geläufig, weil der örtliche Pfarrer sie in neuen Formen mit Konfirmanden praktiziert. Ältere Gemeindeglieder haben noch eine gute Vorstellung von der Einzelbeichte, vor allem in Gemeinden, in denen Pfarrer die private Beichtanmeldung vor Ostern gepflegt haben, sie teilweise bis heute entgegennehmen.

Auch bayerische Lutheraner wissen häufig nicht, dass in ihrer Kirche von der Einzelbeichte in Form eines Beichtgesprächs unter dem Siegel der Verschwiegen-

Konfessionsbild aus St. Kilian, Kasendorf, Andreas Herneisen, 1602

heit Gebrauch gemacht werden kann.[1] Wird diese gewünscht, werden die in den Kirchenräumen erhaltenen Beichtstühle kaum noch dazu benutzt. Deren meist offene Form würde auch kaum die Wahrung des Beichtgeheimnisses garantieren. Meistens findet der freiwillige private Beichtakt in der Sakristei statt, vor einem Altar, im Sprechzimmer des Pfarrers, auf besonderen Stühlen oder Sesseln - Beichtiger und Beichtender nebeneinander oder gegenüber.

Der Beichtstuhl in der Sakristei der Stadtpfarrkirche St. Lorenz in Altdorf aus dem 18. Jahrhundert dient noch heute zur Abnahme der evangelischen Einzelbeichte. Er hat die Form eines Ohrenbackensessels und lädt mit seiner Inschrift: „So bitten wir nun

Beichtstuhl aus der Stadtpfarrkirche St. Lorenz in Altdorf, 18. Jh.

an Christi statt, lasset Euch versöhnen mit Gott. II Corinth V" zu Sündenbekenntnis und Absolution ein. Von den Theologen der Universität Altdorf gingen zahlreiche Impulse für die seelsorgerische Handhabung der Beichte aus, kritische Beurteilung von dort hatte Wandel in der Praxis zur Folge.

Luther selbst genoss die tröstliche Wirkung der Beichte sein Leben lang. Zeugnis für die durch ihn reformierte Beichte geben die Beichtszenen auf zahlreichen Altären (Wittenberg, Regensburg) und Bekenntnisgemälden (Windsheim, Nürnberg-Mögeldorf, Kasendorf, Kulmbach und Weißenburg) aus dem 16. und beginnenden 17. Jahrhundert.

Dargestellt ist meist ein chorgestühlartiger Doppelsitz mit Brüstung, baldachinartigem Gesims und Inschriftband. Jeweils zwei Beichtväter in weißen Chorhemden und Barett hören sitzend die Beichte eines Mannes und einer Frau. Im Kasendorfer Bild umstehen noch andere Beichtkinder das Gestühl. Den Beichtstuhl auf dem Windsheimer Gemälde hat der Maler mit einer pultartigen Brüstung versehen, vor der zwei Personen in ihrem Katechismus lesen.

Die Lehrgrundlage für die Beichte wurde 1530 mit Artikel 11 des Augsburger Bekenntnisses geschaffen, auf welchem die Kirchenordnungen der evangelischen Landeskirchen fußten, für Franken im wesentlichen die der Markgrafen von Brandenburg-Ansbach, Brandenburg-Bayreuth/Kulmbach und der Stadt Nürnberg. Ihre Vorschriften regelten in umfangreichen Paragraphen auch die Beichte. Schon beim ersten Blick auf die Form der evangelischen Beichtmöbel stellt sich die Frage nach der Art der darin geübten Praxis der Einzelbeichte. Pfarrbeschreibungen und Visitationsberichte des 17. und 18. Jahrhunderts sprechen regelmäßig vom eifrigen „Beichtkonkurs" der Pfarrkinder aller Altersstufen zu den in den Kirchenordnungen vorgeschriebenen Beichtterminen. Lange Anmeldelisten verzeichnen die Namen der „Beichtkinder", die persönlich vorsprechen mussten, um anzuzeigen, dass sie ihre Beichte vor dem Gang zum Abendmahl verrichten wollten.

Aufgerufen waren alle Pfarrgemeindeglieder, die den Katechismus erlernt hatten, nach Einführung der Konfirmation im 18. Jahrhundert alle, die konfirmiert waren. Man liest vom Beichtandrang in den Kirchen, von stundenlangem Beichthören und dem Aufstellen eines weiteren Beichtstuhls für einen zweiten Beichtvater. Was mit dem Eintragen des Beichtkindes in die Anmeldungslisten begonnen hatte, wurde mit einem Glaubensverhör des Einzelnen - bereits bei der Anmeldung im Pfarrhaus oder beim Beichttermin in der Kirche - fortgesetzt. Im oder vor dem Beichtstuhl, in dem Pfarrer oder Diakon saßen, sprach der einzelne seine Beichtformel, die Reue über die begangenen Sünden und die Bitte um Vergebung durch die Gnade Gottes enthalten musste. Die Absolution erteilte ihm der Beichtvater durch Handauflegung, wozu der Beichtende sich je nach Konstruktion des Beichtstuhls seitlich oder vor dem Sitz des Beichtvaters niederknien konnte.

Ob anderswo als in Altdorf Beichtstühle noch zur Beichtabnahme benutzt werden oder welche Funktion sie heute haben, kann jeweils nur vor Ort geklärt werden. In einigen Fällen verdanken sie ihren Erhalt einer Umnutzung als Schrank, Sessel oder Kirchenstuhl. Ausrangiert fanden einige einen Platz in Turm oder Pfarrhaus. Viele aber sind verschwunden, auch ohne dass man wusste, zu welchem Zweck sie gedient hatten. In Nürnberg wurde die Einzelbeichte 1540 eingeführt und 1790 wie in den Markgrafentümern durch die sogenannte Allgemeine Beichte abgelöst, die dann in den bayerischen Agenden bestätigt wurde. Seit der Zeit um 1700 waren im Zuge

Konfessionsbild der Nikolauskirche in Nürnberg/Mögeldorf, von Andreas Herneisen, 1601

der Aufklärung Diskussionen um den Nutzen der jetzt polemisch nach katholischem Vorbild „Ohrenbeichte" genannten Privat- oder Einzelbeichte entstanden. Pietisten übten Kritik an der „Pflichtinstitution" der Beichte, die keine eigentliche Buße und Umkehr des Einzelnen gewährleistete. Im 19. Jahrhundert erlebte das persönliche Sündenbekenntnis durch Wilhelm Löhe eine regionale Spätphase, eine allgemeine Erneuerung gelang jedoch nicht.

Die meisten der erhaltenen evangelischen Beichtstühle in Franken sind in der Zeit zwischen 1680 und 1750 entstanden. Durch Denkmalpflege und Inventarisierung von Kirchengut wurde man neuerlich auf Beichtmöbel aufmerksam. Inschriften, Archivalien wie Visitationsberichte, Schreinerrechnungen und Pfarrbeschreibungen führten zur Entdeckung weiterer Beichtstühle. Ohne solche Zeugnisse ist es bei manchem schrank- oder kammerförmigen Fund schwierig, die Funktion als Beichtstuhl zu bestimmen, weil seine Konstruktion der eines Gestühls für eine privilegierte Person gleicht.

Nur wenige der Beichtstühle sind in den Inventarien der bayerischen Kunstdenkmäler, die Anfang dieses Jahrhunderts und in den 1960er Jahren erschienen, verzeichnet, weil lediglich einige durch Form und Dekor für kunsthistorisch bedeutsam erachtet wurden. Auch von diesen sind manche heute nicht mehr vorhanden oder durch Entfernen der Gitter oder den Einbau in das bestehende Gestühl umgestaltet worden. Die Funde der letzten zehn Jahre gehen auf historisch-religionsgeschichtliches Interesse an evangelisch-lutherischer Frömmigkeit an den Universitäten Erlangen-Nürnberg und Würzburg zurück. Helmut Schatz und Helmuth Meißner entdeckten Beichtstühle in Mittelfranken und Oberfranken. Gertrud Voll, die für die Landeskirche Kulturgut in den Kirchen erfasst, gab wertvolle Hinweise.

Kartenskizzen der Fundorte und eine typologische Zusammenstellung entstanden 1995 durch die Autorin im Rahmen einer Magisterarbeit im Fach Volkskunde bei Prof. Dr. Wolfgang Brückner, Universität Würzburg. Unter dem Titel „Zeugnisse zur evangelischen Beichte in Franken" wurden auch Beichtbriefe, Beichtzettel, Beichtformeln, Predigten und katechetische Schriften vorgestellt. Für den benachbarten sächsischen Raum engagieren sich Dr. Hartmut Ritschel und Dr. Frank Schmidt, beide Dresden, die für die Kirchen ihres Bereichs zu dem Schluss gelangen, dass einst in jeder evangelischen Kirche ein Beichtstuhl vorhanden war. Der landeskirchliche Beauftragte der Evangelisch-Lutherischen Kirche für Kunst, Kirchenrat Andreas Hildmann, München, begleitete die Forschungen mit Interesse und trug zur Aufspürung unbekannter Beichtmöbelexemplare bei. Dank gebührt den zahlreichen Pfarrämtern und Dekanaten, dem Landeskirchlichen Archiv Nürnberg, den vielen Messnerinnen und Messnern, Heimatforschern und Kunstsachverständigen sowie Angestellten von Archiven und Bibliotheken für wertvolle Auskünfte und Hilfe. Prof. Dr. W. Brückner unterstützte die Arbeit und gab Hinweise auf Beichtstühle und Literatur.

In der vorliegenden Zusammenstellung bisher entdeckter Beichtstühle möge ihre Vielfalt in Konstruktion und Ikonographie offenbar werden. Weitere Funde sind wahrscheinlich, besaß doch jede Kirche im Geltungsbereich lutherischer Kirchenordnungen während der Zeit, als die Privatbeichte unumstritten war, ein als Prinzipalstück eingeschätztes Beichtmöbel. Ausgehend von den Sachzeugnissen evangelischer Beichtstühle ergeben sich Fragen nach dem Stellenwert der Beichte im religiösen Leben der Gemeinden und ihrer prägenden Wirkung auf die konfessionelle und soziale Kultur. Für die Erforschung der Frömmigkeitsgeschichte Frankens stehen die evangelischen Beichtstühle an der Nahtstelle zwischen geschriebener Norm und gelebter Realität.

Beichtstühle in der Fachliteratur

Die Konversationslexika von 1850 bis heute kennen den Beichtstuhl als Objekt nur für die katholische Kirche. Evangelische Kirchenlexika bezeichnen ihn als „Kultgerät" der katholischen Kirche oder stellen fest, dass die Beichtstühle „aus sehr vielen protestantischen Kirchen verschwunden sind, weil sie in der That zwecklos geworden sind, wenn nach und nach die alte Lutherische Form der Privatbeichte gefallen ist".[2] Im Reallexikon zur Deutschen Kunstgeschichte sind Beichtstühle des Barock als prunkvoll gestaltete Ausstattungsstücke katholischer und evangelischer Kirchen beschrieben und abgebildet. Hingewiesen wird hier auf Veröffentlichungen aus zwei lutherischen Gebieten: 1932 stellte Alfred Zobel die „Beichtstühle in schlesischen evangelischen Kirchen" zusammen. Er erwähnte 64 Beichtstühle, von denen damals noch 50 erhalten waren. Einige sind im Artikel „Beichtstühle" im RDK abgebildet. Wenig später (1935) erschien der Zeitschriftenartikel „Protestantische Privatbeichte und protestantische Beichtstühle in Ostpreußen" von Georg Stuhlfauth, der noch etwa 100 Stück angibt. Er konnte auf die „Geschichte der Bildhauerkunst in Ostpreußen" von Anton Ulbrich[3] zurückgreifen. Unter den darin aufgenommenen Bildhauerwerken Ostpreußens befanden sich viele imposante evangelische Beichtstühle, überwiegend aus der Zeit um 1750. Kennzeichnend war die offene Form mit thronartig erhöhtem Sitz (Cathedra Petri), gedrehten Säulen und figurenreichem Baldachin. In Teilen Skandinaviens, so in Dänemark, ist die lutherische Beichtpraxis weitgehend erforscht.[4] Es gibt dort eine ähnliche Vielfalt zweckmäßiger Beichtstühle wie in Franken, vom Einzelsessel bis zur bemalten Beichtkammer, doch ist bis heute keine Zusammenstellung erschienen.

Ausgehend von den ehemaligen lutherischen Territorien in Deutschland begann Helmut Schatz (Obernzenn, Mfr.) vor einigen Jahren Fotografien erhaltener Beichtstühle in seinem privaten Archiv zu sammeln. Waren solche Funde in Mecklenburg-Vorpommern (Greifswald, Rügen), Brandenburg (Bernau), Hamburg, Schleswig-Holstein, Sachsen und Thüringen eher selten, so ließen sich in allen Teilen Frankens - einhergehend mit der Betreuung von kirchlichem Kunst-

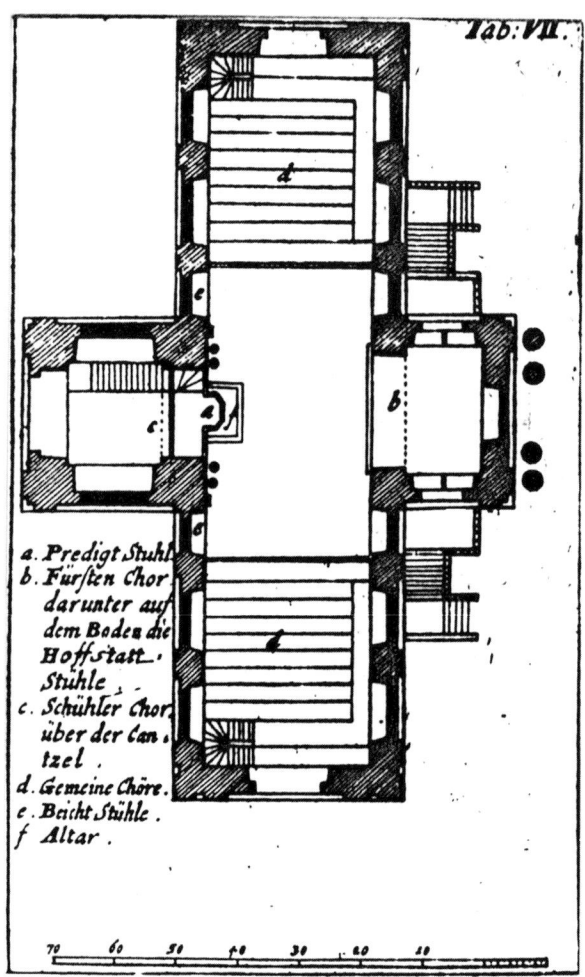

Tab: VII.

a. Predigt Stuhl
b. Fürsten Chor
    darunter auf
    dem Boden die
    Hoffstatt
    Stühle.
c. Schüler Chor
    über der Can.
    tzel.
d. Gemeine Chöre.
e. Beicht Stühle.
f. Altar.

70   60   50   40   30   20   10

Idealgrundriss mit eingezeichnetem Beichtstuhl, aus: Leonhard Christoph Sturm, „Architectonisches Bedencken...", 1712

gut im Auftrag der Evangelisch-Lutherischen Kirche in Bayern (Gertrud Voll) - immer mehr Beichtstühle in evangelischen Kirchen erfassen. Diese Funde veranlassten den Lehrstuhl für Volkskunde in Würzburg (Prof. Dr. Wolfgang Brückner), sich mit der Funktion der Einzelbeichte im Lebenszusammenhang zu befassen. Eine erste Annäherung erfolgte in der Magisterarbeit „Zeugnisse der evangelischen Beichte in Franken" von Hildegard Heidelmann, in deren Mittelpunkt die Beichtstühle stehen.

Einige der kunstvoll gestalteten evangelisch-lutherischen Beichtstühle in Franken sind in Inventarien, vor allem in den Bänden der „Bayerischen Kunstdenkmäler", und in Dehios Handbuch der Deutschen Kunstdenkmäler, Bayern I. Franken, aufgeführt. Manches Exemplar mag sich noch hinter den Bezeichnungen „Pfarr-, Herrschafts- oder Chorstuhl" verbergen.

In architektonischem Zusammenhang erscheint der Beichtstuhl in Idealplänen evangelischer Kirchen von Leonhard Christian Sturm.[5] In Franken gehörte er als integriertes Ausstattungsstück zur Inneneinrichtung einiger im 18. Jahrhundert neu erbauter oder veränderter evangelischer Kirchen. In einigen Grundrissen ist er eingezeichnet: Bayreuth-St. Georgen, Henfenfeld, Stadtkirche Hersbruck, Seibelsdorf, Wilhermsdorf. Zu Kirchenbau und Kirchenraumgestaltung fränkischer Kirchen im „Markgrafenstil" erschienen seit 1980 die Werke von Klaus Raschzok[6], Alfred Schelter[7] und Helmuth Meißner[8]. Ihnen ist zu entnehmen, dass die meisten der neuen, vom Rationalismus geprägten Predigtkirchen mit Kanzelaltar den Beichtstuhl im Kirchenraum nicht mehr vorsahen, sondern in die Sakristei „verbannten". Solche beweglichen Beichtstühle brachte die Durchsuchung von Kirchenarchiven nach Rechnungen und Inventarien zutage. Für manchen erhaltenen Beichtstuhl konnten so durch geduldige Recherchen, hauptsächlich im Landeskirchlichen Archiv in Nürnberg, Hersteller und Anschaffungskosten ermittelt werden. Einige der Stühle, für die sich archivalische Nachweise fanden, scheinen noch bei Kirchenrenovierungen in den 1960er Jahren abhanden gekommen zu sein (Dorfgütingen, Engelthal, Vorra).

14

Prof. Dr. Peter Poscharsky, Erlangen, entdeckte mit seinen Studenten oberfränkische Beichtstühle in Hiltpoltstein, Kirchrüsselbach und Wonsees und bildete den mit aufwendigen Schnitzereien gezierten von St. Helena (Großengsee) in seinem Buch ab.[9] Bei Gerhard Bogner[10] finden sich einige zusammenfassende Bemerkungen über evangelische Beichtstühle in Franken und die Erwähnung einiger Beispiele: „In Windsbach bei Ansbach hat sich ein lutherischer Beichtstuhl von 1719 erhalten, wirklich nur ein geschmückter Großstuhl mit einem ganz zurückhaltenden Richtstuhlcharakter. In Sondheim am Grabfeld steht ein viel einfacherer, hölzerner Beichtstuhl. Die Michaelskirche in Thalmässing/ Mittelfranken hat ihren von 1712 erhalten. Und in Rugendorf/ Oberfranken steht als ‚mahnende Erinnerung‘ ein großes, bemaltes Gehäuse, an dessen unterer Seite man in den züngelnden Blumen das Fegefeuer zu sehen meint." In den letzten Jahren erschienen Zeitungsartikel von Schatz und Meißner im Zusammenhang mit Beichtstuhlfunden in evangelischen Kirchen Ober- und Mittelfrankens. Sie machten mit Abbildungen auf das Möbel und seine Geschichte aufmerksam. Die jüngste der lokalen Veröffentlichungen von Dekanaten und Pfarreien ist die „Festschrift zur 500-Jahr-Feier der St. Nikolauskirche Winterhausen"[11] mit Beschreibung und Abbildung des dortigen Beichtstuhls von 1731.

Schließlich gehören zum Quellenfundus autobiographische Zeugnisse der Memoiren- und Romanliteratur. Der Stuttgarter Stadtvikar Christoph Friedrich Rink vermerkte 1783/84 in seinem Reisetagebuch, das er im Auftrag des Markgrafen von Baden führte, was er in der Nürnberger St. Lorenzkirche beobachten konnte: „In der Beicht sitzen zugleich 8 Geistliche in einem engen Zirkel: ein jeder hält seinen Beicht-Kindern laut eine Rede, muß sich also recht anstrengen, die andern 7 zu überschreien".[12] Er ergänzt damit den Bericht des Berliner Aufklärers Friedrich Nicolai, der sich 1781 darüber wunderte, dass man „Ceremonien beibehält, welche die Zeit verderben und gar keinen, nicht einmal kleinsten zufälligen Nutzen haben".[13] Jean Paul beschreibt in seinem Roman „Siebenkäs" einen Tod-

Tab: IV.

a. Predigt-Stuhl 8 Fuß hoch
b. Fürsten Chöre 12. Fuß hoch
c. Schühler Chor 30. Fuß hoch
d. Zwey Chöre vor Zuhörer 10. und 20 Fuß hoch
e. Beicht Stühle
f. Altar Tisch unter der Cantzel
g. } Treppen zu dem { Predigt Stuhl
h. } { Herrschafft Chor
i. } { großen und Schühler Chor

Idealgrundriss aus: Leonhard Christoph Sturm, „Architectonisches Bedencken...", 1712

Beichtszene, Holz-
schnitt aus einem
Blockbuch, um
1500, Schweizer
Zentralbibliothek,
Zürich

kranken, der „nicht an den Beichtstuhl zu scheuchen"[14] war. Ein lebendiges
Zeugnis für die Praxis der lutherischen Einzelbeichte zu einer Zeit, als sie in der
Blüte stand, geben die Tagebücher des Hofer Apothekers Michael Walburger von
1652-1667. Er notierte jeden Gang zum Beichtstuhl und die Höhe seines Beichtgeldes.[15]

Modus confitendi.

Zur Geschichte der lutherischen Beichte

Von Luther bis zum Pietismus

Im Beichtstuhl trifft das, was gelehrt wird, auf das, was getan wird. Daher ist ein Blick in die Geschichte und Entwicklung der lutherischen Beichte unerlässlich. Es kann auf eine Fülle von Literatur zum Thema zurückgegriffen werden. Sie ist größtenteils in den zitierten Werken aus Theologie, Kirchengeschichte und Seelsorge aufgeführt.

„Vor Gott soll man sich aller Sünden schuldig bekennen, auch die wir nicht erkennen, wie wir im Vaterunser tun. Aber vor dem Beichtiger sollen wir allein die Sünden bekennen, die wir wissen und fühlen im Herzen"[16], heißt es in Luthers Kleinem Katechismus.

Luthers Lehre von der Beichte hat ihre Wurzeln in der Frühscholastik. Bis zur Etablierung der Pflichtbeichte im Laterankonzil von 1214 war neben der Beichte beim Priester auch Laienbeichte als gegenseitige Vermahnung und Fürbitte zur Tilgung der Alltagssünden nicht nur unter Mönchen verbreitet. Die Funktion des Beichtpriesters war die eines Fürsprechers, der dem reuig Beichtenden anzeigte, dass die Sünden vergeben waren. Luther selbst hatte unter dem wöchentlichen Beichtzwang als Augustinermönch gelitten, andererseits regelmäßig bis an sein Lebensende bei seinem Beichtvater Bugenhagen gebeichtet.[17] Seine Kritik an der damaligen römischen Beichtpraxis gilt als Anlass zur Reformation[18], die „wesentlich Wiederherstellung der Beichte und Absolution" bedeuten sollte.[19] Luthers Lehre von der Beichte geht von der Sündhaftigkeit der menschlichen Natur aus. Diese fordere eine lebenslange reumütige Bußhaltung aus Liebe zu Christus im Bewusstsein der göttlichen Vergebung (sermo de poenitentia, 1518). Die Absolution gewann daher in Luthers Beichtlehre konstitutive Bedeutung: „Die Absolution, das ist das sacrament der puss". Sie erfolgte nicht wegen der Reue, sondern durch den Glauben an das Wort der Absolution als Gottes heiliges Zeichen.[20]

Der Reformator wollte die Beichte nicht abschaffen, sondern als Mittel zur Vervollkommnung des Lebens beibehalten. Nur zu gern hatten die Gläubigen in Wittenberg unter Leitung Karlstadts auf die papistische Ohrenbeichte verzichtet. Als dieser sie Weihnachten 1521 ohne Beichte kommunizieren lassen wollte, schritt Luther ein. Da dieser Zustand bis 1524 anhielt, musste Luther immer wieder zur Beichte Stellung nehmen. Aus den verschiedenen Aussagen in der Anfangszeit des Luthertums - nicht nur von ihm selbst, sondern auch von Freunden und Interpreten - leiten sich die unterschiedlichen Beichtgewohnheiten her. Man kann in der Diskussion darüber bis heute die eine oder andere Beichtform auf eine Lutheräußerung oder -schrift zurückführen. In Nürnberg wurde die Wiedereinführung der Privatbeichte im Jahre 1540 ebenso aus Luthers Schriften begründet wie die Einführung der allgemeinen Beichte um 1790. Was in den Kirchenordnungen der 1520er Jahre als Beichtordnung niedergelegt wurde, hatte Luther ge-

billigt, aber nur als Provisorium zur Einführung der Reformation.[21] 1527-1529 fand auf Luthers Empfehlung hin die erste sächsische Kirchenvisitation statt. Nicht vorausahnen konnte er die Entwicklung der Einzelbeichte zum gesetzlichen Mittel der Kirchenzucht.

Eine Lehrgrundlage für den neuen Glauben schufen 1530 die Artikel des Augsburger Bekenntnisses, die zur Wahrung der kirchlichen Einheit dem Reichstag zu Augsburg vorgelegt wurden. Von dem Theologen Philipp Melanchthon für einen politischen Zweck verfasst, von Luther, der sich geächtet auf der Coburg befand, gebilligt, wurde das Werk von den reformatorisch gesinnten Landesherren, wie dem Markgrafen von Brandenburg und dem Nürnberger Rat, unterschrieben. Eine päpstliche „Confutatio" diente zur Widerlegung der Confessio Augustana. Reform- und Einigungsbestrebungen beider Seiten scheiterten. Eine gute Schilderung der Vorgänge verfasste Helmut Baier.[22] Auch Luthers „Schmalkaldische Artikel", formuliert als Grundlage der Verhandlungen zu dem für das Jahr 1537 geplanten Konzil in Mantua, das erst 1545 in Trient eröffnet wurde, in denen er seine Beicht- und Bußlehre zusammen-

Holzschnitt aus Luthers „Großem Katechismus", 1536

fasste, konnten die kirchliche Einheit nicht wiederherstellen.

Artikel 11 des Augsburger Bekenntnisses lautet: „Von der Beichte: Von der Beichte wird gelehrt, daß man in der Kirche die dem einzelnen zugesprochene Absolution beibehalten und nicht wegfallen lassen soll. Freilich ist es nicht nötig, alle Missetaten und Sünden aufzuzählen, weil das gar nicht möglich ist: ‚Wer kann merken, wie oft er fehlet?' (Psalm 19,13)."

Artikel 25: „Die Beichte wurde von unseren Predigern nicht abgeschafft. Auch bei uns ist es üblich, keinem das Sakrament zu reichen, der nicht vorher befragt wurde und die Vergebung empfangen hat. Dabei wird ihnen gezeigt, wie tröstlich der Zuspruch der Vergebung ist und wie hoch die Absolution geachtet werden muß. Denn es ist nicht die Stimme des vor uns stehenden Menschen oder sein Wort, sondern das Wort Gottes selbst, der hier die Sünde vergibt ... Gott fordert, dem Zuspruch der Vergebung nicht weniger zu glauben, als wenn Gottes Stimme selbst vom Himmel erschallt. Wir sollen den Trost der Absolution fröhlich annehmen und wissen, daß wir durch diesen Glauben Vergebung der Sünden erlangen. Von diesen notwendigen Dingen haben früher die Prediger, die über die Beichte viel gelehrt haben, nicht ein Wort gesagt, sondern sie haben nur die Gewissen mit langen Aufzählungen der Sünden, mit Wiedergutmachung, Ablaß, Wallfahren und dergleichen gequält. Viele unserer Gegner geben selbst zu, daß bei uns über die rechte christliche Buße sachgemäßer geschrieben und gelehrt wird, als das lange Zeit geschehen ist..."[23] Im Augsburger Religionsfrieden von 1555 wurde das Augsburger Bekenntnis reichsrechtlich anerkannt und seine Anwendung den zur Reformation übergegangenen Herrschaften zugestanden. Es diente als Grundlage für die Kirchenordnungen der neu entstandenen evangelischen Landeskirchen und ist bis heute Lehrgrundlage der lutherischen Kirchen. Auch im aktuellen bayerischen Kirchengesangbuch wird folgerichtig die Einzelbeichte als eine Form der Beichte im Kapitel „Grund und Ausdruck des Glaubens"[24] angeboten.

Artikel 11 zählt zu den Hauptaussagen und Lehrsätzen, Artikel 25 zu den Stel-

Martin Luther: Catechismus minor, 1697, Holzschnitt, Universitätsbibliothek Würzburg, Sign. Rp XI, 10, vor S.16

Das fünffte Stück
Christlicher Lehre.

Wir haben am nächsten vom vierdten Stück Christlicher Lehre/nemlich/von der heiligen Tauffe gehöret; Wo von ist nun das Fünffte Stück?

Vom Amt der Schlüssel oder Absolution.

Wozu dienet das Amt der Schlüssel oder Absolution?

Es dienet darzu/ daß/ wo ein Christ/ nach emp.

empfangener Tauff/ aus Schwachheit seiner verderbten Natur/ wiederum gesündiget/ ihme dardurch Trost versprochen/ und er der Vergebung der Sünden versichert/ und die Unbußfertigen aus der Gemeine Christi geschlossen und verbannet werden.

Wie überkömmt man denn Vergebung der Sünden?

Erstlich in der gemeinen Predigt/ weil uns durch Christum Vergebung der Sünden geprediget und angeboten wird. Denn wer solcher Predigt gläubt/ der hat ungezweiffelt Vergebung der Sünden. Weil wir aber nicht also eines starcken Glaubens sind/ daß wir solcher öffentlichen und gemeinen Predigt ungezweiffelt uns annehmen können/ so mag ein jederman dieselbige insonderheit auch in der Beicht holen/ darinn er denn gewiß wird/ daß solche Vergebung und Absolution zu seiner Person gehöre/ und ihn insonderheit betreffe.

Was ist denn Beichten?

Es ist nichts anders/ denn seine eigene Schuld bekennen/ und um Vergebung bitten/ wie uns Christus im Vater unser gelehret hat.

Wie mancherley Weise geschicht die Beichte?
Dreyerley Weise:

Zum Ersten/ wenn wir unser gantzes Leben von

lungnahmen zur Abschaffung kirchlicher Missbräuche. Hier wird die Verknüpfung der Beichte mit dem Abendmahl betont. Vor die Absolution wurde die Befragung, das Katechismusverhör oder -examen, gestellt. Eine Unterweisung war den Verfassern zunächst deshalb wichtig, weil begriffen werden sollte, dass Gottes Wort die Sünde vergibt und der Prediger zu dessen Verkündigung bevollmächtigt ist, dann aber auch, weil durch gezielte Fragen Kenntnis über den neuen Glauben vermittelt und das Verhör so zum Glaubensbekenntnis werden konnte. Von einer Anmeldung zur Beichte, wie sie schon bald praktiziert wurde, steht hier nichts geschrieben. Auch der Beichtstuhl als Ort von Beichte und Absolution wird in den Artikeln nicht ausdrücklich genannt. Doch ist in den Konfessionsgemälden aus dem 17. und 18. Jahrhundert, die sich in vielen fränkischen Kirchen befinden (Bad Windsheim, Buchbrunn, Coburg, Kasendorf, Kulmbach, Nürnberg-Mögeldorf, Schweinfurt, Weißenburg), die Beichte sowohl als privater Akt im Beichtstuhl als auch als Gemeindebelehrung mit Einzelabsolution vor dem Beichtstuhl dargestellt.[25]

Bereits 1554 erhielt der Regensburger Maler Michael Ostendorfer den Auftrag zu einer „gemalen tafel stat des steinern" Altars mit der Darstellung des „gantz ministerium, predig, tauff, absolution und abendmahl". Das Mittelbild zeigt die damals „drei gültigen Sakramente der evangelischen Kirche: Taufe, Abendmahl und Beichte". Man hat bei genauer Untersuchung des Bildes erkennen können, dass Pfarrer und Beichtender ursprünglich nicht in einer nach zwei Seiten offenen Bank saßen, sondern im Winkel zueinander; die Bank sei gegenüber der Vorzeichnung mehr ins Zentrum geschoben, so stellte man fest. Auch die Handauflegung des Geistlichen ist - „ungelenk" - dargestellt mit der Inschrift darüber, die verkündet: „dir sind dein sünde vergeben - LVC 7"[26] Die Einzelbeichte, wenn auch durch die Reformatoren kein Gesamtsakrament mehr, gehörte also weiterhin unauflöslich zum eigentlichen Sakrament, dem Abendmahl, und bedeutete eine „Rückkehr in die Taufe".[27] Die Absolution stand jetzt im Mittelpunkt, nicht die Reue. Die Absolution erfolgte wegen des Glaubensbekenntnisses, so dass die Glaubensprüfung zum Zentralpunkt der Beichte werden musste. Melanchthon entwickelte den katechetischen Ansatz und etablierte das Glaubensverhör. „Darum, daß die Lehre vom Glauben desto bekannter würde, haben wir den Glauben für ein Stück der Buß gesetzt".[28] An der Festigung des neuen Glaubens und an Einheit und Ordnung in ihren Territorien war auch den Landesfürsten und Reichsstädten gelegen, und sie nahmen die Einzelbeichte mit allen Teilen in die herrschaftlichen Kirchenordnungen auf. Das Verhör wurde „als Predigt unmittelbar an den einzelnen" zu einem wichtigen Seelsorge- und Überwachungsmittel.[29] Zwar war den Gläubigen die Angst vor der richtenden päpstlichen Ohrenbeichte genommen, als unbequeme Neuerung mussten sie aber die Befragung hinnehmen. Die Kontrolle einer in den Kirchenordnungen verankerten Privatbeichte mit drohender Bestrafung, wie sie beispielsweise durch die Konsistorien des Markgraftums Brandenburg-Kulmbach/Bayreuth ausgeübt wurde, musste als höchst unevangelisch angesehen werden.[30] Luther hatte zur Neubelebung der

Beichte drei Formen angeboten: Die heimliche Beichte, die brüderliche Beichte, die Beichte beim ordinierten Priester. Die dritte Form wurde zum Gesetz der Landeskirchen ausgebaut. In der Folgezeit etablierte sich ein stufenweises Kontrollsystem von der obersten Konsistorialbehörde über die Superintendenten und Dekanate bis zu den Pfarrern. Im Rahmen des Aufsichtssystems, das sich entwickelte, wurde die private Beichte instrumentalisiert, aber zugleich als Frömmigkeitsübung vom Volk akzeptiert, so dass sie sich fast 250 Jahre lang in der lutherischen Orthodoxie halten konnte.

Luthers ergänzter Kleiner Katechismus[31] lieferte die Grundlagen für die neue Form der Beichte als Verhör. Hinter das bei Luther ursprünglich letzte und fünfte Hauptstück über das Abendmahl hatte man aus Osianders „Kinderpredigten" das Fragenkapitel zur Beichte als sechstes Stück angehängt. Die Ver-

mittlerfunktion lag bei den Pfarrern, für die von den Theologen liturgische Vorschriften in Form von Gottesdienstordnungen oder Agenden verfasst wurden. Sie dienten auch der Vereinheitlichung der Beichtpraxis in einem Herrschaftsgebiet. Die rasche Verbreitung der Anordnungen war der Entwicklung des Buchdrucks zu verdanken und strikter Kontrolle durch Kirchenvisitationen.

Die umfangreichsten Kapitel der lutherischen Kirchenordnungen zwischen 1525 und 1594 betrafen häufig die Beichte. In der ersten Kirchenordnung für Bran-

Detail aus dem Reformationsaltar aus der Neupfarrkirche in Regensburg, Michael Ostendorfer, 1554/1555

Konfessionsbild für
St. Moriz in Coburg,
Georg Balthasar von
Sand, vermutl.
1717, Coburg,
Kunstsammlungen
der Veste

denburg-Ansbach/Kulmbach (Landtagsabschied 1526), also noch vor Abfassung der Augsburger Konfession, überwog im Paragraphen „Von der Beicht" das Bemühen um die rechte Glaubensvermittlung durch fähige Pfarrer. Es wird auch schon der Ort des Beichtstuhls bestimmt: „Item es sollen auch, die stende, stuel oder malstat [markierter Ort], die zum beichthören gebraucht, an unverdechtliche, unargwönige stet in den kirchen verordnet werden".[32] Zwischen 1528 und 1533 wurden die Kirchenordnungen des Markgraftums Brandenburg und der Freien Reichsstadt Nürnberg in Zusammenarbeit erstellt. Die gemeinsame Kirchenordnung von 1533 wurde Vorbild für die Ordnungen der anderen kleineren fränkischen Herrschaften, aber auch für Mecklenburg, Württemberg, Pfalz etc. „So darf sie mit Recht als die Stammmutter einer recht bedeutsamen Familie klar lutherischer Kirchenordnungen gelten." Über eine lateinische Übersetzung 1539 erlangte sie weltweite Bedeutung.[33] Zusatzverordnungen und Ausführungsbestimmungen ergingen separat.

Als Beispiel für die Umsetzung der obrigkeitlichen Wünsche in praktische Anleitungen kann das weit verbreitete „Agendbüchlein für die Pfarrherren auf dem Land" des Predigers an St. Sebald in Nürnberg, Veit Dietrich, aus dem Jahre 1543 dienen. Es wurde 1545 und, nach einer Unterbrechung während des Interims von 1553, bis 1755 nachgedruckt. Erst 1801 erschien in Nürnberg ein neues Agendenbuch. Im schwarzenbergi-

schen Marktbreit war das Agendenbüchlein bis 1811 maßgebend. Der Abschnitt, der die Beichte betrifft, ist sehr ausführlich behandelt und gibt ein gutes Bild von der gewünschten Praxis. In der Ausgabe Nürnberg 1545 heißt es im 16. Abschnitt: *„Von der Beicht:* Aus was ursachen die bäpstische ohrenbeicht in unsern Kirchen unterlassen sei, ist an andern orten genugsam angezeigt. Denn Gott dieselben nirgend befohlen hat. Und ob man gleich könt anzeigen, das sie zu etwas gut wer, so ists doch unmüglich zu beweisen, das ein kirchendiener nit ehe von sünden entbinden oder absolvirn soll denn der, so der absolution begert, zuvor seine sünde erzelet oder gebeichtet hab. Disen befelh aber, haben alle kirchendiener, ja auch alle christen, wo ein armer Sünder trost begeret und vergebung der sünden, das sie im namen und durch den verdienst Christi solche im gewiß zusagen und er nit weniger solches glauben soll denn, so ein engel vom himel oder Gott selb geredet hette...Darauf aber sollen die pfarrherrn auf dem land und allenthalb sonder achtung haben, das sie niemand zu dem hochwirdigen sacrament lassen gehen, es sei denn, das er sich zuvor habe anzeigt. Nun aber soll solches anzeigen nicht so geschehen, das der oder jener (wie man doch pflegt) zum pfarrherrn oder kirchendiener gehen und sprechen wolt: Herr ich wil heut morgen zum sacrament gehn. Sonder also sol es sein, das du dich anzeigest und da von deinem pfarrherr unterricht gewartest, wie du zu dem sacrament dich schicken, was du da suchen und wie du es brauchen sollest. Item, das du antwort und rechenschaft deines glaubens gebest und dich hören lassest, ob du auch wissest, was ein christ soll wissen".[34]

Dieses christliche Wissen bestand aus den sechs Stücken des lutherischen Katechismus: Die zehn Gebote, das Glaubensbekenntnis, das Vaterunser, die Einsetzung der Taufe, der Schlüssel und das Abendmahl. Im Unterschied zu den sechs Hauptstücken des lutherischen Katechismus' sind bei Veit Dietrich die Stücke 5 und 6 vertauscht. „Solche stück soll ein jeder christ fein auswendig von wort zu wort können und einen zimlichen Verstand davon haben oder soll zum sacrament nit zugelassen werden".[35] Wer diese Erforschung nicht bestand, sollte abgewiesen werden, bis er den Katechismus gelernt hätte, die anderen wären zu ermahnen, sich selbst zu prüfen, ob sie des Abendmahlsempfangs würdig seien. Eindringlich sollte der Kreuzestod Christi beschworen werden, um dessen willen Verzeihung gewährt würde. „Wenn nun die communicanten also befraget und unterricht sein, alsdann soll man sie, nach gelegenheit ein jeden in sonderheit oder alle zumal, so sich angezeiget, nachdem es sich der zeit halb leidet, absolviren ungeferlich auf dise weise".[36] Es folgen zwei Absolutionsformeln, davon sei die zweite zitiert. Beide entsprechen im Wortlaut den Formeln in der Kirchenordnung von 1533, die für Brandenburg und Nürnberg gemeinsam galt: „Der allmechtig und barmherzig Gott vergibt dir deine Sünde und ich aus befelch unsers Herrn Jesu Christi anstat der heiligen kirchen sag dich frei, ledig und los aller deiner sünde im namen des Vaters und des Suns und des Heiligen Gaists. Amen. Gee hin und sündige nicht mer, sunder besser dich one unterlaß! Das helf dir Gott. Amen".[37]

Verbindlich eingeführt wurden jetzt die Beichtanmeldung und die schon in der Kirchenordnung von 1533 enthaltene Führung von Kirchenbüchern.[38] Der Inhalt der längeren Ausführung ist: Man möge bedenken, dass das vorherige Anzeigen, wann sie das Abendmahl empfangen wollten, nur eine Kleinigkeit gegenüber der früher erzwungenen Beichte sei. Solche Ordnung überall zu halten und nicht eigenwillig vorzugehen, habe man zu Augsburg vor dem Kaiser und den Reichsständen versprochen. Als Pragmatiker gab Veit Dietrich eine realistische Praxisanweisung, in der noch gestalterischer Spielraum in Bezug auf Sündenbekenntnis und Absolution blieb. Beides konnte einzeln oder in Gruppen erfolgen, da nun alle Gläubigen durch die obligatorische Anmeldung wenigstens erfasst waren. Daneben blieb die Glaubensprüfung das wichtigste Kontrollelement. Ein Beichtstuhl wurde hier nicht erwähnt, weil sein Vorhandensein offenbar selbstverständlich war.

Nürnberger Theologen diskutierten weiterhin über die geeignete Katechese im Sinne Andreas Osianders und seiner Nachfolger, was sich in der Herausgabe neuer Lehr- und Gesangbücher niederschlug und auch auf kirchliche Verordnungen Einfluss hatte. So erhielt die Kirchenordnung des Markgraftums Brandenburg-Ansbach/Kulmbach nach der Synode von 1556 im Kapitel „Von dem abentmal Christi" den Zusatz: „Die privatabsolution und das examen darbei sollen alle feuerabend gehalten werden".[39]

Der Samstagnachmittag wurde allgemein in Franken der Tag der Beichte. Der gewohnte Samstagsgottesdienst war damit zur Beichtvesper geworden, zu der man sich allerdings nicht „unversehens einfinden" durfte, sondern „sich wenigstens den Freytag vorher entweder bey dem Beichtvater selbst oder bey dem Kirchner darzu anmelden solle". So mahnte das Bayreuther Konsistorium 1730 alle Pfarrer auf dem Lande und empfahl den Donnerstag als Anmeldetermin der Konfitenten beim Kirchner oder Schulmeister, „daß dieser gleich darauf am Freytage frühe die Nahmen derselben aufgezeichnet dem Geistlichen übergeben solle, damit man beeder Seits in guter Bereitschaft stehen, auch von jedem Beichtvater nach Bedürfen mit einem oder andern Beichtkinde seelsorglich vor der Beichte privatim gehandelt werden könne". Nur für Beichtkinder aus auswärtigen Dörfern war, vor allem zur Winterszeit, „Frühbeichte" vor dem Sonntagsgottesdienst zugelassen. Die Beichtvesper bestand allgemein aus: Beichtvermahnung am Altar, Katechismusverhör, individuelles Sündenbekenntnis oder Aufsagen der Beichtformel, Absolution, Entrichtung des Beichtgeldes. Gut beschrieben ist der gesamte Beichtvorgang bei Ernst Bezzel.[40] Nach Ansicht Bezzels [41] kann die lutherische Privatbeichte „nur in der äußeren Praxis als katholisch bezeichnet werden", theologisch sei sie kontrovers. Auch die Praxis unterscheidet sich jedoch, wie die Lehrbilder zur Augsburger Konfession zeigen, vor allem durch die Absolution mit Handauflegung. Die Jesuiten reformierten in der Gegenreformation die katholische Beichte, schufen Missstände ab, aber festigten die Unterschiede zur evangelischen Beichte: Vollständigkeit des Sündenbekenntnisses, Richteramt des

Priesters und kirchlich verpflichtendes Gebot der Osterbeichte. Steigerung und Entfaltung des Glaubens waren auch das Ziel katholischer Theologen und Seelsorger. Für die Unterweisung im Glauben übernahmen sie daher von Luther den Katechismus. Als ein Werk des Petrus Canisius erschien er 1555 erstmals.[42]

Dem im Tridentinum einheitlich geregelten Vollzug des katholischen Bußsakraments, im Rituale Romanum[43] 1614 ergänzt durch detaillierte Vorschriften für den Beichtstuhl, standen in den verschiedenen Landeskirchenordnungen der evangelischen Kirche unterschiedliche Beichtmodi gegenüber, die auf die Theologen der lutherischen Universitäten zurückgingen. Während der langen Friedenszeit von 1555 bis 1618 konnte sich die lutherische Einzelbeichte ihren unbestrittenen „Sitz im Leben" der Kirchengemeinden erobern. Aus dem Visitationsbericht des Bayreuther Superintendenten D. Althofer vom Jahre 1657 erfahren wir: „Die Beicht wurde Samstags gehalten, wobei theils gemeinsames, theils besonderes Beichtverhör, überall spezielle Absolution statt fand."[44]

Für seine Untertanen im Markgraftum Brandenburg-Kulmbach/Bayreuth erließ Markgraf Christian Ernst am 27. Oktober 1667 eine Aufforderung, „die Religion, Liturgie und Sitten betreffend", worin er als „markgräflichen Befehl" die Anweisung gab, „dass die Untertanen den Beichtstuhl fleißig besuchen sollen."[45] In seiner nach dem Dreißigjährigen Krieg (Augsburg 1649) erschienenen Anleitung zum Bau neuer evangelischer „Kirchengebäw", von denen viele „theils in dem Fewr auffgangen theils anderwartts verhergt vnd nidergelegt" worden seien, vergisst Joseph Furttenbach nicht, unter dem Buchstaben „K" auf die Lage der „Beichtstüel" in seinem Plan hinzuweisen.[46] Auch bei den vielen Vorschlägen des Hamburger Architekten Leonhard Christoph Sturm 1712 bzw. 1718 für den Bau evangelischer Kirchen wird die Situation des Beichtstuhls nicht übersehen. Er schlägt dafür Nischen vor, die neben dem Altar angelegt werden sollten; es könnte sich aber auch Raum „hinter dem Altar-Tisch und vor der Cantzel" finden, oder als dritte Möglichkeit nennt er „vollkommen bequeme Stellen zu zwey Beicht-Stühlen" in den bis auf den Boden herabreichenden Fensternischen.[47] 1721 befasste sich ein markgräflicher Erlass von Markgraf Georg Wilhelm in Bay-

Ein new wunderbarlich Beychtpuch: lin in dem die warhafft gerecht beycht vnd puessfertygkeit/christenlychen gelert vnd angetzeygt wirt/vnd kurtzlychenn all tyranney ertichter menschlycher beycht auff gehaben/tzu seliger rewe/frid vnnd freud der armen gefangen gewissenn.

D. Jacobus Strauss Ecclesiastes tzw Eysennach in Düringen.

Jacobus Strauss: Ein new wunderbarlich Beychtpuchlin... Eisenach, 1523, Titelholzschnitt. Universitätsbibliothek Würzburg, Sign. 12 an th. dp. q 353

reuth mit der Frage, „wie die Geistlichen es mit dem Beichtstuhl zu halten" hätten. Es wird darauf hingewiesen, dass Confitenten, die „sich unterfangen", von ihrem Beichtvater zu einem anderen abzuweichen, „ab und an ihren vorigen Beichtvater" zurückzuweisen seien.[48] Zugleich, so wird 1732 (unter Markgraf Georg Friedrich Karl) präzisiert, dürften Prediger „die Leute" nicht „vom Beichtstuhl abweisen", ohne dem Consistorium Nachricht zu geben.[49] In „Consistorialschreiben" vom Jahre 1730 und 1731 wird eindringlich auf die rechtzeitige Anmeldung hingewiesen, „damit man in guter Bereitschaft stehen und von jedem Beichtvater mit einem Beichtkinde seelensorglich vor der Beichte privatim gehandelt werden könne".[50]

Wandel der Beurteilung

In der zweiten Hälfte des 17. Jahrhunderts forderten im sächsischen Halle die pietistischen Theologen Philipp Jakob Spener (1635-1705) und August Hermann Francke (1663-1727) eine Erneuerung der evangelischen Kirche, die auch die Beichtgewohnheiten betraf. „Das ist die Angst- und Marterbank aller treuen Knechte Gottes: Gleichwie es hingegen der Teuffel zu einer lustigen Zoll-Bude gemacht für die Miethlinge und Bauch-Diener", urteilte Francke 1697 in seiner Schrift „Kurtzer und Einfaeltiger Entwurff von den Mißbraeuchen des Beichtstuhls".[51] Er wollte die Beichtgewohnheiten der Glauchaer Gemeinde reformieren und stellte sich damit gegen seine orthodox-lutherischen Hallenser Amtsbrüder. Dem lebendigen Glauben hatte vorher schon der Rostocker Theologe Heinrich Müller (1631-1675) die vier „Kirchengötzen Taufstein, Predigtstuhl, Altar und Beichtstuhl" entgegengestellt.[52]
„Im Pietismus kam die private Beichte fast ganz zum Erliegen", heißt es pauschal in einigen Kirchenlexika. Ein differenzierteres Bild zeichnen die „Geschichte des Pietismus"[53] und Paul Graff im 2. Band seiner „Geschichte der Auflösung gottesdienstlicher Formen in der evangelischen Kirche".[54] Warum es zu dieser Auflösung kam, versuchte Friedrich Wilhelm Kantzenbach in seinem 1965 erschienenen Werk „Protestantisches Christentum im Zeitalter der Aufklärung" zu erläutern. Rein äußerlich, aber als Phänomen auch in Franken mehrfach archivalisch bezeugt, war es in der zweiten Hälfte des 18. Jahrhunderts zu einem großen Andrang zum Beichtstuhl gekommen. Als Extremfall der dadurch auftretenden Probleme wurde der „Berliner Beichtstuhlstreit" bekannt. Im Jahre 1697 wandte sich der Diakon an St. Nikolai in Berlin, Johann Caspar Schade (1660-1698), vehement gegen das Beichthören in der vorgeschriebenen, wenig zur Umkehr des einzelnen geeigneten Weise. In Bezug auf die Praxis im Beichtstuhl erfahren wir: Der Diakon Schade hatte das Amt des Beichtvaters inne, sein Vorgesetzter Spener das Predigtamt. Er saß viele Stunden im Beichtstuhl. Der Andrang war groß

und er beliebt. Die Beichtenden waren nicht wirklich gläubig und an Besserung interessiert. Sie nahmen keine schwere Buße an. Sie kamen, weil sie gesehen wurden. Die Beichtstühle waren ungeeignet und so gebaut, dass „Beichtvater und Beichtkind nicht gegen einander ihr hertz so ausschütten können/ wie sichs geziemet/ ohne daß andere es auch hören und gewahr werden".[55] Es war der bekannteste, aber nicht der einzige Aufruf zu einer Reform der Beichte. Schade, vom „Vater des deutschen Pietismus", Philipp Jakob Spener, nach Berlin geholt, litt unter der Gewissensangst, die Absolution unbußfertigen Gemeindegliedern zu erteilen, so dass ihnen und ihm selbst nach dem Tod die Hölle beschieden sein würde. Er schaffte das herkömmliche Beichthören ab und bot den Beichtkindern, die an wirklicher Frömmigkeit interessiert waren, in der Kirche und in ihren Häusern Gelegenheit zu eingehender Gewissensprüfung. Da in der ganzen Stadt deswegen Streit und Unruhe ausbrach, erstatteten Stadtverordnete und Gewerke Anzeige wegen Störung der öffentlichen Ordnung. Um die gleiche Zeit veröffentlichte Francke in Halle seine Beichtkritik. Unter den Missbräuchen führte er auf: „Die Privatbeichte ist mechanisiert und veräußerlicht. Diese Mechanisierung und Veräußerlichung hat ein falsches Verständnis der Privatbeichte zur Voraussetzung. Die Hauptschuld für die Korruption des Beichtwesens liegt bei den Beichtvätern selbst. Beichtvätern wie Beichtkindern fehlen wahre Buße und Bekehrung."[56]

Francke wollte die Privatbeichte durch fähige Beichtväter reformieren, nicht abschaffen. Über ihn und Spener hielt schon vor 1700 der lutherische Pietismus als Reformtheologie Einzug in Franken. Der Raum um Neustadt an der Aisch wurde zu einem Vorposten des mystisch orientierten Pietismus.[57] „Collegia pietatis" gab es bald auch in Nürnberg und Erlangen. Um eine Reform durchzusetzen, mussten die Herzöge und Markgrafen und die reichsstädtischen Obrigkeiten für den Pietismus gewonnen werden. Damit verbundene Intrigen, die über die Vertrauten oder „Beichtväter" der Herrscher liefen, kann man bei Kantzenbach nachlesen.[58] 1704 erstickte ein Erlass des Markgrafen Christian Ernst von Brandenburg-Bayreuth den Pietismus in seinem Territorium äußerlich. Innerlich waren längst viele Theologen und Laien pietistisch gesinnt, trafen sich in Gruppen und brachten eigene Katechismen, Bibelwerke und Traktate heraus. Sie schlossen sich der Herrnhuter Brüderunität des Grafen von Zinzendorf an oder gründeten eigene Einrichtungen mit Waisenhäusern und Schulen und sorgten eifrig für Verbreitung ihrer Lehren, auch in Ansbach und Windsheim, wo Johann Heinrich Horb sich für die freie Wahl des Beichtvaters einsetzte.[59] In Bayreuth trat 1726 der pietistische Markgraf Georg Friedrich Karl die Regierung an, und Johann Christoph Silchmüller (1694-1771) wurde 1727 Nachfolger des orthodoxen Hofpredigers. Ein strenges pietistisches Regiment brach an: Sabbatschänder waren namentlich von der Kanzel zu verlesen; Kinder konnten mit Vollendung des 12. Lebensjahres am Heiligen Abendmahl nach vorheriger Anmeldung teilnehmen.[60] „Erbauung" und „Erweckung" erfolgten durch Versammlungen, und neue Gebet- und Gesangbücher erschienen, in denen die Stücke zur Beichte zu Verinnerlichung

27

und persönlicher Besserung aufriefen. Die in den Kirchenordnungen festgeschriebene Einzelbeichte wurde nicht angegriffen. „Nirgends in den zahlreichen Circularien, die Johann Christoph Silchmüller, der bedeutendste Vertreter des Pietismus in Bayreuth als Superintendent [bis 1741] an die Capitularien hinausgegeben hat, ist eine Spur davon zu entdecken, daß er je den Versuch unternommen hätte, eine Änderung der Beichtpraxis zu erstreben".[61] Nur die herrnhuterisch Gesinnten in Neustadt an der Aisch gingen um 1740 zum Abendmahl ohne vorhergehende Beichte und versammelten sich anschließend zu einer besonderen Gebetsgemeinschaft.[62]

In Misskredit gerieten Beichte und Beichtstuhl immer stärker sowohl bei den Beichtenden selbst als auch bei den Geistlichen. Es vollzog sich ein Wandlungsprozess, der schließlich zu einem „Verfall" führte.[63] Beichtiger klagten darüber, dass Gemeindeglieder „nicht zur rechten Zeit und nach dem gewöhnlichen Gebrauch" kämen und sich nicht rechtzeitig anmeldeten. Sie äußerten ihren Unwillen darüber, dass sie in größeren Gemeinden den ganzen Sonnabend „Beichte hören" müssten.[64]

Aber besonders seitens der Beichtenden wurden bittere Klagen laut; so beschwerte sich im Jahre 1665 eine „Frauensperson" in Himmelkron beim Konsistorium, dass sie durch den Ortspfarrer „fünf Jahre vom Beichtstuhl abgehalten" wurde.[65] Der Bayreuther Superintendent Caspar von Lilien ermahnte auf diese und andere ähnliche Beschwerden hin (unter dem 5. 8. 1675) die Pfarrerschaft, „keine Verstoßung" am Beichtstuhl vorzunehmen.[66]

Das Schwergewicht bei der Beichte verlagerte sich dennoch immer mehr von der Seelsorge zur lehrhaften Unterweisung. „Bald regierte im Beichtstuhl nicht mehr das Evangelium in der Verkündigung der Absolution, ...sondern das Gesetz."[67] Auch Erlasse, die sich dagegen wandten, „...dass Geistliche aus Privataffekten einen oder anderen a sacris zurückgehalten" und „nach Gutdünken lösen oder binden" würden, halfen nichts.[68] So wurden doch immer wieder „lasterhaftige und ärgerliche Personen" in die Sakristei bestellt und dort bedrängt, eine „Besserung ihres Lebens" zuzusagen.[69] Von Neudrossenfeld (s. d.) wissen wir, dass der Geistliche eine Beichtanmeldung zwei bis drei Tage vorher wünschte, um Gemeindeglieder „examinieren" und sie „wegen ihres liederlichen Lebens korrektionieren" zu können. Es erfolgten Diffamierungen und Mittel der Kirchenzucht, so z. B. in Nemmersdorf gegenüber „gefallenen Mädchen", die sich zur Beichte nicht bei der Jugend einordnen, sondern mit den verheirateten Frauen gehen müssten.[70] Ärger bereitete bisweilen auch die „pflichtmäßige oder freiwillige Zahlung einer Gebühr", des sogenannten „Beichtgroschens" oder „Beichtpfennigs", der als „Teil des Pfarreinkommens" betrachtet werden muss. Es soll offenbar vorgekommen sein, dass Geistliche die Dauer und Art der Beichte abhängig machten von der Höhe der Zahlung.[71] Schließlich geriet die Beichte mehr und mehr zu einer Privatkommunion zu Hause, die eigentlich nur Alten und Kranken erlaubt war, dann aber auch von Adeligen und hochgestellten Personen verlangt wurde, bis dieser „Missbrauch auch in die unteren Volksschichten" eindrang.[72]

Gleichzeitig erstarkte unter den fränkischen Theologen eine „vernünftige lutherische Orthodoxie". Die Aufklärung bestimmten „in maßvoller Form" die Universitäten Altdorf und Erlangen.[73] An vielen Orten kam es zu vorbehaltlosem Umgang mit gläubigen Katholiken. Charismatische Persönlichkeiten wie Johann Michael Sailer (1751-1832), der ökumenisch gesinnte katholische Bischof von Regensburg, und später Wilhelm Löhe (1808-1872) in Neuendettelsau und seine Freunde wurden gesuchte Beichtväter.[74] Mit dem Motto „Sag das, was du ungern sagst" forderte 1850 in Württemberg Johann Christoph Blumhardt zur privaten Beichte mit geistlichem Zuspruch auf.[75] Sie wurde von diesen Geistlichen nicht mehr unmittelbar als Abendmahlsvorbereitung gesehen, sondern als rein seelsorglicher Akt.

Die Institution der Einzelbeichte war bis ins 19. Jahrhundert noch in den geltenden Kirchenordnungen verankert. Visitationen waren ab dem 17. Jahrhundert seltener geworden. Eingaben der Pfarrer an die Obrigkeit beklagten nach wie vor die Schwierigkeit, bei großem Andrang zur Beichte an bestimmten Terminen jeden einzelnen in der vorgeschriebenen Weise zu verhören, anzuhören, zu prüfen und zu absolvieren. Robustere Naturen als Schade begannen schon damit, Gruppen die Beichte abzunehmen. Francke in Sachsen sah die Rettung der Einzelbeichte noch in einer Verschärfung der Beichtzucht und wünschte ihre Handhabe durch fähige, „bekehrte" Beichtväter.[76]

Für Aland lag der Grund für den Verfall der Einzelbeichte im Verlust der Selbstständigkeit als geistlichem Akt und der Verquickung mit dem Katechetischen. Er glaubte, dass die Auflösung der lutherischen Privatbeichte einsetzte, als sie „gegen den Willen Luthers" zu einer „Pflichtinstitution wurde, gewissermaßen zum Bestandteil des bürgerlichen Lebens, das ohne Kirch- und Abendmahlsgang nicht vorstellbar war; als der Nachdruck bei ihr auf das Glaubensexamen gelegt wurde und dadurch die eigentliche Beichte, in den Hintergrund gedrängt, bald zu einem mehr und mehr absterbenden Anhängsel an den Hauptbestandteil der ‚Beichte' wurde; als dieses Glaubensexamen mehr und mehr schematisch gehandhabt wurde".[77] Andere erkannten die Langlebigkeit von festgefügten Formen der Gemeindefrömmigkeit und hielten den Pietismus für den Totengräber der lutherischen Einzelbeichte, „weil man sie durchgehend ernst nahm und verinnerlichen wollte, hat man ihren Untergang heraufgeführt."[78]

Landeskirchen außerhalb Frankens nahmen im Laufe des 18. Jahrhundert die allgemeine Beichte, die in die Liturgie des Gottesdienstes eingeschaltet wurde, in ihre Kirchenordnungen auf und schafften die Einzelbeichte ab. Sie näherten sich damit den Reformierten Kirchen an. Bei Zwingli und Calvin war die Privatbeichte in den Hintergrund getreten. Calvin hatte die private Beichte als Trost für geängstigte Gewissen gelten lassen. In Nürnberg und Brandenburg-Kulmbach/Bayreuth wurde die allgemeine Beichte 1790 eingeführt. Der Auffassungswandel der Theologen und das Ringen um die endgültige Form der allgemeinen Beichte wurden von Pfeiffer (1951) für Nürnberg und Kneule (1968) für Brandenburg-Kulmbach/Bayreuth aufgearbeitet.

Ausgehend von der Liturgie des Erlanger Theologieprofessors sowie Superintendenten und Konsistorialrats im Bayreuther Konsistorium, Georg Friedrich Seiler, erfolgte der „Durchbruch der Allgemeinen Beichte" in Franken.[79] Im Prinzip vertrat Seiler zu dieser Frage den Standpunkt der lutherischen Orthodoxie.[80] Er propagierte auch weiterhin die Beichtvesper am Sonnabend, „zu der sich die Kommunikanten ‚ein oder etliche Tage nach und nach vorher zum Theil selbst zum Theil durch ihre Bedienten' anmeldeten".[81]

Seiler schlägt in einem Circularschreiben vom 14. April 1791 vor, „...dass diejenigen, die ihre eigene Beichte hersagen wollen, nach und nach in die Sakristei oder vor den Beichtstuhl kommen, die übrigen aber so lange außen in der Kirche im stillen Gebet verharren sollten, bis der Geistliche auf das Altar trete", und dann bringt er die Formulierungen für das Zwiegespräch zwischen diesem und der versammelten Gemeinde zum Bußgebet und zur Absolution vor.[82]

Ein anonymes Schreiben, das der Bayreuther Superintendent D. Johann Kapp am 11. Januar 1803 abends um 10 Uhr in seinen Hausgang geschoben vorfand, löste eine von ihm initiierte Umfrage in allen seinen Pfarrgemeinden aus. Ein „Freund der Tugend" hatte auf diesem Schreiben dazu gedrängt, dass sich mit der „Einführung der allgemeinen Beichte das Gedächtnis Jesu Christi öfter und augenscheinlich mit brünstigerer Liebe feiern ließe" und man sich doch auch in Bayreuth „zur diesbezüglichen Einführung entschließe".[83] In dem Schreiben werden die üblichen Klagen geführt, dass Alte und Schwache bei den vorzutragenden Beichtformeln „stockten", Burschen sich schämten, gleich wie Schüler ihre Lektion hersagen zu müssen, manche Scheu voreinander hätten und „Leichtsinnige" sich beim Hersagen der Beichtformel „gar nichts denken" würden.[84]

Kapp nahm bald danach Stellung dazu und bekannte vor allem seinen Bayreuther Stadtgeistlichen gegenüber, dass „er schon längst und offenherzig den Wunsch nach Einführung geäußert und sich stets gewundert habe, dass wir uns in der Stadt, wo das Licht der wahren Aufklärung eher als auf den Dörfern aufgehen sollte, von den Landgeistlichen, welche meistens die Allgemeine Beichte in ihren Gemeinden seit einiger Zeit gebrauchen, übertroffen sehen müssten".[85] Kneule resümiert aus den Berichten, die Kapp zurück erhält - im Katalogteil mit „Kapp-Bericht" zitiert -, „dass die allgemeine Beichte um 1810 unaufhaltsam ihren Siegeszug durch die ehemalige Markgrafschaft ... angetreten hat".[86]

Die Einzelbeichte blieb in Franken, auch, als es 1806 bzw. 1810 Teil Bayerns wurde, neben der allgemeinen Beichte möglich, aber war nun die Ausnahme von der Regel. Sie hatte sich vom kirchlichen Zuchtmittel zu einem seelsorglichen Angebot entwickelt.

Jahrzehntelang diskutierten die Gremien der Landeskirche über eine Reform des evangelischen Gottesdienstes und eine einheitliche Agende. Die Agendenentwürfe liegen in einer Quellenedition vor.[87] Nimmt man die amtlichen Dekrete hinzu, kann man ein Ringen um die rechte Form der Beichte verfolgen und schließen, dass regional noch lange Einzelbeichte gehalten wurde. „Auch nachdem die Politik zur kirchlichen Vereinheitlichung der vielen in Bayern übernommenen Gebiete rasch und wirkungsvoll beigetragen hatte, hielten sich die in Jahrhunderten gewachsenen Eigentümlichkeiten zäh".[88] Das beweisen nicht zuletzt die im nachfolgenden Beichtstuhlkatalog für manche Kirchengemeinden zitierten Pfarrbeschreibungen aus den ersten zwei Jahrzehnten des 19. Jahrhunderts. Sie erwähnen den Beichtstuhl noch als den Ort, in dem der Pfarrer die Beichte entgegennahm und Absolution erteilte.

Es fällt auf, dass gerade in den grundlegenden Pfarrbeschreibungen der dreißiger Jahre des 19. Jahrhunderts, deren Erstellung von dem geschichtsbeflissenen König Ludwig I. angeregt waren, Angaben über vorhandene Beichtstühle in den Kirchen nahezu völlig fehlen. Man hat entweder damals „buchstäblich eine tabula rasa"[89] bei der Abschaffung der Privatbeichte geschaffen, und dies komplettiert durch das Entfernen des Beichtmöbels, oder man hat ein vorhandenes bei der Aufführung der Kirchenausstattung ignoriert oder es umbenannt. Die Ursache dafür mag gewesen sein, dass die evangelischen Pfarrer in der damaligen „Kampfzeit des bayerischen Protestantismus" unter dem Minister Karl Abel alles anzugeben vermieden, was an „katholisches Brauchtum" erinnerte. „Repressalien", wie die Kniebeugeorder und Eingriffe in das Gottesdienstgeschehen der Protestanten, vor allem im oberbayerischen Raum, bedeuteten „Höhepunkte der Bedrückung".[90] Durch diese Verdrängung evangelischer Einzelbeichte bereitet es heute so große Schwierigkeiten, eindeutig festzustellen, ob und wo Beichtstühle vorhanden sind oder waren. Selbst derzeitige Ortsgeistliche haben oft darüber keine Ahnung mehr und reagieren bisweilen überrascht und abweisend, sofern sie sich nicht intensiver mit der Geschichte, mit Archivalien, Schrifttum und altem Bildfundus ihrer Gemeinde auseinandergesetzt haben.

Neues Verständnis für die Einzelbeichte

Als Folge von jenen Vorgängen lässt sich einige Zeit später, nach der Mitte des 19. Jahrhunderts und dem Ende der Ludwigsära, eine „Stärkung des konfessionellen Bewußtseins" und „vertieftes Luthertum" konstatieren, stellte Roepke fest.[91] Als der evangelische Oberkonsistorialpräsident Adolf von Harleß damals versuchte, an „Liturgie, Kirchenzucht, Beichte" neu zu erinnern, eröffnete er die Reihe der kirchenamtlichen Verlautbarungen ausgerechnet mit einer „Ordnung des Beichtstuhls", und darin mit der Empfehlung, die Pflege der privaten Beichte, wo sie noch bestehe, weiterzuführen. Diese vermeintliche „Wiedereinführung der Privatbeichte" führte zu einem Sturm der Entrüstung, vor allem unter der Pfarrerschaft der Städte und in den fränkischen Landesteilen, und zu dem einprägsamen Schlagwort „Harleß will uns katholisch machen". Dies löste Unterschriftenaktionen und Presseartikel aus und führte letztlich sogar zur Entlassung des evangelischen Oberhirten Bayerns (1879) „in wenig vornehmer Form".[92] Von einem aber wissen wir, dass er solche Anregungen bereitwillig aufgriff und zu einem der ganz besonders eifrigen „Vertreter des konfessionellen Luthertums" wurde: der bayerische Pfarrer und spätere Gründer des Diakonissenmutterhauses Neuendettelsau, Wilhelm Löhe.[93] Von seiner Oberin, Therese Stählin, können wir aus einem ihrer veröffentlichten Briefe von Streitigkeiten um die Wiederinstallierung eines Beichtstuhls erfahren: „Immer noch zögert die Erlaubnis vom Konsistorium, dass wir unsere eigenen Abendmahlstage haben dürfen. Wahrscheinlich ist die Beichtstuhlgeschichte an dem Verzug schuld... Jedermann weiß, daß Herr Pfarrer Privatbeichte hält. Das ist bis jetzt immer in der Sakristei, zuweilen auch in seinem Haus geschehen. Um nun eine bessere Einrichtung zu diesem Zweck zu treffen, ließ Herr Pfarrer einen Beichtstuhl machen, und darüber sind nun die Herren ungehalten, obwohl doch der Beichtstuhl nicht etwas der lutherischen Kirche Fremdes ist. Herr Pfarrer hat ihn jedoch alsbald wieder herausnehmen lassen...".[94] In der Sakristei, wohin der Stuhl damals kam, steht er heute noch.

Löhes Schriften zur Beichte erlebten viele Auflagen und dienen heute als Orientierung für eine neue Gestaltung der Einzelbeichte.[95] Vor allem der von ihm aufgestellte Beichtspiegel (1837), eine „Prüfungstafel" mit 103 Fragen, wurde Vorbild für die Gewissenserforschung. Für den Seelsorger Löhe war „die geringste Privatbeichte immerhin der öffentlichen vorzuziehen".[96] Er bemühte sich um die Einführung einer Beichtliturgie in die neuen bayerischen Kirchenagenden; seine Hoffnungen erfüllten sich jedoch nicht, und es kam nicht zu einer allgemeinen Erneuerung des persönlichen Sündenbekenntnisses.

Eine gewisse „Furcht vor einem Beichtzwang" soll bis in die jetzige Zeit bestehen, besonders in der Nähe zu katholischen Gemeinden. So wird aus Altenstadt/Oberpfalz berichtet, in der die Kirche seit dreihundert Jahren simultan benützt wird, dass dort „vor einigen Jahren schnell dafür gesorgt" worden sei, die von den Katholiken „überraschend aufgestellten Beichtstühle" wieder entfernen zu lassen.[97] Wie der einstige Mistelgauer Ortspfarrer Friedrich Seggel 1957 feststellte, werde „gegenwärtig die Wiederbelebung einer Seelsorgeform auf rein freiwilliger Grundlage neben der liturgischen Form der Allgemeinen Beichte erstrebt".[98] Solche Bemühungen, die „bisherige Monopolstellung der allgemeinen Beichte im Raum der Kirche zu erschüttern", den „hohen geistlichen Gehalt der Privatbeichte als eine Möglichkeit der Seelsorge" neu zu entdecken, mündeten schließlich in einer einmütigen Stellungnahme der Landessynode der Evangelisch-Lutherischen Kirche in Bayern vom Jahre 1965: „Die Einzelbeichte ist in unserer Kirche eine Möglichkeit, von der in Freiheit Gebrauch gemacht werden kann. Den unbiblischen Zwang zur Ohrenbeichte hat die Reformation beseitigt. An der Einzelbeichte aber hält die Evang. Lutherische Kirche fest. Einzelbeichte und gemeinsame Beichte ergänzen einander".[99] Wolfgang Jung weist in seinem „Liturgischen Wörterbuch" vom Jahre 1964, in dem der Beichtstuhl „in lutherischen Kirchen" nur mit einem Satz erwähnt wird, darauf hin, dass sich „in neuerer Zeit" die „Versuche zur Wiedergewinnung einer evangelischen Privatbeichte" mehren.

Allerdings seien häufig nicht mehr die Pfarrer, sondern Psychiater die Beichtväter.[100] Wolfgang Böhme brachte 1969 in zweiter Auflage seine „Beichtlehre für evangelische Christen" heraus mit dem Ziel, „unserer Kirche die Beichte wieder zurückzugewinnen".[101] Ein früherer Pfarrer, der 1999 verstorbene Karl Grieninger, zuletzt in Bayreuth, berichtete über das Verfahren in seiner Gemeinde im mittelfränkischen Weißenkirchberg während seiner Amtszeit nach dem letzten Krieg (1950-1961): „In meiner früheren Gemeinde...stand in der Sakristei ein Beichtstuhl, auf dem ich jeden Sonntag und wann immer gottesdienstliche oder Casualhandlungen stattfanden saß, bevor ich ins Kircheninnere zum Dienst ging. An diesen Beichtstuhl traten die Gemeindeglieder, die sich für die Beichte zum Heiligen Abendmahl anmeldeten, deren Namen ich in das Confitentenregister eintrug".[102] Auch im aktuellen bayerischen Kirchengesangbuch vom Jahre 1994 wird folgerichtig die Einzelbeichte als eine Form der Beichte im Kapitel „Grund und Ausdruck des Glaubens"[103] angeboten. Zur „Einzelbeichte" heißt es dabei: „...Manche Schuld belastet die Seele so, daß erst das Reden darüber weiterhilft. Die Einzelbeichte gibt dafür Raum. Sie ist ein Gesprächsangebot, über erkannte eigene Schuld zu sprechen und Gottes Vergebung im persönlichen Zuspruch zu erfahren. Ein solches Gespräch steht immer unter dem Siegel der Verschwiegenheit".[104]

In einigen evangelischen Bruderschaften und Kommunitäten wird private Einzelbeichte intensiv gepflegt, weil man ihre therapeutische, befreiende Wirkung erkannt hat. Einzelabsolution mit Handauflegen wurde am Karfreitag 1998 in der Reformations-Gedächtniskirche in Nürnberg erteilt.[105]

Beichtstuhl der Pfarrkirche in Weißenkirchberg

250 Jahre lang war in Franken die Einzelbeichte als Abendmahlsvorbereitung vorgeschrieben und praktiziert worden. Formen allgemeiner Beichte waren die Ausnahme, ebenso die „Herzensbeichte" der Pietisten. Wichtiger Grund dafür war die immer wieder erneuerte und vertiefte Katechese, beim Kinder- und Hauskatechumenat des 16. Jahrhunderts angefangen.[106] Lehrer und Pfarrer wurden über die Universitäten Altdorf und später Erlangen unermüdlich mit neuen Gedanken und Schriften versorgt, die auf die Vermittlung an die Beichtkinder ausgelegt waren. Die Einführung der Konfirmation in Altdorf 1733 gab neue Impulse für das Gemeindeleben. Dennoch wundert sich Lohse in seinem Aufsatz „Die Privatbeichte bei Luther"[107], dass das Beichtinstitut, für das es doch keine Schriftstelle gab, über so lange Zeit „kompromisslos" verfochten wurde. Die Privatbeichte mit individueller Beichtformel und Absolution konnte sich behaupten, weil sie nicht nur theologische Lehre und kirchliche Anordnung war, sondern weil sie die Existenz des Einzelnen und sein Leben in der Gemeinschaft betraf. Sie behielt ihren Sitz im Leben trotz veränderter politischer und gesellschaftlicher Bedingungen.

Der Übergang von der Einzelbeichte zur allgemeinen Beichte vollzog sich über Formen gemeinsamer Beichte. Die von einem Beichtenden für alle gesprochene Beichtformel trat neben die von jedem einzeln gesprochene, eine für alle gemeinsam gesprochene Absolutionsformel neben die Einzelabsolvierung. Es hing vom Beichtverständnis des Pfarrers und der Entwicklung des Gemeindebewusstseins ab, wie rasch sich schließlich der ausgereifte „Agendenkern" von 1856 durchsetzte. Für die allgemeine Beichte vor dem Altar wurden dem Geistlichen hierin Vorschläge für eine mahnende Beichtrede nach lutherischem Bekenntnis gemacht. Hinter der darauf von ihm für alle zu sprechenden Beichtformel sind vier Beichtfragen aufgeführt, die von den Confitenten mit dem gemeinsamen „Ja" zu beantworten waren. Darauf erteilte der Geistliche einzeln die Absolution unter Handauflegung mit genau dem Wortlaut der Formeln aus der Nürnbergisch-Brandenburgischen Kirchenordnung von 1533. Der Zeitpunkt der Beichte und persönlichen Anmeldung zum Abendmahl war weiterhin der Samstagnachmittagsgottesdienst.

Die Wiederbelebung der Privatbeichte heute beruht auf ihrer Herauslösung aus Glaubensverhör und Abendmahl. In Form des Beichtgesprächs nähert sie sich der Psychotherapie. So wird seit 1956 auf den Deutschen Evangelischen Kirchentagen in bestimmten Beichträumen Einzelbeichte angeboten. In Franken gibt es außer aus Altdorf und Benk bislang noch keine Nachricht von der Wiederbenutzung eines der vorhandenen Beichtstühle für Einzelbeichte oder Beichtgespräch. Nachgefragt wird Einzelbeichte in mittelfränkischen Gemeinden „gelegentlich", so war von angeschriebenen Pfarreien zu erfahren, bei denen ein Beichtstuhl erhalten geblieben ist. Die allgemeine Beichte in Form von Beichtgottesdiensten muss leisten, was Luther in den Invocavitpredigten so ausdrückte: „Ich were

lengst vom teuffel erwürgt,
wenn mich nit die beichte
erhalten hett."

Beichtstuhl aus der
Pfarrkirche in Benk

Zur Geschichte des Beichtstuhls

Der katholische Beichtstuhl

Ursprünglich war der Sitz des Priesters, der die Beichte anhörte, wohl ein beweglicher, offener Stuhl in Stil und Technik der Zeit, eine „Cathedra", die den Sitzenden als Amtsträger auszeichnete. Ausgeprägt ist diese Form des Richterstuhls in den bischöflichen Pönitentiarstühlen des 14. - 17. Jahrhunderts, die auf die Cathedra Petri in St. Peter in Rom zurückgehen.[108] Es wird angenommen, dass der Beichtstuhl im Frühmittelalter im Altarraum oder vor der Altarschranke stand wegen der frühmittelalterlichen „Frömmigkeit zum Altar" mit der Heiligenreliquie.[109] Im Hochmittelalter war sein Platz hinter dem Hochaltar, wo er „in Bezug zu einer Darstellung des Jüngsten Gerichts" treten konnte.[110]

In Verbindung mit Doppelklöstern in Portugal, Frankreich, Italien, Schweiz und Schweden werden Beichtnischen und -kammern genannt, die möglicherweise

Zweiteiliger Beichtstuhl. Entwurf aus: Jacob Müller, Kirchengeschmuck, München 1591

Vorläufer des neuzeitlichen Beichtgestühls mit Wangen waren. In Nonnenklöstern mussten Beichtvater und Nonne durch eine Wand getrennt sein. Dabei konnte sich das Sprechgitter herausbilden.[111] Im Anschluss an das Konzil von Trient wurde durch Karl Borromäus (1538-1584) die zweckmäßige Form des katholischen Beichtstuhls vorgeschlagen und im Rituale Romanum 1614 verbindlich festgelegt. Darin wurde als Ort des Beichtstuhls im Kirchenraum der Raum im Norden und Süden außerhalb des Chors bestimmt, während es früher hieß, dass „die Geistlichen nur in der Kirche und an einem allgemein sichtbaren Platz beichthören sollten"[112] - eine Mahnung, die in den lutherischen Kirchenordnungen wiederholt wird. Die Empfehlungen Karl Borromäus' wurden 1591 von Jacob Müller ins Deutsche übertragen und, mit Musterzeichnungen versehen, in München veröffentlicht.[113] Einheitlich umgesetzt aber wurde der Entwurf des dreiteiligen Beichtstuhls mit zwei Seiteneingängen, da er für die in der Gegenreformation vom Jesuitenorden geförderte Beichtpraxis besonders geeignet war. Seine handwerkliche und künstlerische Durchbildung erfolgte im Barock. Das Rituale Romanum und einzelne Diözesansynoden hatten auch den Bildschmuck für die Beichtstühle vorgeschrieben: „Auf Seiten des Pönitenten sei irgendein erbauendes Bild des Gekreuzigten, des Guten Hirten und dergleichen aufgehängt." Daraus entwickelte sich in der Folgezeit eine aufwendige Ikonographie, die sich häufig als figürlicher Schmuck an den Stuhlbaldachinen befindet.[114] Auch an evangelischen Beichtstühlen in Franken begegnen der geschnitzte Cherubskopf, die Figur des weinenden Petrus, Bilder der büßenden Magdalena und des Gleichnisses vom Zöllner und Pharisäer.

Der evangelische Beichtstuhl

Die frühesten Bildquellen evangelischer Beichtstühle sind Beichtszenen in katechetischer Literatur wie Anleitungen für Beichtväter und Beichtende.[115] Schon genannt wurden die Darstellungen der Augsburger Konfession, die als großformatige Gemälde erhalten sind und vielfach als graphische Blätter reproduziert wurden. Von besonderer Aussagekraft ist auch die Beichtdarstellung auf dem rechten Flügel des Wittenberger „Konfessionsaltars". Das Amt der Schlüssel wird hier durch den im thronartigen Beichtstuhl sitzenden Stadtpfarrer Johannes Bugenhagen dargestellt.[116] Den Akt der Absolution symbolisiert ein überdimensionaler Schlüssel, den der Beichtiger über das entblößte Haupt des neben dem Beichtstuhl Knienden hält. Das Dorsale zeigt Marmorierung und trägt eine Bekrönung aus Akanthusranken und Eckrosetten. Freilich werden hier Idealzustände gezeigt, doch sind einige der in Franken erhaltenen Beichtstühle denen der Konfessionsbilder auffallend ähnlich.

In der Praxis der evangelischen Beichte konnten sich vorreformatorische Formen des einsitzigen Beichtstuhls erhalten. Angeblich verwandte man in Oberkotzau den aus vorreformatorischer Zeit stammenden Stuhl nach Einführung der Reformation weiter. Über sein Aussehen ist aber nicht viel bekannt; wieweit die bibli-

Lucas Cranach d.J., Detail aus dem Sakramentsaltar, Stadtkirche Wittenberg

schen Abbildungen darauf noch von 1500 oder von der Erneuerung des Stuhls 1658 gestammt hatten, wird nicht vermeldet (s. Oberkotzau).

Neu scheint der Doppelsitz ohne Trennwand, um die Möglichkeit zur Handauflegung bei der Absolution zu gewähren. Das Beichtgeheimnis, dessen Bruch gesetzlich verfolgt werden konnte, war in den katholischen Wangenbeichtstühlen oder in geschlossenen Beichtkammern, wie sie die evangelische Kirche Sachsens kannte, faktisch geschützt. Die lutherische Einzelbeichte war aber ebenfalls „privat" und der Pfarrer zur Verschwiegenheit verpflichtet. Die großen Gemeinden der Städte wurden immer wieder ermahnt, Voraussetzungen dafür zu schaffen, dass die Beichtväter weit voneinander entfernt saßen und wartende Beichtkinder sich nicht zu nah am Beichtstuhl aufhielten.

Mit neu errichteten evangelischen Kirchen kamen im 17. und 18. Jahrhundert neue Beichtstühle, die deutliche Dekorationselemente des barocken Zeitstils aufweisen: Akanthusblätter, Engelköpfe, verkröpfte Füllungen, gewundene Säulen, Gesimse und Baldachine. Einige dieser in Franken erhaltenen Beichtstühle tragen Jahreszahlen, die wie bei anderen Möbeln das Anschaffungsjahr angeben (Petersaurach 1750, Plech 1782, Windsbach 1719) oder inschriftlich dazu noch mit dem Namen eines Stifters verbunden sind (Melkendorf 1698, Rugendorf 1667, Winterhausen 1731). Bei all diesen Stühlen handelt es sich um ein- oder mehrsitzige Konstruktionen mit Brüstung und zum Teil mit aufwendig gestalteten Rückwänden oder Baldachinen. Offene Beichtstühle blieben weiter in Benutzung, so dass eine Vielfalt an Formen zustande kam.

Das Ideal eines Beichtstuhls für die Einzelbeichte in der evangelischen Kirchengemeinde, deren Erneuerung Wilhelm Löhe 1844 der bayerischen Landeskirche in einem Agendenentwurf vorschlug, stellte sich der Neuendettelsauer Geistliche so vor: „Der Beichtstuhl soll so angebracht sein, daß die ganze Gemeinde den Beichtenden sehen kann, aber nicht hören. Den Beichtstuhl hinter den Altar oder in die Sakristei zu versetzen, ist ein Mißbrauch. In der Sakristei sollte man bloß taube Leute beichten lassen. Der Beichtstuhl sei um eine Stufe von dem Boden erhöht, oben, hinten und an den Seiten geschlossen, auch vorne mit einer schließbaren Tür versehen. Das Beichtkind kniet auf einem Schemel, der an einer Seite des Beichtstuhls angebracht ist. Auf derselben Seite ist die Wand des Stuhls mit einem Gitter versehen, durch welches der Beichtende spricht und der Beichtvater hört. Von diesem Gitter und der Richtung der Beichte durch Gitter zum Ohr hat die Beichte den sehr unschuldigen Namen 'Ohrenbeichte' bekommen, welchen Luther und die Reformatoren noch ohne Tadel brauchen. Es ist auch viel schicklicher und gestattet ein viel leiseres Beichten, wenn man zum Ohr spricht, als dem Beichtvater ins Angesicht. Wo recht gebeichtet wird, ist die Schamröte, und die braucht nicht einmal der Beichtvater zu sehen; es ist genug, wenn sie Gott und seine heiligen Engel schauen können. Je älter die Beichtstühle, desto einfacher sind sie; schön ist eigentlich keiner. Man hat sich über keine Form geeinigt und man kann daher auch keine angeben, nur daß das oben Gesagte ebenso wohl für die protestantischen, als den römisch-katholischen Standpunkt richtig ist und bleibt. Dabei bringt die Privatbeichte ganz sicher wieder den Beichtstuhl, denn es gibt keine härtere Arbeit in der Welt als Beichten hören und bescheiden, sie macht müder als Predigen, und je tüchtiger ein Mann zum beichtväterlichen Amte wird, je gereifter an Alter und Erfahrung, desto weniger wird er stehend die schwere Arbeit vollbringen können".[117]

Interessant ist, dass Löhe hier den vom Mailänder Kardinal Borromäus Ende des 16. Jahrhunderts vorgeschlagenen, aber in der katholischen Kirche nicht verwirklichten Typ eines zweiteiligen Gitterbeichtstuhls aufgreift. Löhe wünschte sich eine einheitliche Form des evangelischen Beichtstuhls. Offensichtlich hat er noch viele unterschiedliche, aber „nicht eigentlich schöne" Beichtstühle in fränkischen Kirchen gesehen. Löhe selbst erhielt im Jahre 1862 einen neuen Beichtsessel mit Kniebank für die Privatbeichte der Diakonissen in Neuendettelsau, der in Ehren gehalten wird.

Beichtstuhl aus der Laurentiuskirche, Neuendettelsau, 1862

Evangelische Beichtstühle in Franken

Auch wenn nur wenige der erhaltenen evangelischen Beichtstühle in Franken in den bayerischen Kunstdenkmälern aufgeführt sind, widerlegt die Zahl von beinahe hundert in den Kirchen erhaltenen Beichtmöbeln die Feststellung von Kirchenlexika und Autoren, dass „nach der Wende zum 19. Jahrhundert die letzten evangelischen Beichtstühle zerhackt wurden", wie Inge Mager[118] es in ihrem lesenswerten Aufsatz über „Beicht- und Abendmahlsbüchlein" ausdrückt. Der Praxis, auch die allgemeine Beichte vom Beichtstuhl aus zu halten, ist der Erhalt der Beichtsitze im Kirchenraum zu verdanken. Wo nur noch ein Sessel in der Sakristei vorhanden war, wurde der Altar der Ort der allgemeinen Beichte.

Beichtstuhl aus der Kirche in Winterhausen

Künstler oder Hersteller von Beichtstühlen werden in den Kunstinventaren in keinem Fall genannt, waren es doch meist örtliche Handwerker, die das Möbel fertigten. In den Rechnungsbänden der Pfarrarchive fanden sich in nicht wenigen Belege mit den Unterschriften der Hersteller, darunter Zimmerleute, Schreiner, die auch Holzbildhauer sein konnten, und Schlosser, die Beschläge und Schlösser an den Beichtstuhltüren anbrachten. Die Namen werden im Katalogteil wiedergegeben. Überregional bedeutend und von Karl Sitzmann biographisch erfasst, wurden der Maler und Marmorierer Johann Christoph Reich, der die Beichtstühle in Hersbruck bemalte, Johann Jacob Radius, der für Arzberg nachgewiesen ist, und Georg Radius, dem die Bilder an Beichtstuhl und Einrichtung der Oberredwitzer Pfarrkirche zugeschrieben werden. Der Benker Doppelsitzer ist wie Gestühl und „Kirchenschrank" sicher von dem Hofer Kunstmaler Heinrich Samuel Lohe gefasst worden. Mehr dazu und auch über die Initiatoren der Beichtstuhlgemälde und Bibelzitate findet sich im Katalogteil.

Etwa 60 der bisher entdeckten fränkischen Beichtstühle stehen in Chor und Kirchenraum, etwa 40 in der Sakristei. In einigen Fällen wurden sie neuerdings auf Wunsch der Gemeinde aus der Sakristei in die Kirche zurück- oder vom Abstellplatz auf der Empore herabgeholt (Winterhausen, Rugendorf) - nicht für die Einzelbeichte, sondern weil sie mahnende Sprüche oder Embleme tragen oder weil sie als Messnerstuhl eine neue Funktion erhielten (Remlingen). Sie unterscheiden sich oft nur durch eine Kniebank, ein Pult oder eine vor dem Sitz befindliche Stufe von herausragenden Kirchenstühlen für Patron oder Pfleger. Dagegen handelt es sich bei den in Inventaren erwähnten Pfarr- bzw. Pfarrerstühlen meistens tatsächlich um die Sitze für Pfarrer und ihre Familien. Es ist aber anzunehmen und auch nachgewiesen, dass diese auch als Beichtstühle benutzt wurden, wo kein Platz für einen weiteren Stuhl vorhanden war. Schrankförmige Beichtstühle mit einem oder mehreren Sitzen und schiebbaren Gitterfenstern wurden offenbar aus Unkenntnis nur selten den Beichtstühlen zugeordnet. Klarheit brachte hier der

Beichtstuhl aus der Kirche in Rugendorf

Kitzinger Kirchentauschvertrag von 1816 mit folgendem Posten: „4. die ehemaligen ritterschaftlichen Beichtstühle, eigentlich ein hölzerner Verschlag mit vier Fenstern" (s. Etwashausen).

Recht verdächtig als einstige Beichtstühle, aber doch sehr fraglich, sind Fälle, die noch im Anhang genannt sind, wie z. B. der „Herrschaftsstuhl" in Betzenstein oder der „Pflegerstuhl" in Großgründlach sowie früher vorhandene „Gitterstühle" in Ebersdorf und Steinbach an der Haide, ferner das Gestühl auf einem alten Foto in Nemmersdorf.

Es hat in Kirchen größerer Gemeinden zwei Geistliche und zwei Beichtstühle gegeben. So stehen sich in Hersbruck (um 1740) zwei marmorierte Baldachinbeichtstühle rechts und links am Chorbogen, ebenso in der Bayreuther Ordenskirche (circa 1710), als Pendants gegenüber. Auch die Stadtpfarrkirche in Wunsiedel besaß zwei symmetrisch angeordnete Beichtstühle (wohl 1739). In Roßtal hielten beim Beichtkonkurs vor Festtagen gleichzeitig der „Pastor in der Sacristey, der Diaconus aber im Chor" Beichte (1741). Die zur übrigen Kircheneinrichtung passende Gestaltung des Beichtstuhls zeigte an, welcher für den Gottes-

Beichtstuhl aus der Pfarrkirche in Kirchrüsselbach

dienstraum gedacht war. Meist diente der einfache Kastensitz oder Armlehnstuhl zur Einzelbeichte in der Sakristei oder hinter dem Altar, wozu sich der Chor ehemals katholischer gotischer Kirchen eignete. Zum sichtbaren Kirchenmobiliar gehörten bemalte und marmorierte Stühle und solche mit plastischer Auszier wie Engelköpfe (Artelshofen, Henfenfeld, Kirchrüsselbach), Heiliggeisttauben (St. Helena, Velden), Wappen (Petersaurach, Mistelbach). Bei den mit biblischen Sprüchen und Bildern, Emblemen und Symbolen bemalten Beichtstühlen handelt es sich meist um Mehrsitzer aus dem 17. Jahrhundert mit Dekorationsflächen an Brüstung, Dorsale und Baldachin. Der klassische Platz war im Chor neben der Sakristeitür, in Sichtweite der Kanzel (Gesees, Untersteinach). Bei Predigten konnte der Geistliche so Bezug auf die dargestellten Bibeltexte und Illustrationen nehmen. Wie schon erwähnt, sahen die klassizistischen Neubauten in Franken nur noch selten den Beichtstuhl im Kirchenraum vor. An den Brüstungen der Emporen aufgemalte Bildzyklen oder Sprüche konnten sich auf die Beichte beziehen und so Gegenstand der Predigt werden. Im Zuge der Renovierungen des 19. Jahrhunderts und einer veränderten Auffassung von der Kirchenraumgestaltung wurden diese Bilder, wie auch Kirchen-

gestühl und Beichtstühle, häufig mit einheitlich hellgrauer Farbe überstrichen. Die meisten der in Franken erhaltenen Beichtstühle stammen aus der Zeit zwischen 1680 und 1750, der Blütezeit der evangelischen Einzelbeichte, als diese weithin unumstritten war. Aus dem ausgehenden 18. Jahrhundert, als die Einzelbeichte fast überall durch die allgemeine abgelöst wurde, dem Jahr 1782, datiert inschriftlich ein Beichtstuhl in Plech. Auch er ist heute hellgrau gestrichen. Sollte er der „jüngste" in der Reihe gewesen sein, die aus der Zeit des „Alten Reiches", also der vorbayerischen Zeit, stammen, wie Helmut Schatz meint? Aus Katzwang wird bezeugt, dass „1845 ein Armlehnstuhl in der Sakristei statt des alten verkauften gebrechlichen Beichtstuhls, um 5 fl. angekauft wurde". Mit der Befürwortung der Privatbeichte durch Wilhelm Löhe wurden im 19. Jahrhundert vorhandene Beichtstühle regional und zeitweise wieder in Gebrauch genommen. Auch die allgemeine Beichte wurde in Nürnberg und Bayreuth vom Beichtstuhl aus gehalten.[119] Es kann deshalb behauptet werden, dass die Abschaffung der Einzelbeichte nicht mit der Abschaffung der Beichtstühle einherging.

Typologie der evangelischen Beichtstühle in Franken

Beichtstühle von kunsthistorischem Interesse sind in den bayerischen Kunstinventaren meist nicht näher beschrieben, sondern als „Nürnberger Typ", „evangelische Form", „offene nürnbergische Form" erfasst. Diese Typenbezeichnungen sind fragwürdig, handelt es sich doch beim näheren Hinsehen um zwei unterschiedliche Konstruktionen, die allerdings gehäuft im Nürnberger Land vorkommen, nämlich um einen offenen Einsitzer mit erhöhter Lehne und einen mit einer Brüstung umbauten Einzelsitz.

Mit der steigenden Anzahl der Beichtstuhlfunde kam eine größere Formenvielfalt zutage. Zugleich wiederholten sich Merkmale ihrer Konstruktion, Auszier, Text- und Bildprogramme. Eine typologische Erfassung soll dazu dienen, herauszufinden, wo Beichtstühle eines bestimmten Typs vorkamen und durch welche Einflüsse sie beschafft wurden. Möglicherweise lässt sich so auf die regional geübte Beichtpraxis schließen. Typenbezeichnungen erleichterten auch die Erstellung von Verbreitungskarten und statistischen Darstellungen. In Typologie, Karte und Statistik wurden auch die nicht mehr existierenden, aber der Form nach archivalisch belegten in eckigen Klammern erfasst.

In den Katalog aufgenommen wurden Stühle, die durch schriftliche oder mündliche Quellen als Beichtstühle oder als vermutlich zur Einzelbeichte benutzte Pfarr- oder Herrschaftsstühle ausgewiesen sind. Der Blick in weitere markgräfliche und ritterschaftliche, im 18. Jahrhundert neu errichtete oder umgebaute Kirchen zeigte sowohl offene Chorgestühle wie in Hohenstadt, Neunhof, Rückersdorf und Wernsbach als auch geschlossene wie in Bad Windsheim-St. Kilian und Gitterstühle wie in Baudenbach, Birkenfeld, Gerhardshofen, Kalbensteinberg, Prichsenstadt und Rügland. Sie könnten der Einzelbeichte gedient haben, vor allem da, wo keine oder nur kleine Sakristeien vorhanden waren. Um reine Herrschaftsstühle handelt es sich wohl bei denen auf den Emporen der Kirchen in Nürnberg-Behringersdorf und Reichenschwand. Der Regelsbacher Gitterstuhl ist nur noch auf einem Stich von J. A. Delsenbach aus der Zeit um 1759 erhalten.[120]

Beichtstuhl aus der
Pfarrkirche in Artels-
hofen

Unter Typ 1 der evangelischen Beichtstühle sind offene Einzelsitze zusammengefasst. Sie reichen vom Ohrenbackensessel mit Schemel über den hölzernen
Wangenstuhl bis zum einfachen Brettstuhl. Keine Brüstung trennt beim Typ 1 den
Beichtenden vom Beichtvater oder schützt diesen beim langen Beichtsitzen vor
der Kälte. Daher war der Platz dieser Stühle fast immer die Sakristei. Das trifft
auch für die Beichtstühle von Hiltpoltstein und Kirchrüsselbach zu, die heute im
Chorraum aufgestellt sind, aber ursprüng-
lich in der Sakristei standen. Ebenso sind
die mit Schnitzwerk verzierten offenen
Stühle mit hohem Dorsal in Artelshofen
und Sankt Helena heute im Chor und am
Triumphbogen für alle sichtbar platziert.
Der Poppenreuther Beichtstuhl, ein Armlehnstuhl ohne Polster (Typ 1.1), steht im
geräumigen Chor hinter dem Altar zusammen mit einem Betstuhl für die Einzelbeichte zur Verfügung. Dem Typ 1.5
mit dem einfachen Stuhl in Klausstein
wurde etwas willkürlich der Drehstuhl
von Katzwang zugeordnet, der als „Lutherstuhl" in die Möbelliteratur eingegan-
gen ist und weltbekannt wurde. Es handelt sich um einen Drehstuhl mit Armlehnen aus dem Anfang des 16. Jahrhunderts, den man vielfach nachbaute. Wie
es zu dem Namen „Lutherstuhl" kam, ist
nicht bekannt. Durch Archivalien gesi-
chert ist, dass ein solcher Stuhl in Katzwang als Beichtstuhl diente und in
schlechtem Zustand im Jahre 1816 an das
Germanische Nationalmuseum in Nürnberg verkauft wurde.

Ein Einzelstück stellt der in Benk vorhandene Bet- oder Kniestuhl dar (Typ 1.6). Er
soll aus der Stadtkirche in Bayreuth stammen. Nicht ganz klar ist, ob dieser - wie
in Poppenreuth - mit einem Beichtstuhl
oder Lehnsessel für den Beichtiger kombiniert war und der Beichtende zu Beichte und/oder Absolution darauf nieder-

kniete, oder ob der Beichtiger darauf niederkniend die Beichtformel für gemeinsam Beichtende vorsprach. Keine Zweifel hingegen bestehen hinsichtlich der Funktion des Fußschemels, den es in Altdorf noch gibt und der in manchen Inventarien aufgeführt wird. Es heißt in der Kirchenbeschreibung des Ansbacher Oberamts Stauf von 1753 für die Kirche in Alfershausen: „Sakristey...darinnen 1 irdener Ofen, 1 Beichtstuhl, 1 mit Leder ausgefütterter Fußschemel, worauf vor dem Beichtstuhl gekniet wird." In Himmelkron ist das „Bäncklein vor dem Beichtstuhl" Teil einer Rechnung aus dem Jahre 1657.

Bislang ist nur ein offener Zweisitzer (Typ 1.7), nämlich der in Bertholdsdorf ausdrücklich als Beichtstuhl ausgewiesen (KDM Ansbach) . Es ist jedoch davon auszugehen, dass auch andernorts, etwa in Kirnberg, solche Paarsitze ohne Brüstung der Abnahme der Einzelbeichte dienten.

Beichtstühle des Typs 1 sind zwischen 1657 (Ottensoos) und dem Ende des 19.

Beichtstuhl aus der Pfarrkirche in Kirnberg

Jahrhunderts datiert. Im 17. Jahrhundert entstanden die mit Schulterringen und/oder hohen Dorsalen versehenen Wangenstühle vom Typ 1.2 bis 1.4. Exemplare des Typs 1.2 haben keinen Boden, während 1.3 und 1.4 mit Bodenplatten versehen sind, sich aber durch Höhe und Aufbau der Rückwand unterscheiden.

Für Oberfranken gibt es zwei Exemplare (Hiltpoltstein, Kirchrüsselbach), für Mittelfranken fünfzehn dieser offenen Beichtstühle der Typen 1.2 bis 1.4. Ins 18. und 19. Jahrhundert datieren fast alle Beichtstühle des Typs 1.1, dreizehn an der Zahl, worunter alle Polstersessel und Armlehnstühle - in den Pfarrakten auch „Geländerstühle" genannt - erfasst sind. Der Windsbacher Stuhl trägt die Jahreszahl 1719 aufgemalt. Am jüngsten sind die beiden Lehnstühle aus der Zeit um 1900

Beichtstühle in
Wonsees, um 1900

aus Wonsees im Kunststil des Historismus, verziert mit Lutherrose, Eherner Schlange, Siglen zweier Bibelstellen und den Jahreszahlen des Thesenanschlags „1517" und der Augsburger Konfession „1530". Der Brettstuhl vom Typ 1.5 in der Sakristei in Ohrenbach und der einzelne im Chor (ursprünglich hinter dem Altar) der Klaussteiner Kapelle gehören der zweiten Hälfte des 18. Jahrhunderts an. Der Klaussteiner Stuhl trägt die Jahreszahl „1773" und hatte wohl dazu ein Pendant. Auffallend ist, dass man bei dem früheren Stuhl in Unterlauter (s. d.) seitlich je ein Brett herausziehen konnte, so dass man annehmen möchte, es sei für die Beichtenden gedacht. Der Berichterstatter fügt aber sogleich hinzu, sie seien als „Stützen für Menschen" zu schwach. Als Geräte, die man allenfalls darauf stellen konnte, dürften Opferbüchse oder Schreibzeug in Frage kommen.

Der Schmuck der Beichtstühle des Typs 1

Bei den offenen Beichtstühlen steht wenig Fläche für ikonographischen oder sonstigen Schmuck zur Verfügung. Brüstungsfelder als Dekorations- oder Unterweisungsträger fehlen. Rückwand und Bekrönung übernehmen diese Funktionen. „So bitten wir nun an Christus statt, lasset euch versöhnen mit Gott. II Corinth V." heißt es, wie in St. Helena, auf der kalligraphisch gestalteten Inschriftkartusche, die den Beichtsessel in Altdorf bekrönt. Engelköpfchen zieren die Rückenlehnen der Beichtstühle von Artelshofen, Henfenfeld und Kirchrüsselbach und sind wie Heiliggeisttaube (Sankt Helena) und „Auge Gottes" (Artelshofen) zugleich Zeugen des göttlichen Wirkens im „Amt der Schlüssel". Beides, Schmuck und christliches Symbol, ist in den pflanzlichen Ornamenten von Akanthusranken (Altdorf, Henfenfeld, Sankt Helena, Windsbach), Weinlaub (Henfenfeld), Blütenranken (und Vase, Windsbach) und Muschelpalmetten (Hiltpoltstein) vereint. Beim Wettringer Beichtstuhl zeigen ausgesägte Kreuze auf den Seitenwangen, beim Kniestuhl in Benk ein Kreuz in der Rückenlehne die geistliche Bestimmung an.

Detail des Beicht-
stuhls der Pfarrkirche
St. Helena zu
Großengsee, 1708

Beichtstühle des Typs 2

Die beiden auf den Lehnen mit einschlägigen Jahreszahlen und Lutherrose versehenen Stücke, die für Wonsees beschafft wurden, haben wir bereits geschildert. Für die beiden ehemals in Scherneck vorhandenen und im Kunstdenkmälerband von Thüringen (Sachsen-Coburg) beschriebenen Stühle werden ein „Lederpolster mit gepreßten Blumen und Mustern" sowie „gut erhaltene Rosetten- und Akanthusmuster", ferner die bildliche Darstellung des Gekreuzigten zwischen Maria und Johannes und eine Inschrift mit einem Jesuswort am Kreuz angegeben. Im

Beichtstuhl aus der Pfarrkirche in Petersaurach

Gegensatz zum offenen Einsitzer können Beichtstühle mit Brüstung (Typ 2) einen oder mehrere Sitze haben. Gemeinsam ist die vorgestellte Brüstung, die in einigen Fällen innen als Kniebank ausgebildet ist (Remlingen, Weiltingen). Wie bei Chorgestühlen stehen Sitz und Kniebank auf einer gemeinsamen Bodenplatte. Der Zugang zum Beichtstuhl ist meist seitlich offen oder durch eine Tür möglich. Diese kann auch vorn in der Brüstung sein (Alfeld, Petersaurach, Mitwitz, Obernsees, und Plech). Darüber hinaus unterscheiden sich die Beichtstühle durch die Höhe der Brüstung und den Aufbau der Rückwände, die niedrig (2.1) oder halbhoch (2.2) abschließen oder ein vorkragendes baldachinartiges Gesims als Abschluss haben können (2.3).

Einzelsitze mit Brüstung und niedriger Rückenlehne vom Typ 2.1 finden sich in Alfeld, Artelshofen, Eysölden, Roßtal und Tiefenbach und sind der ersten Hälfte des 18. Jahrhunderts zuzuordnen. Höhere Lehnen haben die Einsitzer von Remlingen, Westheim und Wilhermsdorf.

Der Einsitzer mit Brüstung und Baldachin kann als ein Klassiker unter den evangelischen Beichtstühlen betrachtet werden. Er ist in allen Teilen Frankens erhalten: Petersaurach, Velden, Mistelbach, Obernsees, Plech, Seibelsdorf, Untersteinach, Winterhausen. In Dorfgütingen kann er nachgewiesen werden, und in der Sakristei der Laufer Stadtkirche ist die Rückwand eines solchen (wohl 2.3) mit einem Bild des Gleichnisses von Zöllner und Pharisäer erhalten. In den meisten Fällen stehen die Beichtstühle dieses Typs noch am idealen Platz für einen Beichtstuhl, nämlich im Chor in einer Ecke, an der Rückseite des Triumphbogenpfeilers und direkt neben dem Zugang zur Sakristei. Die frühesten erhaltenen Einsitzer mit Brüstung sind Ende des 17. Jahrhunderts entstanden, doch hält sich der Typus auch noch in der zweiten Hälfte des 18. Jahrhunderts und wird in die klassizistischen Kirchen übernommen. Die erhaltenen Mehrsitzer mit Brüstung kann man, mit Ausnahme des Zweisitzers von 1782 in Plech, in die Zeit zwischen 1680 und 1700 datieren, also in die Blütezeit der evangelischen Einzelbeichte.

Schwierigkeiten bereitet die typologische Zuordnung des Beichtstuhls, der in der Sakristei der Spitalkirche zum Heiligen Geist in Dinkelsbühl steht und für den Helmut Schatz die treffende Bezeichnung „Beichtgehege" wählte. Beichtstuhl und Betpult werden hier umfangen von einem zaunartigen Gatter, von dem sich ein Teil als Tür öffnen lässt. Es könnte um 1700 entstanden sein. Diese besondere Form lässt sich am besten dem Typ 2.5 zuweisen.

Der Schmuck der Beichtstühle des Typs 2

Viel Gestaltungsfläche bieten die sechseckigen korbartigen Brüstungen der Westheimer und Winterhauser Exemplare. Der im Westheimer Kirchenmuseum präsentierte Stuhl vom Typ 2.2 ist in seiner ursprünglichen Fassung mit Akanthusranken auf grünlichem Grund erhalten. In der Füllung der Rückwand kann man den Brandenburgischen Adler verblasst erkennen. Den inschriftlich „1731" datierten Beichtstuhl in Winterhausen schmücken Stifterinschriften und Bibelzitate. Ein auf die Beichte bezogenes Bildprogramm trägt der Stuhl in Untersteinach auf den drei Seiten seiner Brüstung: Reuiger Petrus, Johannes der Täufer(?), Christus als Weltenrichter. Der inschriftlich „1750" datierte Petersauracher Stuhl lädt mit Matthäus 11, 28 zur Beichte ein: „Komt heer zu mir Alle alle die ir mieselig und beladen seit, ig will eich erquikänn" und zeigt mit dem auf der Tür aufgemalten Hohenzollernwappen die Obrigkeit als Garanten für den Glauben an. Auch am Dorsal des Mistelbacher Beichtstuhls war einst das Wappen des Patronatsherrn zu sehen. Er wurde deshalb in der Literatur als „Herrschaftsstuhl" ausgegeben. Die anderen Stühle dieses Typs tragen die farbige Fassung der übrigen Kirchenausstattung, meist ein helles Grün oder Grau mit dunkler abgesetzten Feldern auf Brüstung, Rückwand und Wangen. Plastischer Schmuck in Form von Pilastern,

Knäufen, Rankenschnitzerei und geschweift ausgesägten Wangen weisen sie als Möbel im Zeitstil des Barock aus. Sie entstanden alle in der ersten Hälfte des 18. Jahrhunderts. Am reichsten verziert ist der spätbarocke Beichtstuhl im Chor der Veldener Kirche, der im Jahre 1734 231 Gulden gekostet hat. Weiß, Gold und Hellblau sind seine Farben. Die Brüstung ist geschwungen und mit vergoldeten Festons verziert; vom ausladenden baldachinartigen Gebälk hängen vergoldete Schabracken, Quasten und geknotete Vorhänge in Himmelblau. Innen am Baldachin schwebt der Hl. Geist in Form der silbernen Taube, von goldenen Strahlen und silbernen Wolken umgeben.

Mehrsitzer haben meist hohe Rückenlehnen und baldachinartig vorgezogene Gesimse. Sie sind noch in den oberfränkischen Kirchen von Lindenhardt, Plech und Weißenbrunn erhalten. In Mitwitz ist ein Sitz des mehrsitzigen Stuhls - vermutlich der des Pfarrers - durch eine hohe Rückwand mit Baldachin herausgehoben (Typ 2.5, kombiniert mit Typ 2.3). Ohne die betonte Rückwand präsentieren sich der Zweisitzer mit Brüstung in Benk und die „Chorbänke" in Stein und Weiltingen vom Typ 2.5. In Lindenhardt und Weiltingen stehen die mehrsitzigen Stühle im Chor an klassischer Stelle neben der Sakristeitür, in Mitwitz, Plech,

Beichtstuhl aus der
Kirche in Velden

Stein und Weißenbrunn im Langhaus. Nicht sicher ist der ursprüngliche Standort des Stuhls in Benk, doch weist er die gleiche florale Malerei wie die anderen Kirchenmöbel auf. Auch die Brüstungsfelder der Gestühle in Lindenhardt (hier auch die Felder der Rückwand), Stein und Weißenbrunn sind mit Blumenranken reich bemalt, beim Mitwitzer Dreisitzer sind sie marmoriert. Der Plecher Zweisitzer ist wie sein einsitziges Pendant hellgrün bis grau gestrichen, hat aber am halb über den Stuhl ragenden Baldachin Rankenschnitzereien, in die die Jahreszahl „1782" mit eingeschnitzt ist. Als herausragenden Schmuck darf man die drei Bilder in den Brüstungsfeldern des Weiltinger Beichtstuhls ansehen. Dargestellt sind:

die Predigt des Petrus im Haus des Cornelius, der verlorene Sohn, Christi Abend-
mahl. Gleichzeitig weisen diese Szenen auf Beichte und Absolution und deren
Verknüpfung mit dem Abendmahl hin. Vom Fürstlich Oettinger Hofmaler Johann
Friedrich Dietrich wurden sie um 1680/86 geschaffen.

Beichtstühle des Typs 3

In der Sakristei der Kirche von Egenhausen steht ein einsitziger Beichtstuhl vom
Typ 1.3 hinter einem Schragentisch, der in dieser Kombination in der Literatur als
Beichtanmeldestuhl (3.1) bezeichnet wird, diente doch der Tisch bei der Beichtanmeldung zur Eintragung in das Konfitentenregister. Dieser Typ, jedoch mit
Stuhl und Tisch auf einer gemeinsamen Grundplatte (3.2), findet sich auch in den
Kirchen von Gollhofen, Sommersdorf und Weißenkirchberg. Für Schweinsdorf
verzeichnen die Kunstdenkmäler einen „Pfarrstuhl mit Tisch, 18. Jh. in der Sakristei". Nur beim Weißenkirchberger sind die geschweift ausgesägten Wangen
des Pulttisches miteinander zu einer Kniebank verbunden, ein Zeichen dafür,
dass in diesem Beichtstuhl auch die Absolution erteilt wurde, die der Beichtende kniend empfing. In Sommersdorf diente zu diesem Zweck eine außen am Pult
in Kniehöhe angebrachte, etwa 40 cm lange Auflage auf zwei geschweift ausge-

Beichtstuhl aus der
Pfarrkirche in Som-
mersdorf

sägten Stützen. Diesen Beichtstuhltyp sah der Kirchenhistoriker Matthias Simon unter dem Gesichtspunkt des Verfalls der Einzelbeichte: „Der Beichtstuhl, der anderwärts in evangelischen Gebieten zu einer Verbindung von einem Schreibpult mit einem davor angebrachten Knieschemel geworden war - erhalten z. B. in Weißenkirchberg - war [in Augsburg] zu einer Bank entartet".[121]

Alle vier Beichtstühle stehen in mittelfränkischen Kirchen, die nahe beieinander liegen, nämlich in den benachbarten Landkreisen Ansbach und Neustadt a. d. Aisch-Bad Windsheim. Sie entstanden um 1700, sind schlicht und zweckmäßig und waren für die Sakristei gedacht. Dort stehen sie heute noch bis auf das Exemplar in Weißenkirchberg, das nach seiner Aufbewahrung in der Turmkammer in jüngster Zeit in die Kirche versetzt wurde. In vielen Kirchen mit Beichtstühlen finden wir Tisch und Stuhl als Anmeldemöbel in den Sakristeien. Erwähnt sei Ohrenbach, wo mit Brettstuhl und Tisch - mit Loch für ein Tintenfass in der Tischplatte - das Mobiliar für die Beichtanmeldung beisammen steht. Auch in der Sakristei der Kirche von Weimersheim steht ein Tisch vor einem gepolsterten Armlehnstuhl vom Typ 1.1, der wohl auch zur Einzelbeichte gedient hat.

Die Beichtstühle mit einem Pulttisch oder die Beichtanmeldestühle muss man als reine Funktionsmöbel betrachten; sie blieben daher schmucklos. Nur der Sitz des Stuhls in Sommersdorf zeigt ein wellenförmig ausgesägtes Ornament als Abschluss der Rückenlehne. Im Anstrich wurden sie jeweils der Kircheneinrichtung angepasst.

Gestühl in der Kirche in Lanzendorf, links

Gestühl in der Kirche
in Lanzendorf, rechts

Beichtstühle des Typs 4

Bei den schrankförmigen Beichtstühlen vom Typ 4 lässt sich die Nutzung zur Einzelbeichte nicht immer eindeutig identifizieren. In den Kunstinventaren, die verfasst wurden, als die Blütezeit der Einzelbeichte vergessen war, sind solche Gestühle vielfach als Pfarrstühle, Pfleger- oder Herrschaftsstühle bezeichnet. In Altheim weiß man, dass der Pfarrstuhl einst zugleich für die Beichte verwendet wurde. Der dreisitzige „Presbyterstuhl" in Oberredwitz diente mit Sicherheit auch der Einzelbeichte. Als Beweis mag gelten, dass in den Pfarrakten von Arzberg für 1713 vermerkt wird, dass „der erste Pfarrer Einzelbeichte abhört in dem Röthenbachischen Ambts-Stuhl".

Beichtstühle konnten diese geschlossene Form eines Schrankes mit Gitterfenstern haben. Das bezeugt die archivalische Beschreibung der verlorenen Beichtstühle in der Kirche von Etwashausen: im Inventar sind 1816 die „ritterschaftlichen Beichtstühle" in Gestalt „hölzerner Verschläge mit vier Fenstern" verzeichnet. Der Zugang zum mehrsitzigen schrankförmigen Beichtgestühl erfolgte meist seitlich durch eine schrankhohe Tür, deren oberer Teil ebenfalls als Gitterfenster ausgebildet war. Als Einzelexemplar muss der einsitzige Gitterbeichtstuhl von Riegelstein betrachtet werden, der von rechts offen zugänglich ist. Auch der im Museum von Dietenhofen aufgestellte, nur 66,7 cm breite Schrank mit Türgitter, diente einst als Beichtstuhl. Er stammt aus der Kirche von Kleinhaslach und ist innen mit Sitzbrett und Buchablage ausgestattet.

Als Standorte der raumgreifenden zwei- und mehrsitzigen schrankförmigen Beichtstühle kommen immer Chor oder Langhaus in Frage. Viel Platz finden sie im Chor ehemals katholischer gotischer Kirchen und Neubauten evangelischer Kirchen des 17. Jahrhunderts: Altheim I, Berolzheim, Flachslanden, Lauf II (St. Salvator). In Lauf, Lanzendorf und Oberredwitz stehen sich jeweils zwei Gitterstühle im Chor gegenüber. Während in der Lanzendorfer Kirche Bankreihen nach vorn hin teilweise vergittert waren, besitzen die Kirchen in Lauf (Friedhofskirche St. Salvator) und Oberredwitz nach allen Seiten hin geschlossene Gestühle mit Bedachung. In anderen Kirchen hat dieser Beichtstuhltypus seinen Platz im Langhaus an der Triumphbogenwand: Altheim II, Forst, Oberasbach - 1966/67 entfernt - und Roßtal. Der im Anhang mit aufgenommene „Gotteshauspflegerstuhl" in Großgründlach besaß ehemals Gitter. Bevor diese 1882 abgenommen wurden, könnte er durchaus als Beichtstuhl gedient haben. Der wohl auch zur Einzelbeichte benutzte Gitterstuhl an der Westwand der Kirche in Schweinsdorf wurde zufällig gefunden, als dem in den Kunstinventaren verzeichneten „Pfarrstuhl mit Tisch aus dem 18. Jh." nachgegangen wurde. Vermutlich gäbe es noch weitere der Gitterbeichtstühle in den evangelischen Kirchen Frankens zu entdecken. Wenigstens anhangsweise hinzugerechnet werden muss wohl auch der prächtige „Herrschaftsstuhl" mit Gittern in Betzenstein, der - wenn kein anderer Beichtstuhl vorhanden war - am Samstagnachmittag zur Einzelbeichte gedient haben dürfte.

Der Erhalt mancher Beichtstühle ist einer Umnutzung, etwa als Messnerstuhl oder „kleine Sakristei" (Goldkronach), zu verdanken. Das zweisitzige Gestühl in Goldkronach von 1680 hatte Vorhänge an beiden „Fenstern", die erst bei der letzten Kircheninstandsetzung mit Rautengittern geschlossen wurden.

Der Schmuck der Beichtstühle des Typs 4

Die gegeneinander verschiebbaren oder mit Scharnieren zu öffnenden Gitter nehmen die oberen Hälften der schrankförmigen Beichtstühle ein. Je nach Breite und Tiefe des Gestühls zählt es ein bis vier Gitter an der Frontseite und ein oder zwei weitere in den meist seitlichen Türen. Die Fensterzone ist vom unteren Teil des Schrankes durch ein horizontales Gesims getrennt. Die vertikalen Gliederungen von Unter- und Oberzone sind nicht immer aufeinander bezogen; durch unterschiedliche Farb- und Bildgestaltung wird die Trennung noch deutlicher.

Die Gitter bestehen in den meisten Fällen aus schräg gestellten Profilleisten (Rautengitter), nur beim linken Lanzendorfer Gestühl waren sie gerade und bildeten ein quadratisches Raster.

In Mittelfranken sind die Beichtstühle des Typs 4 schmucklos bis auf Hervorhebungen am mehr oder weniger vorkragenden Gesims in Form von Zahnschnitt oder Knäufen. Die Gitterstühle in der Laufer Friedhofskirche bieten einen Schmuck am Gesims durch geschweift ausgesägte Akanthusranken im barocken Stil. Sie stammen aus dem Jahre 1659, während alle übrigen mittelfränkischen Gitterstühle dem 18. Jahrhundert zugehören. Die Gitter selbst wurden nur beim Schrankgestühl in der Kirche von Berolzheim zum Schmuck und bestehen aus ausgesägtem Rankenwerk. Füllungen und Rahmenleisten sind farblich abgesetzt und anderen Kirchenmöbeln

Beichtstuhl aus der Kirche in Oberredwitz

angepasst. Beachtlichen Schmuck tragen hingegen die oberfränkischen Beichtstühle, besonders die noch dem 17. Jahrhundert zugehörigen in Oberredwitz und Goldkronach. Die Brüstungsflächen der beiden Lanzendorfer Chorgestühle aus der ersten Hälfte des 18. Jahrhunderts weisen vorne querrechteckige Felder und seitlich ein hochgestelltes Feld mit Marmorierung auf. Der doppelsitzige, geschlossene Stuhl in Goldkronach hat als Zugang rechts eine halbhohe Tür mit einem Tafelbild des Apostels Matthias. Es gehörte ursprünglich zu einem Zyklus von Emporenbildern und wurde bei einer Restaurierung der Kirche am Gitterstuhl angebracht. Das gilt auch für die geschnitzten Zierleisten und das Engelsköpf-

chen, die vom Altar hierher versetzt wurden. Eine noch aufwendigere Gestaltung erfuhren die beiden Gitterstühle im Chor der Kirche von Oberredwitz. Bei beiden sind die Gitter aus ausgesägtem Rankenwerk, das als Bekrönung auch die Gesimse schmückt. Der an der Südwand stehende, wohl für drei Plätze angelegte Stuhl zeigt allegorische Malereien auf den drei Füllungen der Brüstung. In ihrem Aufbau und der Verbindung von Bild und Schrift entsprechen sie dem „Emblem" genannten katechetischen Bildtyp. Der Inhalt der Spruchbilder ist sowohl erbauend - durch die Malereien des Georg Radius - als auch belehrend. Sie verweisen auf die Erkenntnis des Glaubens, die dem Leben Sinn gibt und die der Geistliche in Gottes Auftrag lehrt. Als solchermaßen Beauftragter sah sich der Stifter und Autor Pfarrer Georg Samuel Martius, dem wohl der ganze allegorische Bilderzyklus der 1702 eingeweihten Kirche zu verdanken ist. Viele emblematische Kirchenzyklen entstanden um jene Zeit und erfreuten

Beichtstuhl aus der Stadtkirche in Hersbruck, links

sich im Pietismus großer Beliebtheit. 1683 war in Nürnberg ein „Emblematischer Katechismus" erschienen.[122]

Beichtstühle des Typs 5

Mehrsitzige Baldachinstühle des 17. Jahrhunderts kommen vorwiegend in Oberfranken vor. Sie weisen (noch) keine Gitter auf, haben aber ein Dach, das auf Stützen ruht, die auf der Brüstung aufsitzen. Für Mittelfranken ist bisher nur das Hersbrucker Baldachinstuhlpaar im Chor der Stadtkirche von 1738 vorzuweisen. Der Zugang erfolgte immer von der Seite, in Hersbruck durch gewölbte Halbtüren. Die Innenausstattungen der Stühle des Typs 5 bestehen meist aus einer Sitzbank für zwei Personen, Kniebank und schrägen Buchablagen. In Bayreuth-St. Georgen gehören die Baldachinstühle zu beiden Seiten des Kanzelalters zum Mobiliar aus der Zeit von 1715. Barocke Stilelemente lassen sich in drei gedrehten Säulen erkennen, die den Baldachin tragen und sich im verkröpften Gebälk als ka-

pitellartige Vorlagen fortsetzen. Obernsees besitzt neben dem Einsitzer vom Typ
2.3 einen zweisitzigen Beichtstuhl mit
drei balusterartigen Baldachinstützen und
zwei sechseckigen Füllungen in der
Brüstung. Das Gesims besitzt, wie der
Beichtstuhl im Chor der Kirche von Gesees, eine geschweift ausgesägte
„Schabracke". Mit Inschriften und Malereien ausgestattet, zeigen sich die oberfränkischen Baldachinbeichtstühle von
Melkendorf (1698) und Rugendorf
(1667). An Hand von Vergleichsstücken
in der Literatur und in der Dreifaltigkeits-
kirche von Kaufbeuren (Modell von 1764
erhalten) kann man den „Kanzelbeicht-
stuhl" von Weimersheim den Beichtstühlen zuweisen und am zweckmäßig-
sten dem Typ 5 zuordnen. Durch Rückwand, Konsolen, Stützen und Gestaltung
ist ein unter der Kanzel stehender offener
Wangenstuhl mit Brüstung mit der Kanzel
zu einer Einheit verbunden. Als Entstehungszeit darf man das Jahr 1738, in dem
auch Altar und Emporen errichtet wurden, annehmen.

Beichtstuhl aus der
Stadtkirche von
Hersbruck, rechts.

Der Schmuck der Beichtstühle des Typs 5

Zusätzlich zu den Flächen von Brüstung und Rückwand der Baldachinbeichtstühle bietet auch noch der „Himmel" Platz für schmückende und belehrende
Gestaltung. Voll für die Marmorierung ausgenutzt sind diese Flächen bei den
Beichtstühlen in Hersbruck. Hinzu kommen pilasterartige Baldachinstützen mit
vergoldeten korinthisierenden „Kapitellen". Am Beichtstuhl in Gesees aus der
Zeit um 1680 sind an allen Teilen Bemalungen angebracht: floral an Brüstung
und Decke in typischer „Hummelmalerei", biblisch an den beiden Rundbogenfeldern der Rückwand: Himmelfahrt des Elias und Auferstandener, ferner Moses
mit den Gesetzestafeln - es wird damit auf die Zehn Gebote und die Hoffnung auf
die Gnade Gottes hingewiesen. Beim inschriftlich „1698" datierten Beichtstuhl in

Beichtstuhl aus der Kirche in Melkendorf

Melkendorf fasziniert bereits der architektonische Aufbau. Über dem mächtigen Kranzgesims prangt eine giebelartige, geschweift ausgesägte Bekrönung mit Inschriftenfeld. Seitlich ist in einen Ziergiebel das Patronatswappen der Guttenberg eingelassen. Die Tür in der linken Seite ist mit dem Bild Christi als Salvator bemalt, und die Unterseite des Baldachins zeigt eine Ölmalerei mit dem Auge Gottes. Nirgendwo an anderen Beichtstühlen lässt sich außerdem soviel Text eingeschrieben entdecken: Im großen Brüstungsfeld umgeben den Textblock Ranken; die Schrift erinnert an graphische Vorlagen. Als erstes konnte der an den Stuhl Herantretende die Worte auf dem Ziergiebel lesen: „Wer euch höret, der höret mich, wer euch verachtet, der verachtet mich", mit der die Autorität des Beichtvaters untermauert werden sollte (vgl. Oberredwitz). Für die Anbringung dieses und aller anderen Zitate zeichneten die 1698 amtierenden beiden Geistlichen verantwortlich. Ihre Namen finden sich über den beiden Inschriftenfeldern der Rückwand, die die biblischen Worte an den Propheten Hesekiel tragen: „Du Menschenkind Ich habe dich zum Wächter gesetzt über das Hauß Israel...". Als Wächter über und als verantwortlich für das Seelenheil der ihnen anvertrauten Seelen sahen sich die in der Gemeinde tätigen Geistlichen. Daher fordert der programmatische Text in der Kartusche der Brüstung die Gläubigen mit Hebräer 13 zum Gehorsam gegenüber ihren Lehrern auf. Das Beichtverhör als wichtiger Bestandteil der Einzelbeichte wird hier mit biblischen Worten untermauert.

Über und über mit Texten, Ornamenten und allegorischen Bildern hat 1667 in Rugendorf der Stifter, Pfarrer Paul Brater, seinen Beichtstuhl ausschmücken lassen. Selbst Baldachin, Stützen und Brüstungsrahmen sind mit Ranken bemalt. Angelockt durch das große, bunte Bild einer Blumenwiese in der Brüstung wird, wer sich dem Stuhl nähert, zunächst auf die Gnade Christi hingewiesen, symbolisiert durch eine Lilie, die über die anderen Blumen hinausragt. Darüber ist die entsprechende Stelle aus dem Hohen Lied angeschrieben. Mit „Ego sum vitis / vos Palmitis", nach Joh. 15,5: „Ich bin der Weinstock, ihr seid die Reben", wird diese theologische Botschaft noch einmal mit dem Neuen Testament bekräftigt. Wie in Melkendorf verweisen allegorische Darstellungen und Sprüche an der Rückwand des Stuhls wieder auf das Lehramt des Beichtvaters (Exod. V, lateinisch), und darunter wird auf zwei Gebotafeln das Hauptgebot der Liebe (Matth. 22, 37. 39, deutsch) vor Augen geführt. Die Untersicht des Baldachins weist, wie in Melkendorf, das Trinitätssymbol mit der hebräischen Inschrift „Jahwe" auf und bekräftigt den göttlichen Ursprung von Lehre und Wort.

Dass auch die beiden Stühle in der Ordenskirche zu Bayreuth einst bunt bemalt, vielleicht mit Inschriften und illustrierenden Bildern ausgeschmückt waren, bestätigen die ersten Farbuntersuchungen aus Anlass der bevorstehenden Hauptrestaurierung des Kirchengebäudes.

Zur Verbreitung der evangelischen Beichtstühle in Franken

Bei allen Aussagen über die Streuung bestimmter Beichtstuhltypen auf die fränkischen Landschaften ist immer zu bedenken, dass der größte Teil der evangelischen Beichtmöbel verloren ist und dass, trotz der stattlichen Zahl von beinahe hundert in ihrer Konstruktion bekannten Exemplaren das Aussehen aller übrigen unbekannt ist. Die nicht mehr vorhandenen, aber dem Aussehen nach durch Archivalien und/oder Fotografien bekannten Exemplare wurden bei allen nachfolgenden Erwägungen einbezogen.

Die fränkische Beichtstuhllandschaft wird von drei Zentren bestimmt: Nürnberg, Ansbach und Bayreuth. Um diese scharen sich die meisten der nachgewiesenen Bestände. Ein einziger bestimmter Beichtstuhltyp kann diesen Regionen jeweils nicht zugeordnet werden, doch lässt sich sagen, dass in jeder der drei Regionen jeweils ein bestimmter Stuhltyp vorherrscht. Für Nürnberg war dies schon den Herausgebern der bayerischen Kunstinventare aufgefallen, doch konnte sich das „typisch Nürnbergerische" oder „typisch evangelische" der aufgeführten Bestände nur auf den Unterschied zwischen katholischem und evangelischem Beichtstuhl beziehen. Bei der Bezeichnung „einfache Form" mag der Kunsthistoriker zudem an die aufwendige Gestaltung der evangelischen Beichtstühle anderer Beichtstuhllandschaften, wie z. B. Ostpreußen, gedacht haben. In der Tat fanden sich in Nürnberg und Umgebung, genauer gesagt in den Dekanaten Nürnberg, Fürth, Hersbruck und Schwabach, vor allem Beichtstühle der Typen 1 und 2: offene Einzelsitze oder solche mit Brüstung. In den benachbarten Kreisen Ansbach und Neustadt a. d. Aisch-Bad Windsheim (Dekanate Ansbach, Bad Windsheim, Windsbach) zeigt neben dem Typ 1 der schrankförmige Typ 4 eine besondere Verbreitung. Außerdem sind alle registrierten Beichtstühle vom Typ 3 hier beheimatet. In den oberfränkischen Kreisen Bayreuth und Kulmbach trifft man dagegen überwiegend mehrsitzige Beichtstühle der Typen 4 und 5 vor, darunter die mit ikonographisch besonders interessanter Gestaltung. Ihr Vorkommen in dieser Region mag mit dem Vorhandensein großer Chorräume in gotischen, ehemals ka-

tholischen Kirchen zusammenhängen. Zur Häufung der Beichtstühle im Nürnberger Land hat mit Sicherheit auch die Grenzlage zur katholischen Pfalz beigetragen. Bekanntlich war dieses Gebiet nach dem Dreißigjährigen Krieg konfessionel sehr umstritten. Die Beichte wurde immer wieder als Unterscheidungsmerkmal der Konfessionen herangezogen, wie besonders anschaulich aus der Geschichte der Pfarrei Alfeld von Karl Schornbaum hervorgeht.

Das Vorkommen eines bestimmten Beichtstuhltyps hängt nicht zuletzt mit der Bauzeit oder mit der Ausstattung der jeweiligen Kirche zusammen, worauf schon bei der Vorstellung der einzelnen Typen Bezug genommen wurde. Berücksichtigt werden muss auch die unterschiedliche Zahl evangelischer Pfarreien in den drei Teilen Frankens. So fanden sich im größtenteils katholischen Unterfranken nur drei gesicherte evangelische Beichtstühle, von denen jeder einem anderen Typ angehört.

Beichtstuhl aus der
Pfarrkirche in Untersteinach

Ausblick

Zusammenfassend lässt sich sagen, dass den fränkischen Regionen nicht nur bestimmte Beichtstuhltypen zugeordnet werden können, sondern dass auch die Gründe dafür erkennbar sind. Diese betreffen den Kirchenbau genauso wie theologische und kirchenpolitische Einflüsse.

Vielleicht lassen sich die hier gemachten Aussagen über regionaltypische Beichtstühle innerhalb der fränkischen Beichtstuhllandschaft noch präzisieren, wenn weitere Funde gemacht wurden. Dies liegt durchaus im Bereich des Möglichen, wie jüngste Beispiele (Benk, Kirchleus, Lehenthal) zeigen. Leider ist andererseits zu beobachten, dass eine Reihe von Beichtmöbeln erst in den letzten hundert Jahren, ja erst nach dem letzten Weltkrieg, bis hinein in die jüngste Zeit (Lanzendorf 1996, Berolzheim 1998), beseitigt oder umgestaltet wurden.

Es kommt zwar immer wieder vor, dass Veränderungen an den ehemaligen Beichtmöbeln vorgenommen werden, weil von deren Funktion und Konstruktionsbedürfnissen oftmals keine Vorstellungen mehr bestehen. So hat man z. B. entweder Gitter angebracht (Goldkronach) oder Gitter abgebrochen (Lanzendorf). Aber es ist doch ein Trend dahingehend zu beobachten, diese Möbel zu respektieren, weithin sensibel mit ihnen und ihrem Standort umzugehen, sie also in möglichst originalem Zustand und einstiger Platzierung zu belassen oder wiederherzustellen. Nicht nur von der Denkmalpflege her, die bisweilen eher etwas hilflos der früheren Funktion gegenüber steht, sondern vor allem von Seiten der Theologen ist man aufmerksam geworden auf diese früheren Beichtmöbel. So sind im Zuge der Kirchenrestaurierungen auch diese Stühle mit überarbeitet, an frühere Standorte verbracht und vor allem von fremder, unwürdiger Funktion, z. B. als Bücherständer oder Ablage für technische Geräte, befreit worden. Dies kann besonders für die in den letzten Jahren durchgeführten Kirchen- und auch Beichtstuhlrestaurierungen in Benk, Mistelbach, Untersteinach und Weiltingen konstatiert werden. Wie weit es wichtig, wünschenswert und sinnvoll ist, dieses Gestühl auch wieder für die Einzelbeichte zu benutzen, kann aus Sicht der theologischen Laien nicht entschieden werden. Die Einstellung des jeweiligen Gemeindepfarrers wird hier ausschlaggebend sein.

Beichstuhl aus der Pfarrkirche in Mistelbach

Anmerkungen

1 Evangelisches Gesangbuch (1994), 1514
2 Kirchliches Handlexikon Bd. 1, (1887), 344
3 Ulbrich (1929)
4 Skov (1983) u.a.
5 Sturm (1712), Tafel IV u. VII
6 Raschzok (1988)
7 Schelter (1981)
8 Meißner (1987)
9 Poscharsky (1990)
10 Bogner (1993)
11 Festschrift zur 500-Jahr-Feier der St. Nikolauskirche Winterhausen (1997), 62
12 Kolde (1897), 191
13 Nicolai (1781)
14 Jean Paul (1795-1796), hg. von Carl Pietzcker (1988), 563
15 Hg. von Fred Händel u. Axel Hermann, Hof. 1988-1992
16 Luther, Martin: Kleiner Katechismus. In: Evang. Gesangbuch (1994), 1563
17 Loewenich (1982), 69-79.
18 Bezzel (1982), 11
19 Kliefoth, (1856), Bd.2, 485
20 Luther WA 2, 717
21 Unterricht der Visitatoren WA 26, 220
22 in: Marsch (1980), 10-23
23 Das Augsburger Bekenntnis Deutsch. 1530-1580 (1988)
24 Evangelisches Gesangbuch (1994), 1511ff
25 Zusammenstellung bei Marsch (1980), 51f. und Abb. 16, 20-28, 32, 33, 38, 39
26 Regensburgkatalog, (1993), 273-276 und Abb. 10, 12
27 Thomas (1951), 18
28 Melanchthon: Loci Communes (1521/1559)
29 Klein (1961), 179
30 Kneule (1968), 127
31 1529 ergänzt durch Beichte: TRE 17 (1988). Stichwort „Katechismus", 711f.
32 Sehling (1961), 88-97
33 ebd. 124f.
34 ebd. 529
35 ebd. 529f.
36 ebd. 531.
37 ebd. 531
38 ebd. 185
39 ebd. 336
40 Bezzel (1982), 122ff.
41 ebd. (1993), 425
42 TRE 7 (1981). Stichwort „Canisius", 612
43 Evangelisches Kirchenlexikon (1959). Stichwort „Rituale", Sp. 1208
44 Kraußold (1860), 250 FN
45 Kneule (1968), 117
46 Langmaack, 191, 201
47 Langmaack, 247f.
48 Kneule (1968), 120, CCBC, 420
49 ebd. (1968), 121

50 ebd. (1968), CCBC, 237, 238
51 Francke (1697), 3
52 Brecht (1993), 437
53 Brecht (1993)
54 Graff (1994 unv. Nachdruck)
55 Obst (1972), 15-26
56 Aland (1956), 273-279
57 Kantzenbach (1965), 9
58 ebd. 7-11
59 ebd. 21
60 ebd. 28
61 Kneule (1968), 129
62 Kantzenbach (1965) 31
63 Kneule (1968), 127
64 ebd. 117
65 Archiv Himmelkron, Akte 36, 16)
66 LKAN: Akte 130
67 Kneule (1968), 127
68 ebd. 120
69 ebd. 114
70 Archiv Nemmersdorf, Akte 29, 222
71 Aland (1960), 480
72 Kneule (1968) 129
73 Kantzenbach (1965), 31 u. 37; Töpner (1997), 267f.
74 Kantzenbach (1965), 291-302
75 Zündel (1928), 171
76 Aland (1956), 279
77 ebd. (1956) 283
78 Maurer (1956), 219
79 Kneule (1968), 132f.
80 Jordahn (1970), 225
81 ebd. (1970), 226
82 Kneule (1968), 133; Jordahn (1970), 225ff.
83 Seggel (1957), 214
84 Kneule (1968), 134f.
85 Kneule (1968), 134ff.; Seggel (1957), 215
86 Kneule (1968), 139
87 Kerner (Hg.) u.a. (1995-1997)
88 Kantzenbach (1965), 4
89 Kneule (1968), 113
90 Roepke (1972), 350ff
91 ebd. (1972), 358
92 ebd. (1972), 364, 366; Spindler (1978), II, 894
93 ebd. (1972), 374
94 Stählin (1957), 104
95 Peters (1994), 88
96 Löhe (1919), 97
97 Bogner (1993), 52
98 Seggel (1957), 213
99 Kneule (1968), 139f.
100 Jung (1964), 24
101 Böhme (1969), 7

102 Brief vom 4. 7. 1996

103 1511-1517

104 a.a.O. S. 1514.

105 Freundlicher Hinweis von Annemarie Müller, LKAN.

106 vgl. hierzu Leder (1973)

107 Lohse (1968), 224

108 Schlombs, (1965), mit Abb. 7 u. 8

109 Frank, (1993), 418

110 Hundsbichler (1980), Sp.1819: Auf einem Bild im Mailänder Stundenbuch (um 1416) kniet der Beichtende vor dem Priester, der auf einem Stuhl aus Holz in Pfostenkonstruktion mit hoher Rückenlehne und Armlehnen sitzt. Rechts ist vor einem Altar die Austeilung des Abendmahls dargestellt (Schlombs, Abb. 14). Auf Rogier van der Weydens Tafelbild „Die Sieben Sakramente" (Antwerpen 1445) befinden sich die Beichtstühle links vom Altar (Schlombs, Abb. 20), ebenso auf dem Holzschnitt „Männerbeichte" von Johannes Baemler (Augsburg, 15. Jh) (Schlombs, Abb. 16). Dieselbe Anordnung von Beichte und Abendmahl zeigen später auch die Bilder zum Augsburger Bekenntnis. Die dargestellten Beichtstühle stehen wie auf dem Holzschnitt des Konrad Kachelofen (1496) auf einem Podest, das auch als Kniebank dienen kann (Schlombs, Abb. 21).

111 ebd.

112 Schlombs (1965), 139

113 Tauch (1969), 25

114 ebd. (1969), 33-108

115 Abbildungen, wenn auch ohne genaue Provenienz, bei Diestelmann, 118-121

116 Marsch, a.a.O.; Abb. 7

117 zitiert nach Rickert (1949), 25f.

118 Mager (1986), 178

119 Pfeiffer (1951), 66; Kneule (1968), 136

120 KDM Schwabach, 257

121 Simon (1952), 528

122 Scharfe, a.a.O.; 246

Abkürzungen:
Dek. = Dekanat
ELKZ = Evangelisch-Lutherische Kirchenzeitung
FN=Fußnote
KDM = Kunstdenkmälerinventar
LKAN = Landeskirchliches Archiv Nürnberg
Lkr. = Landkreis
PfA. = Pfarramt, Pfarrarchiv
Qu./L. = Quelle/Literatur
„Sonntagsblatt" = Evangelisches Sonntagsblatt aus Bayern, München
T. = Typ. Die Formen der Beichtstühle sind in einer Typologie erfasst.
Die Zuordnung der Orte mit den zugewiesenen Typen finden sich auf der Karte.
ZBKG = Zeitschrift für Bayerische Kirchengeschichte (Nürnberg)
[Arzberg] Orte in eckigen Klammern zeigen abgegangene Beichtstühle an.

Alfeld

Mittelfranken

Typ 2.1

Im Hersbrucker Land sind in sieben Kirchen Beichtstühle erhalten. Die Form des Beichtstuhls in der Bartholomäuskirche in Alfeld (Lkr. Nürnberger Land, Dek. Hersbruck) bezeichnet Wilhelm Schwemmer als „schlicht" und „evangelisch" und datiert ihn „wohl Anfang des 18. Jahrhunderts". Da in der gotischen Kirche zwischen 1666 und 1730 barocke Umbauten und Einrichtungsänderungen an Emporen, Altar und Kanzel und Orgel erfolgten, könnte für die Beschaffung des Beichtstuhls dieser Zeitraum gelten. Entdecken ließen sich Stuhl und Hersteller in der „Gotteshaus- und Allmoßen-Rechnung" von Lichtmess 1715 bis Lichtmess 1716: „Für den Beicht-Stuhl, Hannsen Vogel bezahlt 3 fl." Derselbe Hans Vogel wurde 1707/08 für die Wappen über der Südtür der Kirche bezahlt. Er war also Schreiner und Holzbildhauer.

Im Inventar von 1832 wird der Beichtstuhl als „alt" und mit einem Wert von „1 fl 10 xr" aufgeführt. 1967 verzeichnete ihn Schwemmer als „ungefaßt". Sicher war er einst farbig und wohl auch mit einer geschnitzten Bekrönung auf der geraden, profilierten Abschlussleiste der Rückenlehne versehen. Änderungen und Reparaturen sind ablesbar. So wurde die untere Türangel erneuert. Der Beichtstuhl steht in der nördlichen Sakristei. Mit seinen geschwungen ausgesägten Wangen und der vorn mit einer Tür geschlossenen kastenförmigen Brüstung gehört er zu dem in Mittelfranken häufigen Typ 2.1. In den Kunstdenkmälerinventa-

gelisch Lutherische Pfarrkirche St. Bartholomäus. O. J. (vor 1971).
Abb.: Heidi Kurz.

Alfershausen
Mittelfranken

Typ 2.1

Für die St. Martinskirche in Alfershausen (Markt Thalmässing, Lkr. Roth, Dek. Weißenburg), ist 1929 in den Kunstdenkmälern ein „einfacher" Beichtstuhl aus der Zeit „um 1700" in der Sakristei verzeichnet. Im Juli 1998 war dort kein solcher Stuhl vorhanden. Nicht erwähnt wird 1929 das Gestühl in der Kirche selbst. Vom sog. Pfarrerstuhl an der südlichen Stirnwand des Langhauses aus dürfte Beichte gehalten worden sein. Ein Einzelsitz ist kastenförmig mit einer Brüstung umbaut (Typ 2.1). Die linke Seite der Brüstung enthält die Tür. Die Vorderseite ziert eine quadratische Füllung. Seiten und Brüstung

ren ist der Beichtstuhl nicht erwähnt. Im Kurzführer von Heinz Seifert (um 1970) heißt es: „In der Sakristei steht ein einfacher (evangelischer) Beichtstuhl, freilich unbenützt, denn die persönliche Anmeldung zum Abendmahl, das u. a. im Frühjahr und im Herbst noch an acht Werktagen vormittags gehalten wird, erfolgt im Pfarrhaus." Wie in der ausliegenden kleinen Orientierungsschrift zu lesen ist, wird heute bei Bußgottesdiensten am Altar Einzelabsolution durch Handauflegen erteilt.

Qu./L.: LKAN: PfA Alfeld, R 7 und 24 (1832). - KDM Hersbruck, S. 35-40. - Gerstner, Helmut: St. Bartholomäuskirche in Alfeld. Hg. v. der Ev.-Luth. Kirchengemeinde Alfeld. O. J., o. S. - Heidelmann S. 55, 57 (Abb.). - Schwemmer 1967, S. 17. - Seifert, Heinz: Kleiner Kirchenführer Alfeld. Evan-

sind an der Oberkante durch ein umlaufendes profiliertes Gesims zusammengefasst. Die niedrige Rückenlehne schließt mit geschweift ausgesägten Ecken und einer profilierten Leiste ab. Der Beichtstuhl ist, angeglichen an Kanzelwand und übrige Einrichtung, hellgrau gestrichen, rote Profilleisten rahmen die blaue Füllung vorn. Eine Buchablage ragt als kleines Lesepult schräg über die Brüstung hinaus. Es hat die graue Farbe des Beichtstuhls, die Unterkante ist geschweift ausgesägt und rot abgesetzt. Innen befindet sich gegenüber dem Sitzbrett ein hochklappbarer Tisch, der auch das Beichtanmeldebuch aufgenommen haben wird. Ein individuelles „Verhör", wie die Beichtanmeldung in den Kirchenordnungen auch genannt wurde, oder eine Einzelbeichte für Trostsuchende im Sinne Luthers konnte nur in der Sakristei erfolgen, wo der einst dazu dienende Stuhl nicht mehr vorhanden ist.

In einer Beschreibung aller Kirchen des Ansbacher Oberamts Stauf von 1753 wird dieser Stuhl erwähnt und durch die Erklärung der Funktion des zugehörigen Schemels auf die Praxis der Einzelbeichte hingewiesen: In der Sakristei befinden sich „1 irdener Ofen, 1 Beichtstuhl, 1 mit Leder ausgefütterter Fußschemel, worauf vor dem Beichtstuhl gekniet wird, 1 Tischlein, 1 Lehnstuhl, alles von weichem Holz."

Mit Beichtstuhl und Knieschemel (wohl Typ 1.2) nebst Tisch und Stuhl für die Beichtanmeldung stand hier das komplette Mobiliar für die damalige Beichtpraxis beisammen.

1742 entwarf der ansbachische Landbauinspektor Johann David Steingruber die Pläne für das Langhaus der Kirche und stattete diese mit einem Kanzelaltar aus. Wie das gesamte Gestühl stammt auch der Pfarrerstuhl aus dieser Zeit. Er ist insgesamt 140 cm hoch. Die Brüstung misst 100 cm in der Höhe und 100 cm in der Breite und ist 90 cm tief.

Qu./L.: LKAN: Kombinierte Stiftung Stauf, S. 73, 236. - Heidelmann S. 55. - KDM Hilpoltstein, S. 11. - Meißner Nr. 5. - Raschzok S. 364 FN. 544.
Abb.: Jochen Heidelmann.

Altdorf
Mittelfranken

Typ 1.1
Abb. S. 10

Der gepolsterte Beichtsessel (Typ 1.1) mit Knieschemel in der Sakristei der St. Lorenzkirche in Altdorf (Lkr. Nürnberger Land, Dek. Altdorf) wird noch heute zur Abnahme der Einzelbeichte benutzt. Da er wie ein bequemer Ohrenbackensessel aussieht, muss die Inschrift in der geschnitzten Bekrönung zur Deutung herangezogen werden: „So bitten wir nun an Christus statt, lasset euch versöhnen mit Gott. II Corinth V." (vgl. St. Helena). Wie der ähnliche Beichtstuhl in Sugenheim ist er in das 18. Jahrhundert zu rechnen. Plastischen Schmuck bilden geschnitzte Pfosten mit gedrechselten Knäufen und breite Stege mit reichen Akanthusschnitzereien. Eine durchbrochene Schnitzerei ziert die kalligraphisch gestaltete Inschriftkartusche. Sollte der Beichtstuhl gleichzeitig mit dem Umbau und der Neuausstattung der Kirche von 1753-

1755 angeschafft worden sein, so wurde bewusst auf ältere Stilformen zurückgegriffen. Der Knieschemel für den Beichtenden ist dem 19. Jahrhundert zuzuordnen. Er passt in die Zeit, als Wilhelm Löhe Pfarrdienst in Altdorf (1835/36) ausführte und in einem Brief von dort schrieb: „Daß ich einen Beichtstuhl habe, versteht sich." Beide Möbel tragen heute einen beigen Bezugsstoff in floraler Damastmusterung.

In Altdorf - von 1580-1806 Theologische Akademie und Universität der Freien Reichsstadt Nürnberg - wurden viele Schriften zur Beichte verfasst. Die dortigen Professoren waren an der Diskussion aller strittigen theologischen Fragen beteiligt. So trat etwa Professor Johann Augustin Dietelmaier (1717-1785) für die Beibehaltung der Einzelbeichte ein. Diese wurde erst 1791 abgeschafft.

L.: Brückner S. 149. - Heidelmann S. 1, 18, 20, 55, 57 (Abb.), 66. - Im Anfang war das Wort. Nürnberg und der Protestantismus. Katalog zur Ausstellung im Fembohaus. Nürnberg 1996, S. 30. - Schober S. 22. Abb.: Hailer.

Altheim
Mittelfranken

Typ 4

In der 1723 barock umgebauten Kirche von Altheim (Gde. Dietersheim, Lkr. Neustadt a. d. Aisch-Bad Windsheim, Dek. Neustadt a. d. Aisch) stehen zwei schrankförmige Stühle oder Kammern mit Holzgittern (Typ 4), die zur Beichte gedient haben könnten. In den Kunstdenkmälerinventaren sind sie als „vergitterte Stühle" erwähnt. Der in der Kirche ausliegende Kirchenführer von 1988 bezeichnet

nur den vor dem Chor unter der nördlichen Empore platzierten Gitterstuhl als „Beichtstuhl, der als Pfarrstuhl diente". Das 208 cm hohe, 197 cm breite und 80 cm tiefe Gehäuse stößt mit der rechten Schmalseite an die Wand des Triumphbogens. Es ist an der Vorderseite dreigeteilt mit einer 110 cm hohen Halbtür in der Mitte und diagonal gekreuzten Gittern in den oberen Feldern der Seiten. Ein kleineres Rautengitter befindet sich oben in der linken Schmalseite. Der horizontale Aufbau beginnt mit einem 12 cm hohen Sockel. Ober- und Unterzone sind durch einen Zahnschnittfries voneinander abgesetzt, der sich am Gesims wiederholt und dort auch um die Schmalseite läuft. Die Inneneinrichtung besteht aus einem an der Rückwand befestigten Brett als Sitzbank und schrägen Gesangbuchablagen unterhalb der Gitter. Das Gestühl ist braun gebeizt, die Zierleisten sind grün gestrichen. Es wurde an der rechten Seite gekürzt und die Gehrungsecke des Gesimses abgesägt,

damit es an den jetzigen Standort passte. Das lässt darauf schließen, dass es beim Umbau 1723 schon vorhanden war.

Ein sehr ähnlicher zweiter Stuhl steht an der nördlichen Chorwand neben dem Altar hinter dem Sakristeieingang. Die schräge linke Schmalseite enthält die rechts mit langen Bandangeln angeschlagene Tür mit Gitterfenster. Eine senkrecht aufgebrachte Profilleiste gliedert die Vorderseite, deren Oberzone zwei Gitterfenster enthält, von denen das linke nach rechts schiebbar ist. Die Fassung ist die gleiche wie beim anderen Stuhl. Beide Stühle sind oben offen. Bei Schatz sind sie als „Beichtstühle" erfasst. Der Kirchendiener bezeichnete den Stuhl im Chor als „Vogtsstuhl".

Qu./L.: Angaben des Messners am 29. 6. 1997. - Engel, E.: Chronik der Evang.-Luth. St. Marien-Kirche in Altheim. Altheim 1988, S. 4. - Heidelmann S. 55, 59. - KDM Uffenheim, S. 20. - Schatz 1996, S. 98. Abb.: Helmut Schatz.

Artelshofen
Mittelfranken

Typ 1.2
Abb. S. 44

Die Kirche Philippus und Jakobus zu Artelshofen (Gde. Vorra, Lkr. Nürnberger Land, Dek. Hersbruck) wurde 1708-1710 vom Nürnberger Landbaumeister Mösel neu gebaut. Von 1710 stammt der Beichtstuhl in „evangelischer Form", wie Wilhelm Schwemmer vermerkt. Der Einzelstuhl (Typ 1.2) in Brettkonstruktion hat geschweift ausgesägte Wangen mit geschnitzten vergoldeten Verzierungen. Die undekorierten Flächen sind weiß. Vergoldetes Schnitzwerk mit Akanthus und Weintrauben schmückt auch die hohe Rückenlehne an den seitlichen Kanten und in der Mitte über dem Sitzbrett. Hier umgibt es eine mit vergoldeten verkröpften Profilleisten gerahmte Ölmalerei. Das rechteckige Bildfeld mit ausgezogenen Ecken zeigt in blau-weißen Kumuluswolken das „Auge Gottes", Symbol der Hl. Dreifaltigkeit (Jahwe-Inschrift im Dreieck, umgeben von einem Strahlenkranz). Dieses Motiv tragen auch die Beichtstühle in Roßtal, Melkendorf und Rugendorf. Bekrönt wird das Gesims der hohen Lehne von einem Cherubimköpfchen mit braunen Locken und hellem Inkarnat, goldenen Flügeln und goldener Akanthusschnitzerei. Der Stuhl steht auf einer dunkel gebeizten Antrittsplatte, die auch als Kniebank dienen konnte und dem Beichtstuhl das Aussehen eines Throns verleiht. Der Beichtstuhl befindet sich im Chor seitlich des Altars neben einfachem Chorgestühl. Als Schreiner könnten Michael Brosig aus Artelshofen oder Altarschreiner Johann Leonhard Bromig aus Wöhrd in Frage kommen, der auch das reiche barocke Rahmenwerk des Altars, das Orgelgehäuse und die Kanzel fertigte. Artelshofen gehört heute zur Gemeinde Vorra, wo der noch 1959 bezeugte Beichtstuhl von 1670 nicht mehr vorhanden ist.

L.: Heidelmann S. 55, 56 (Abb.) - KDM Hersbruck, S. 51. - Kießling, Gotthard: Der Herrschaftsstand (= Beiträge zur Kunstwissenschaft 58). München 1995, S. 241. - Rühl S. 338. - Schatz 1996, S. 97 (Abb.). Schwemmer 1967, S. 19.
Abb.: Heidi Kurz.

[Arzberg]
Oberfranken

Dr. Friedrich Wilhelm Singer, Arzberg, hat sich intensiv mit der Geschichte der Vorgängerkirche von Arzberg (Pfarrkirche Maria Magdalena, Lkr. und Dek. Wunsiedel) befasst. Dabei kann er die Feststellung treffen, dass in jener Kirche ein Beichtstuhl vorhanden war. Für 1713 wird vermerkt, dass der erste Pfarrer Einzelbeichte abhört in dem „Röthenbachischen Ambts-Stuhl". Der Diakon, zweiter Pfarrer, „[verbringet] die Vesperbeichte allein". 1715 wurde der Kirchenlamitzer Maler Johann Jacob Radius damit beauftragt, „den großen Beicht-Stuhl bey der Röthenbacher Empor zu malen". Die in der Kirche von 1792 beiderseits angebrachten Gitterstühle in der Nähe des Altars dienten nicht mehr für die Einzelbeichte, auch wenn ein Stuhl davon den Geistlichen und ihren Familien zugewiesen war.

L.: Singer, Friedrich Wilhelm: Zur Baugeschichte und Einrichtung der alten Arzberger Kirche. Arzberg 1979, S. 41.

[Aue s. Thalmässing]
Mittelfranken

Bayreuth-St.Georgen I, II

Oberfranken

Typ 5

Für die Kirchengemeinde St. Georgen, damals noch eigene Stadt, jetzt Stadtteil von Bayreuth, meldete der zuständige Gemeindepfarrer im Kappbericht, dass Allgemeine und Privatbeichte neben einander bestehen. „Privatbeichte ist am Samstag um 12 Uhr, die allgemeine Beichte Sonntag vor dem Gottesdienst." In der Tat befinden sich in dem Kirchenraum der Ordenskirche zwei Stühle, die bei Gebeßler als „Pfarrstühle" angegeben sind, einander gegenüber, beiderseits des Kanzelaltars, an den eingezogenen Wänden der Nordnische. In einer Rechnung von Johann Georg Stelzer sind 1715 „Beichtstuhl" und „Pfarrstuhl" genannt; für „12 gewundene Säulen" hierfür wer-

den 4 fl 48 xr abgerechnet. Diese gewundenen Ecksäulchen tragen jeweils einen schlichten, nur mit profiliertem Gesims versehenen Baldachin. Ein weiteres Säulchen in der Mitte markiert an beiden Stühlen die Teilung in zwei vorhandene Sitzplätze. An der Vorderseite befinden sich unten drei volutenartige Füße. Die Höhe umfasst 232 cm einschließlich des Baldachins, die Breite 207 und die Tiefe 104 cm. An Farbuntersuchungen der grüngrau gestrichenen Stühle kann man erkennen, dass die Möbel einst bunt mit Ornamenten gefasst waren, vielleicht sogar Bilder aufwiesen, die überstrichen sind.

L.: Fischer, Horst: St. Georgen. Das Häuserbuch. Bayreuth 2000, S. 216. - KDM Bayreuth, S. 20. - Kneule S. 137.
Abb.: Helmuth Meißner.

Benk I, II
Oberfranken

Typ 1.6, 2.5
Abb. S. 35

In dem von Superintendent Kapp angeforderten Bericht über die Einführung der allgemeinen Beichte wird aus Benk (St. Walburga; Gde. Bindlach, Lkr. und Dek. Bayreuth) gemeldet, dass die allgemeine Beichte „eingeführt" sei, Privatbeichte nur selten durchgeführt werde. „Wenn Privatbeichte ist, dann wird die Beichte vor dem im Beichtstuhl sitzenden Prediger gesprochen." Demnach ist für 1804 ein Beichtstuhl nachgewiesen.

1996-1998 wurde eine Kirchenrestaurierung durchgeführt. Erst nach Abschluss der Arbeiten kam Pfarrer Norbert Kotowski ein Aufsatz über evangelische Beichtstühle in die Hände. Dieser erinnerte ihn daran, dass ein zweisitziger beweglicher Stuhl, der unterhalb der (Nord-) Treppe im Kirchenschiff funktionslos abgestellt und nunmehr zur „Entsorgung" weggeschafft war, der ehemals zur Beichte dienende Platz des Geistlichen gewesen sein dürfte. Nunmehr ist das Möbel (Typ 2.5) zurückgeholt und steht restauriert in der Sakristei, bildet dort ein Pendant zu dem mit gleichen Malereien versehenen Sakristeischrank.

In dem auf einem erneuerten Podest aufsitzenden 130 cm breiten Doppelstuhl mit einer 101 cm hohen Vorderbrüstung mit Buchablage und etwas erhöhten Rücklehne sind die beiden Sitze mit breiten Armlehnen ausgestattet. Die beiden Sitzbretter kann man hochklappen. Farbabzeichnungen der hakenförmigen Scharniere und Spuren von Löchern dafür zeugen von einst vorhandenen Seitentüren. Eine Fußleiste dient für das Abstellen der Beine, evtl. auch zum Knien, ein auf der obersten Abschlussleiste der Brüstung eingearbeiteter Metallständer zum Einsetzen einer Kerze. Die Vorderbrüstung und ein Streifen auf der Rücklehne weisen die gleichen Malereien mit ornamentalen und floralen Motiven (rote Röschen) auf wie die Brüstungen des übrigen Kirchengestühls und Sakristeischranks. An den Außenseiten der beiden seitlichen Wangen ist handbreit die bunte Bemalung am oberen Abschluss fortgesetzt. Der Stuhl dürfte einst frei gestanden haben. Da dies im Kirchenraum selbst kaum vorstellbar ist, kann man davon ausgehen, dass er, vermutlich bis zur großen Renovierung 1915, entweder hinter dem Kanzelaltar oder - im Ensemble zusammen mit dem Schrank - in der Sakristei seinen Platz hatte. Die Art der Fertigung sowie die Malereien deuten auf die Zeit des Baus der jetzigen Kirche, also zwischen 1742 und 1749 hin. Von Heinrich Samuel Lohe, Hof, wissen wir archivalisch, dass er 1749 die „sämtlichen Stühle" und 1751 den „neuen Kirchenschrank" bemalte.

1988 erwarb Pfarrer Kotowski einen Kniestuhl zur Beichte aus einem Antiquariat in Wolframs-Eschenbach. Der Überlieferung nach soll der Stuhl (Typ 1.6) aus der Stadtkirche Bayreuth stammen. Er steht in der Sakristei und wird verwendet, wenn sich Privatbeichtende beim Geistlichen melden. Der 103 cm hohe Knieständer weist seitlich Ranken- und Blütenschnitzereien, in der Mitte ein Kreuz auf. Zwischen die beiden seitlichen Wangen ist ein Ablagebrett

eingespannt, die Kniefläche mit einem samtbezogenen Polster bezogen.

Qu./L.: PfA. Benk: Rechnungsband. Persönliche Mitteilungen von Pfarrer Kotowski. Presseberichte in „Frankenpost" Hof, 12./13. 9. 1998: „Alter Beichtstuhl in Benk und die Frage nach der Bedeutung" und im „Nordbayerischen Kurier", Bayreuth, 24. 9. 1998: „Historischen Beichtstuhl entdeckt". - Kneule S. 137. - Meißner I.
Abb.: Helmuth Meißner.

[Berolzheim]
Mittelfranken

Typ 4

Die Pfarrkirche St. Jakob in Berolzheim (Stadt Bad Windsheim, Lkr. Neustadt a. d. Aisch-Bad Windsheim, Dek. Bad Windsheim), ein Saalbau des 16. Jahrhunderts, der barockisiert wurde, hat im Chorraum unter der linken Empore ein schrankförmiges Gestühl, das von Schatz als Beichtstuhl (Typ 4) bezeichnet wird. Als Entstehungszeit ist die erste Hälfte des 18. Jahrhunderts anzunehmen. Anstrich oder Fassung wurden abgenommen, so dass ikonographisch nichts auf die ehemalige Nutzung als Beichtstuhl hinweist. Der tiefe Schrank ist rechtsseitig durch eine mit zwei langen Bandangeln befestigte Tür zu begehen. Das ornamentierte Endstück der oberen Türangel fehlt unten; es wurde ein einfaches Scharnier darüber angebracht. Die breite Sockelleiste des Gestühls ist unter der

Tür ausgespart. Den Abschluss oben bildet ein umlaufendes auskragendes, stark profiliertes Gesims. Rahmenbretter teilen die Vorderfront in vier rechteckige Felder mit Füllungen. Die beiden oberen Füllungen sind als Gitter aus ausgesägten Ranken gearbeitet. Das Gestühl könnte als Beichtkammer gedient haben. Ein anderes als Beichtstuhl gekennzeichnetes Kirchenmöbel fehlt. Schrankförmige Gestühle aus dem 18. Jahrhundert sind auch in den Kirchen von Altheim, Kleinhaslach, Flachslanden und Roßtal erhalten. - Bei einem Besuch im Frühsommer 1999 war der Beichtstuhl ausgebaut.

L.: Heidelmann S. 55, 59. - KDM Uffenheim, S. 54. - Schatz 1994.
Abb.: Helmut Schatz.

Bertholdsdorf
Mittelfranken

Typ 1.7

Die Kunstdenkmäler für den Landkreis Ansbach, erschienen 1958, verzeichnen für die Kirche St. Georg in Bertholdsdorf (Stadt und Dek. Windsbach, Lkr. Ansbach) einen „einfachen Beichtstuhl, zweisitzig, 17./18. Jh.". Im Jahre 1983 wurde die Kirche renoviert und der beschriebene Stuhl ins Gemeindehaus verbracht. Er ist heute ungefasst, aber gut erhalten und bislang der einzige Paarsitz ohne Brüstung, der ausdrücklich als Beichtstuhl ausgewiesen ist. Die vorderen Kanten der Wangen sind geschweift ausgesägt. Die äußeren Wangen reichen bis zum Gesims, die Wange zwischen den beiden Klappsitzen endet oben in einem vorn gerundeten Brett, das als Armstütze dient. In entsprechender Höhe befinden sich rechts und links an den Seitenwangen eingenutete Armlehnen. Der Boden des Beichtstuhls schließt vorn mit Sitzen und Seitenwangen bündig ab; er könnte zur Kniebank verbreitert gewesen sein. Die Rückwand ist durch eine profilierte senkrechte Leiste gegliedert. Unter dem Gesims befinden sich in einer waagerechten Zone drei ovale Felder, die Sprüche getragen haben könnten. Ein offener Zweisitzer, der auch zur Abnahme der Einzelbeichte gedient haben könnte, steht in der Kirnberger Kirche.

Qu./L.: Auskunft der Messnerin Elfriede Ostertag. - KDM Ansbach, S. 83. - Raschzok S. 364 FN. 544.
Abb.: Hildegard Heidelmann.

[Bindlach]
Oberfranken

Für die 1766-1768 erstellte neue Pfarrkirche in Bindlach (St. Bartholomäus; Lkr. und Dek. Bayreuth) soll 1780 ein „Beichtstuhl gefertigt" worden sein. Näheres dazu wird nicht vermerkt.

Qu.: Wilhelm, Rudolf: Die Baugeschichte der ev.-luth. Pfarrkirche zu Bindlach. Facharbeit an der Universität Bayreuth 1971, A 233, S. 136.

[Bischofsgrün]
Oberfranken

Die Vorvorgängerkirche von Bischofsgrün (Lkr. und Dek. Bad Berneck), damals St. Matthäus, wurde nach dem Neubau 1702 eingeweiht. Magister Johann Matthias Groß zählte in seiner Predigt am XII. Sonntag nach Trinitatis den neuen Beichtstuhl zu den vier Prinzipalstücken der Kirche, die er mit den vier Fichtelgebirgsquellen verglich. In Anlehnung an Joel 3,18 sprach er von „vier herrlichen Trostströmen, welche von Altar (Main), Kanzel (Eger), Taufstein (Nab) und Beichtstuhl (Saale) hervorzuströmen pflegen". Die jetzige Kirche vom Jahre 1887 enthält keinen Beichtstuhl mehr.

L.: Uhlmann, Johann: Von Bischofsgrüner Kirchen. In: 750 Jahre Bischofsgrün. Goldkronach 1992, S. 23.- Meißner I.

Breitenau
Mittelfranken

Typ 2.5, 4

Die evang.-lutherische Pfarrkirche St. Stefan, Nikolaus und Erasmus in Breitenau (Stadt Feuchtwangen, Lkr. Ansbach, Dek. Feuchtwangen) beherbergt einen Gitterstuhl aus dem 18. Jahrhundert (Typ 4). Er steht in der Südwestecke des Langhauses und ist 275 cm lang, 197 hoch und 110 tief. Die Oberzone der Längsseite besteht aus fünf, teils aufschiebbaren Fenstern mit Rautengittern. Das obere Feld der seitlichen Tür ist ebenfalls als Gitter ausgebildet. Das Gestühl hat innen eine fünfsitzige Bank und an der Vorderwand eine Buchablage über die gesamte Breite. Fest mit dem Gitterstuhl verbunden ist die fünfsitzige Bank mit Brüstung vor dem Gehäuse. Solche Gitterstühle dienten in anderen Kirchen nachweislich der Einzelbeichte. Die Funktion eines Beichtstuhls könnte auch dem dreisitzigen Gestühl an der Nordseite des Chors zugeschrieben werden, hat es doch den klassischen Platz neben der Sakristeitür und gegenüber der Kanzel. Entsprechend den Angaben zur Baugeschichte in den Kunstdenkmälern stammt es aus dem ausgehenden 18. Jahrhundert, als bereits For-

men der allgemeinen Beichte üblich
waren. Es handelt sich um eine Bank
auf drei Konsolen mit geschwungen
ausgesägten Seitenwangen hinter einer gefelderten Brüstung, die innen
mit Kniebank und Gebetbuchablage
ausgestattet ist (Typ 2.5). Auch die
Seitenwangen der Brüstung sind geschwungen ausgesägt. Bank und
Brüstung stehen auf einem 15 cm hohen gemeinsamen Podest. Die Bank
ist 127 cm hoch, die Brüstung 99 cm,
die gesamte Breite beträgt 191 cm,
die Tiefe 91,5 cm. Alles Gestühl ist
einheitlich blaugrau gestrichen.

Qu./L.: Hinweis von Frau Flath aus Dorfgütingen. - KDM Feuchtwangen, S. 17.
Abb.: Hildegard Heidelmann.

Brodswinden

Mittelfranken

Typ 1.2, 1.4

Aus dem Inventarband Ansbach der
bayerischen Kunstdenkmäler stammt
der Hinweis auf einen Beichtstuhl in
der Pfarrkirche von Brodswinden
(Stadt und Dek. Ansbach). Im Er-
scheinungsjahr 1958 stand der offene
einsitzige Stuhl (Typ 1.2) noch im
Chor der Kirche. Heute wird er mit
einem weiteren Einsitzer mit Wan-

gen, Schulterringen, hoher Lehne und baldachinartigem Abschluss (Typ 1.4) in einem Nebengebäude aufbewahrt. Dieser Stuhl ist blaugrün gestrichen und trägt am Dorsale die Inschrift „Johann Jacob Matthes. Anno 1714".

Als Beichtstuhl dürfte der heute ungefasste „einfache Chorstuhl bez. 1719" gedient haben. Eine Jahreszahl ist nicht mehr zu erkennen. In der Mitte der Rückenlehne mit bogenförmigem Abschluss scheint eine Wappenkartusche aufgemalt gewesen zu sein, vermutlich mit dem markgräflichen Wappen. Der Stuhl ist 128 cm hoch, 65 cm breit und 42 cm tief, die Höhe des Klappsitzes zwischen den Wangen mit geschweiften Konturen beträgt 61 cm.

L.: KDM Ansbach, S. 85.
Abb.: Hildegard Heidelmann

Buch am Wald
Mittelfranken

Typ 1.3

Wohl um einen echten Beichtstuhl geht es bei diesem Exemplar in der Pfarrkirche St. Wendel von Buch am Wald (Lkr. Ansbach, Dek. Leutershausen), der erst nach Redaktionsschluss bekannt wurde und den Bezirksheimatpfleger Dr. Kurt Töpner bei einem Lichtbildervortrag in Kulmbach im Frühjahr 2000 vorführte. In der einschlägigen Literatur wird er nicht behandelt oder auch nur erwähnt.

Qu.: Mitteilung von Dr. Kurt Töpner.
Abb.: Hildegard Heidelmann

[Buchau]
Oberfranken

Die Pfarrkirche St. Michael zu Buchau (Gde. Mainleus, Lkr. Kulmbach, Dek. Thurnau) besaß einst in der Sakristei einen Beichtstuhl, der noch Ende des vorigen Jahrhunderts auf dem Boden vorhanden war, jetzt aber offenbar nicht mehr existiert. Uta von Pezold berichtet darüber: „Aufmerksam möchte noch gemacht werden auf einen in der Kirche resp. Sakristei befindlichen Chor- und Beichtstuhl mit Intarsien und einen Lehnstuhl mit geschnitzter Rückenlehne, welche nicht veräußert werden dürfen." Sie kommt an anderer Stelle nochmals darauf zurück und erwähnt - aus einem Gutachten zitierend - „die am Speicher der Kirche noch liegenden Rudimente eines Beichtstuhles und ein Lehnstuhl aus dem 17. Jahrhundert" und folgert daraus: „Es dürfte sich wohl um die 1899 als besonders wertvoll erachteten Stücke in der Sakristei handeln."

L.: Uta von Pezold: „Denkmalpflege" im Thurnauer Land Anno dazumal. In: AO 75, Bayreuth 1995, S. 399, 401.

[Creußen]

Oberfranken

Ein Beichtstuhl wird für die Pfarrkirche St. Jakobus von Creußen (Lkr. Bayreuth, Dek. Pegnitz) im Zusammenhang mit einem „Sakramentsverächter" genannt. Vom Schneidermeister Hans Engelhardt wird vermerkt, dass er „ein Jahr lang nicht zum Beichtstuhl und heiligen Abendmahl sich eingefunden hatte". Dies war in der Amtszeit des Pfarrers Isaack Löw zwischen 1706 und 1744.

L.: Böhner, Konrad: Creußen. 1909, S. 243.

Dinkelsbühl

Dinkelsbühl

Mittelfranken

Typ 2.5

Laut schriftlicher Nachricht von Helmut Schatz gibt es in der Spitalkirche in Dinkelsbühl (Lkr. Ansbach, Dek. Dinkelsbühl) ein „Beichtgehege". Diese Bezeichnung passt gut auf ein Ensemble in der Sakristei der Spitalkirche zum Heiligen Geist. Es besteht aus einem Podest, das von einem zaunartigem Geländer von 80 cm Höhe eingefasst ist und in die Nordostecke der Sakristei fest eingebaut wurde. Die beiden Wandstücke, an die das 120 cm lange und 80 cm breite „Gehege" anstößt, sind holzvertäfelt. Hinter der Vertäfelung der nördlichen Stirnwand verbirgt sich ein Schrank. Alle Teile sind grau gestrichen, der 14 cm hoch liegende Boden braun. Innen stehen mit der

Lehne an der nördlichen Schmalseite ein Polsterstuhl, am Geländer gegenüber eine Kniebank mit Seitenwangen und Schnitzwerk. Diese beiden Möbel stammen stilistisch aus dem 19. Jahrhundert und standen laut Aussage des Messners „schon immer" dort. Das „Gehege" selbst ist in die Zeit um 1700 zu datieren. Die in den Raum ragende Ecke ist konkav geschweift. Links davon lässt sich ein 60 cm langer Teil des Gatters als Tür öffnen. Die Situation erinnert an Neuendettelsau, wo seit Wilhelm Löhes Zeiten in der Sakristei der Laurentiuskirche im Diakoniewerk eine freistehende Dreiergruppe von Stuhl, Pult und Kniebank der Einzelbeichte dient.

Um die Ausweisung eines „Sondertyps" zu vermeiden, erfolgt die etwas willkürliche Zuordnung zum Typ 2.5. Die gotische Kirche wurde nach der Reformation umgestaltet und erhielt 1537 einen Abendmahlsaltar vor dem Chor. Dieser ist von einem Kommuniongitter - man könnte von einem Altargehege sprechen - umgeben, das, wie die Gestühlswangen im Langhaus, in das Jahr 1699 datiert wird.

Qu./L.: Ulmer, D.: Die evangelische Spitalkirche zum Hl. Geist in Dinkelsbühl. In: Evangelisches Kirchengemeindeblatt Dinkelsbühl 1926, Nr. 1 und 6 (Beichtstuhl nicht erwähnt). - Schatz: schriftl. Mitteilung vom 27. 5. 1997.
Abb.: Jochen Heidelmann.

[Dorfgütingen]
Mittelfranken

Typ 2.3

Die Kapelle St. Maria in Dorfgütingen (Stadt Feuchtwangen, Lkr. Ansbach, Dek. Feuchtwangen) wurde 1528 evangelische Pfarrkirche. Umbauten und Neuausstattung stammen aus dem 17. und 18. Jahrhundert. Zum Inventar, das in den Kunstdenkmälern aufgeführt ist, gehörte 1964 ein „Beichtstuhl: Wohl 18. Jahrhundert. Einfacher Wangenstuhl. Am Dorsal aufgemaltes Wappen mit Helmzier (gelb-schwarz geteilt, gelber Federbusch)". Ein im Ort vorhandenes Foto des Kirchenraums aus den dreißiger Jahren zeigt im Chor links von der Sakristeitür die Brüstung dieses Stuhls vom Typ 2.3, ähnlich dem in Petersaurach. Handelt es sich hier um den in der „Heiligen-Rechnung von Petri Cathedra 1750 bis Petri Cathedra 1751" aufgeführten Beichtstuhl? Es heißt dort auf Seite 7 unter der Nummer 441: „Dem Zimmermeister Johann Adam Herzog einen neuen Beicht-Stuhl in die Sakristei zu machen vor Arbeits-Lohn samt denen Materialien fl 2."
Der Beichtstuhl fiel der Kirchenrenovierung von 1964 zum Opfer. Ein Konfirmationsandenken im Besitz der Messnerin zeigt auf dem Foto des Kircheninneren den Stuhl im Chor.

Qu./L.: LKAN: PfA Dorfgütingen R 1. - KDM Feuchtwangen, S. 34.

Egenhausen
Mittelfranken

Typ 3.1

In der Sakristei der evangelischen Pfarrkirche von Egenhausen (Markt Obernzenn, PfA. Unteraltenbernheim; Lkr. Neustadt a. d. Aisch-Bad Windsheim, Dek. Bad Windsheim) steht ein offener Beichtstuhl mit Tisch (Typ 3.1). In den Kunstdenkmälern werden beide als „ländliche Arbeiten, 18. Jh." bezeichnet. Der Vergleich mit zwei weiteren Beichtstühlen dieser Form in Gollhofen und Weißenkirchberg legt die Datierung in die erste Hälfte des 18. Jahrhunderts nahe. Die kastenförmige Brettkonstruktion des Stuhls ist ganz die des Einsitzers vom Typ 1.2. Lehnen- und Wangenkonturen sind in aus- und einschwingenden Bögen geschweift ausgesägt. Der Stuhl steht auf einer vorn überstehenden Bodenplatte. Seine Maße betragen 96 cm in der Höhe, 64 cm in der Breite. Die Wangen sind 36,5 cm tief, so dass

das 38 cm tiefe Sitzbrett 2 cm hervorragt. Gegenüber einer Sitzhöhe von 48,5 cm ist der davor stehende Tisch 75 cm hoch. Der Schragentisch mit verkeiltem Quersteg trägt eine Tischplatte von 80 x 55 cm aus zusammengefügten Brettern. Bis 1994 waren Stuhl und Tisch braun lasiert. Bei der Kirchenrenovierung wurden beide grau gestrichen und Sockel und Tischplatte erneuert. Die Sakristei wird der ursprüngliche Standort dieses einfachen Möbels sein. Auf dem Tisch wurde das Anmeldebuch zu Beichte und Abendmahl geführt. Hat er mit dieser Schreibtischfunktion als auch anderweitig nutzbares Möbelstück überlebt? Aus Egenhausen stammt der Erlanger Theologe Gottfried Thomasius (1802-1875), der wie der die Einzelbeichte praktizierende Pfarrer Löhe der Erweckungsbewegung in der lutherischen Kirche Bayerns angehörte. Daher ist wohl anzunehmen, dass noch im 19. Jahrhundert in Egenhausen Einzelbeichte gehört wurde.

L.: Heidelmann S. 55, 59 (Abb.). - KDM Uffenheim, S. 75. - Schatz 1994 (Abb.). Abb.: Helmut Schatz (vor 1994).

[Emtmannsberg]
Oberfranken

Wir wissen von Wilhelm Kneule, dass in der Pfarrkirche St. Bartholomäus zu Emtmannsberg (Lkr. und Dek. Bayreuth) die Einzelbeichte traditionsgemäß durchgeführt wurde und jedenfalls für die Zeit um 1730 verbürgt ist. In dem Kapp-Bericht wird für Emtmannsberg angegeben: „Schon seit Jahren habe ich hier mit

Erlaubnis des Hochfürstlichen Consistoriums die allgemeine Beichte ohne Widerrede eingeführt. Wenn die Zahl der Communicanten groß ist, ist sie Sonnabend um 1 Uhr, ist sie klein, dann ist die Beichte Sonntags früh vor dem Gottesdienst. Sollte unter Privatbeichte diejenige verstanden sein, die von dem Beichtenden selbst gebetet wird, so ist hier der Fall äußerst selten. Anmeldung ist seit vielen Jahren üblich. Sie erfolgt beim Schulmeister, der die Einträge im Confitentenbuch dem Pfarrer übergibt." - Bereits für 1581 ist ein Rechnungseintrag über die Anschaffung eines „Pfarrstuhls" nachweisbar, der vermutlich auch zur Einzelbeichte diente: „... den Stuel im Chor zu machen, darin... der Herr Pfarherr sitzt". Es existiert dort kein solcher Stuhl mehr.

L.: Kneule S. 116, 121, 137. - Wilfert, Johannes: Emtmannsberg im Spiegel seiner Geschichte. Bayreuth 1987, S. 122.

[Engelthal]
Mittelfranken

Typ 1.4

Die Pfarrkirche St. Johannes der Täufer in Engelthal (Verwaltungsgemeinschaft Henfenfeld, Lkr. Nürnberger Land, Dek. Hersbruck) besaß einen „barocken Beichtstuhl von 1687", der, wie Schwemmer 1967 schreibt, vernichtet wurde. In den 1959 herausgegebenen Kunstdenkmälern ist er folgendermaßen beschrieben: „Beichtstuhl. Offene nürnbergische Form der nachreformatorischen (evang.) Zeit. Wangenprofil lebhaft bewegt (ausgesägt); Rückwand von kleinem Baldachin bekrönt; obere Ecken der Füllungsrahmen austretend. Grauer Anstrich. 1687." Der Rechnungsprüfungsbericht für das genannte Jahr, erstattet vom Pfleger Johann Albrecht Richter (PfA, R 2) verzeichnet eine Stiftung für die Anschaffung des Beichtstuhls. Es heißt unter der Nummer 2 des Berichts: „Soll ein Beichtsessel in die Sakristey für hießigen/ H. Pfarrer herbeygeschafft werden; wozur/ dann, bereits 4 fl vom ehemaligen Schulmeister/ Georg Heinrich Elseßer u. dessen Ehewirthin Barbara/ alhier, aus guter Intention und freywillig zum/ Gotteshauß, disponirt worden u. noch vorhanden seyen." Mit vier Gulden konnte man 1687 schon einen stattlichen Beichtstuhl erwerben. Eher üblich sind im 18. Jahrhundert Preise von zwei und drei Gulden (Alfeld, Dorfgütingen). Vermutlich wurde der Beichtstuhl für den Pfarrer sogleich beschafft. Als Stiftung taucht er in den Rechnungen selbst nicht auf. Die Beschreibung entspricht Typ 1.4.
Die ehemalige Klosterkirche aus dem 13. Jahrhundert wurde 1747-1751 umgestaltet und einheitlich barock ausgestattet. Ein neuer Beichtstuhl ist wohl nicht mehr angeschafft worden. Aus den Akten des Pfarrarchivs geht hervor, dass das gesamte Kirchengestühl im Jahre 1842 einen „silbergrauen Anstrich mit dunkelgrünen Füllungen" erhielt (Rechnung des Schreinermeisters Joh. Christoph Haller über 67,56 Gulden). In dieser grauen Farbe gestrichen ist der Beichtstuhl 1967 gesehen und in die Inventare aufgenommen worden.

Qu./L.: Auskunft von Pfarrerin Heidi Kurz. - LKAN: PfA Engelthal, R 2 und 125. KDM

Hersbruck, S. 66. - Hotz Mfr., S. 152. - Heidelmann S. 55. - Rühl S. 338. - Schwemmer 1967, S. 82.

L.: Buchwald, Georg: Geschichte der Evangelischen Gemeinde zu Kitzingen. Aus Urkunden erzählt. Leipzig 1898, S. 148. - Heidelmann S. 53 (Anm. 221) und 55. - KDM Kitzingen, S. 38-42 und 52f.

[Etwashausen]
Unterfranken

Typ 4

Die Ausstattung der ehemaligen evangelischen Kirche in Etwashausen (Stadt, Lkr. und Dek. Kitzingen) ist aus Archivalien bekannt, die den Tausch mit der Kitzinger Ursulinenklosterkirche im Jahre 1817 betreffen. Der Tauschvertrag wurde zwischen der Königlich bayerischen Landesdirektion Würzburg und der Kitzinger protestantischen (offizielle Bezeichnung auch der Lutheraner im Königreich Bayern) Gemeinde geschlossen. Die Ursulinenklosterkirche ist ein Bau von Petrini und 1699 geweiht. 1803 wurde das Kloster säkularisiert. 1817 ging die Kirche in den Besitz der protestantischen Gemeinde über.

Das von ihr von 1650 bis 1817 benutzte Gotteshaus in Etwashausen wurde profaniert und wird heute als Wohnhaus genutzt. Die Inventarliste verzeichnet 1816: „4. die ehemaligen ritterschaftlichen Beichtstühle, eigentlich ein hölzerner Verschlag mit vier Fenstern" (Typ 4). Nicht bekannt ist, ob dieser wohl aus dem 18. Jahrhundert, vermutlich aus dem Restaurierungsjahr 1748, stammende schrankförmige Beichtstuhl (Typ 4) in die neue Kirche transferiert und ob die Einzelbeichte bis 1817 oder länger praktiziert wurde. Heute ist er wohl nicht mehr erhalten.

Eysölden
Mittelfranken

Typ 2.1

Wie die nahen Orte Alfershausen und Tiefenbach hat Eysölden (Markt Thalmässing, Lkr. Roth, Dek. Weißenburg) eine vom markgräflich-ansbachschen Architekten Steingruber gebaute Kirche. Sie wurde von 1749-1752 errichtet und besitzt, wie die Nachbarkirchen, einen Kanzelaltar. Auch die Beichtstühle aller drei Kirchen haben die gleiche Form, nämlich die eines kastenförmigen Einzelsitzes mit Brüstung (2.1). Der

Eysöldener Beichtstuhl hat seine halbhohe Tür vorn in der Brüstung. Sie ist rechts angeschlagen und schließt mit einer profilierten Leiste gegen den schmaleren linken Teil der Brüstung. Beide Brüstungsteile sind mit hochrechteckigen Füllungen versehen, deren äußere Kanten sich dunkel von dem einheitlich braunen Lasuranstrich absetzen. Die Seitenbretter sind über der Brüstung geschweift ausgesägt und in Augenhöhe von einem ausgesägten Ornament durchbrochen. Die Lehne schließt oben mit einem kräftig profilierten Gesims ab. Die linke Gehrungsecke fehlt, da der Stuhl in der Sakristei bündig an einer Wand steht. Farblich ist der Beichtstuhl heute der übrigen Einrichtung des Kirchenraumes angepasst.

Die Pfarrakten verzeichnen im Inventar von 1865 in der unteren Sakristei einen „alten Beichtstuhl", der Wert wird mit „1 fl 12 xr" angegeben. In der übergreifenden Beschreibung aller Kirchen des Ansbacher Oberamts Stauf von 1753 hieß es: „1 neuer Beichtstuhl, 1 neuer Tisch in der oberen Sakristei."

Qu./L.: LKAN: PfA Eysölden, 333, S. 67. Ebd. Kombinierte Stiftung Stauf, 73, S. 286. - Heidelmann S. 55, 58. - Meißner Nr. 72. Abb.: Helmut Schatz.

Flachslanden
Mittelfranken

Typ 4

Das Langhaus der gotischen Kirche St. Laurentius in Flachslanden (Lkr. und Dek. Ansbach) wurde 1718/19 unter Friedrich von Zocha umgebaut und neu ausgestattet. An klassischer Stelle befindet sich noch heute im Chor neben der Sakristeitür ein schrankförmiges Gestühl oder eine begehbare Kammer mit zwei Sitzen, die als Beichtstuhl gedient haben könnte (Typ 4). Die Maße betragen 200 cm in der Höhe, 137 cm in der Breite und 75 cm in der Tiefe. Wie andere Beichtstühle dieses Typs hat er Fenster mit Rautengittern, von denen das mittlere der Vorderseite aufschiebbar ist. Rückseite und rechte Schmalseite stoßen an Wände. Vorn und links ist der Stuhl dekoriert mit einem umlaufenden dunkelgrünen Sockel, gerahmten, dunkelgrün abgesetzten rechteckigen Feldern in der Unterzone, waagerechten profilierten

Leisten und profiliertem Gesims. Die Tür nimmt die linke Schmalseite ein und ist mit verschlungenen handgeschmiedeten Scharnieren befestigt. Die Schließfuge deckt eine breite dunkelgrüne Profilleiste ab. Die Sichtflächen sind hellgrün gestrichen. Im Kirchenführer, wohl von 1994, ist der Gitterstuhl als „Brautstuhl" ausgewiesen, „in dem die Brautleute saßen, bis sie nach dem Gottesdienst getraut wurden". Es wird nicht erwähnt, wann dies der Fall war. Ebenfalls im Chorraum, hinter dem Gitterstuhl, steht ein offener zweisitziger Chorstuhl mit Schulterringen. Heute ist Kirchengerät in dem Gitterstuhl untergebracht. Erhalten sind innen zwei klappbare Sitzbretter und gerundete Schulterringe in 70 cm Höhe.

L.: Heidelmann S. 55, 59 (Abb.). - KDM Ansbach, S. 93f. - Meßlinger, Martin: Markt Flachslanden. St. Laurentius. Ansbach o. J. [1994] (Kirchenführer). - Schatz 1996, S. 97 (Abb.).
Abb.: Helmut Schatz.

Forst
Mittelfranken

Typ 4

Im nordöstlichen Langhauswinkel der Filialkirche St. Katharina von Forst (Gemeinde und Pfarrei Gerhardshofen, Lkr. Neustadt a. d. Aisch-Bad Windsheim, Dek. Neustadt a. d. Aisch) steht ein ausladendes, geschlossenes und in der Oberzone vergittertes Gestühl (Typ 4). Die beiden Gitterfenster rechts und links der Tür sind schiebbar. Das profilierte Gesims des Kirchenstuhls trägt vier

Kugelaufsätze mit spitzem Auszug. Im Jahre 1695 wurde dem Schreinermeister zu Gerhardshofen, Christian Keyle, ein Lohn von „10 fl 30 xr für Männerkirchenstühle zu machen" bezahlt. Die „Knöpffe so auf neuerbäude Stühle gemacht", lieferte „der Drechsler zu Neustadt". Helmut Schatz bezeichnet das Gehäuse als Beichtstuhl. In den Kunstdenkmälerinventaren ist es als „Gitterstuhl" bezeichnet, doch könnte es zur Beichte gedient haben.
Wahrscheinlich hatten auch der 1729 von Schreiner Johann Balthasar Storner in Gerhardshofen für die Sakristei gefertigte Tisch und Stuhl mit der Beichte zu tun gehabt. Sie können für die Beichtanmeldung und das Eintragen ins Konfitentenregister gedient haben. Beide Möbel sind noch im Inventar von 1886 aufgeführt.

Qu./L.: LKAN: PfA Gerhardshofen, TK Forst, R 1 und R 2, 234 b. - KDM Neustadt a. d. Aisch, S. 68f. - Schatz 1995 (Abb.).
Abb.: Helmut Schatz.

Gauerstadt
Oberfranken

Typ 2.5

Die seit Frühjahr 2000 wieder mit einem Pfarrer besetzte Pfarrei Gauerstadt (früher Patrozinium „Reginwindis"; Stadt Bad Rodach, Lkr. und Dek. Coburg) besitzt in der Sakristei (Turmuntergeschoss) einen Doppelstuhl, auf dessen potentielle Beichtfunktion Gertrud Voll aufmerksam machte. Er ist grünblau gestrichen, seitlich offen, mit geschweift geschnitzter niedriger Rückwand und weist keinerlei schmückenden Dekor auf. Er ist 138 cm breit, samt dem Podest 93 cm vorne hoch und 90 cm tief. Der Sitz ist fest eingenutet; eine Fußablage existiert nicht. Auf einer alten Fotografie kann der ursprüngliche Standort im Kirchenraum im Chorbereich unterhalb der Orgelempore (an der Stirnseite) ausgemacht werden.

Qu.: Auskünfte von Gertrud Voll und Pfarrer Christian Frühwald.

Gesees
Oberfranken

Typ 5

In der altehrwürdigen Pfarrkirche „St. Marien zum Gesees" (Lkr. und Dek. Bayreuth) steht ein Beichtstuhl, der auch als solcher bezeichnet (Gebauer), in der Literatur bisweilen als „Pfarrstuhl" (Gebeßler) oder „Predigerstuhl" (Seggel) umschrieben wird. Er hat seinen vermutlich altangestammten Platz im erhöhten Chorbereich an der Nordwand, unmittelbar neben dem Eingang zur Sakristei. Die Zeitangaben seiner Erstellung differieren: Nach Gebeßler stammt er bereits aus der Zeit um 1680. Der Kapp-Bericht stellt für 1810 fest: „Die allgemeine Beichte ist bisher nicht eingeführt. Privatbeichten finden noch statt. Die öffentliche Beichte wird jedesmal am Sonnabend um 1 Uhr gehalten. Privatbeichten sind unbestimmt."
Die 242 cm hohe und 136 cm breite doppelsitzige Rahmenkonstruktion mit Boden trägt einen Baldachin, der

über die ganze Grundfläche des Stuhls reicht und, von der Rückwand ausgehend, vorne von zwei kleinen gedrechselten Säulchen abgefangen wird, die auf den vorderen Brüstungsecken aufsitzen. An der Brüstungsinnenseite befindet sich ein Auflagebrett für die Buchablage. Der Stuhl wird dem Typus 5 zugerechnet. Er ist im unteren Teil bis auf den Zugang von rechts geschlossen. Das Holz ist deckend braun gestrichen. Die Unterseite des Baldachins, die Rückwand und die vordere Brüstungsfläche sind, jeweils paarweise, mit Bildern in Öl auf Holz versehen. Die Decke zeigt Blumenmalereien in typischer Art der „Hummelmalerei" (Seggel) in vier querrechteckigen Feldern. Auf den vorderen Brüstungsflächen finden wir ein Paar Henkelblumenvasen mit jeweils dekorativ sich ausbreitendem Blumenarrangement in Rundbogenfeldern.

Bei einem Angebot zu verschiedenen Malerarbeiten in der Kirche durch Wilhelm Ernst Wunder am 23. August 1776 wird auch das „Streichen des Beichtstuhls" mit aufgeführt. Ob damals eine Übermalung durch Apostelbilder erfolgte, die bei der Restaurierung 1955 wieder freigelegt wurden, konnte nicht eruiert werden. Auf der Rückwand, über der Sitzfläche und den halbhohen Wangen, sind zwei Rundbogenfelder eingetieft, auf denen biblische Malereien angebracht wurden, links die Himmelfahrt des Elias, rechts der auferstandene Christus und Moses mit den Gesetzestafeln. Die Zehn Gebote und die Hoffnung auf den Auferstandenen sind naheliegende Themen für den Hintergrund eines Beichtgesprächs. Die Himmelfahrt des Elias gilt als die Hoffnung, dass dieser am Jüngsten Tag den Zorn des Herrn beschwichtigen werde und das „Herz der Väter wieder den Söhnen zuwenden und das Herz der Söhne den Vätern, damit ich nicht kommen und das Land dem Untergang weihen muß" (Maleachi 3, 34f.).

Qu./L.: „Bayreuther Tagblatt", 26./27. 3. 1955. - Kleiner Kirchenführer (ein Blatt) der Kirchengemeinde. - Gebauer, Hellmut J.: Hofcommissarius, Inspector der hochfürstlichen Malereyen und Cabinettsmahler Wilhelm Ernst Wunder. In: AO 76, Bayreuth 1996, S. 296. - Heidelmann S. 54, 55, 60. - Hofmann Abb. S. 183. - Hübsch, J. G. A.: Gesees und seine Umgebung. Ein historischer Versuch. Bayreuth 1842. - KDM Bayreuth, S. 112. - Kneule 138. - Meißner I, mit Abb. - Seggel 1963, S. 69.
Abb.: Helmuth Meißner.

Goldkronach
Oberfranken

Typ 4

In der Gottesackerkirche von Goldkronach (Lkr. Bayreuth, Dek. Bad Berneck) steht in der Nordostecke des rechteckigen Kirchenraums ein Stand, der als Beichtstuhl bezeichnet wird. Gebeßler datiert ihn für die Zeit „um 1680" und beschreibt ihn: „...gegliedert durch Voluten und Lisenen". Der Stuhl, der nach seiner nunmehrigen Gestaltung mit Gitter zum Typ 4 gehört, dürfte ursprünglich in der Pfarrkirche gedient haben. Bis zur letzten Restaurierung der Friedhofskirche 1972 stand er in der Südostecke des Raumes und hatte die Funktion einer kleinen „Sakristei", wie

heute noch. Der doppelsitzige Stuhl, 130 cm breit und 200 cm hoch bis zum vorkragenden Gesims und mit geschlossener flachen Bedachung, kann (rechts) durch eine durchgehende Türe begangen werden, die vermutlich erst später eingesetzt wurde und im unteren Teil durch ein Tafelbild mit einem rundbogigen Öl-auf-Holz-Gemälde verziert ist. Dargestellt finden wir darauf den Apostel Matthias mit einer Lanze in der rechten und einem Buch in der linken Hand. Dieses Bild gehört zu einer Serie weiterer noch vorhandener Bildtafeln, die ursprünglich als Emporenbilder gedient hatten. Bei der Restaurierung der Gottesackerkirche erhielt auch der Stuhl eine Erneuerung. Dabei „schmückte" man ihn „aus" mit Reliefzierleisten, die vom Altar stammen: einem Engelsköpfchen, ferner einem rautenförmigen Holzgitter, das ursprünglich nicht vorhanden war; vorher bestanden zwischen drei Volutenpilastern, die mit Röschen be-

setzt sind, zwei „Fenster" an der Vorderseite, die mit Vorhängen behängt waren. Der 102 cm tiefe Stuhl besitzt innen eine feststehende durchgehende Bank, Fußleisten und eine Buchablage. Die innere Rückwand und die Unterseite der Decke sind ohne Schmuck.

Für Goldkronach ist aus der Zeit des 16. Jahrhunderts eine ausführliche „Ordnung" vorhanden, wie der Vorgang der Beichte samt den Gesprächsformeln ablief, verfasst von dem damaligen „Pfarrherrn" M. Johann Fleischmann. Zuerst wurde demnach die Vesper gehalten am Samstag, danach die Beichte. Noch für 1814 wird in einem Bericht über die Durchführung der Beichte festgestellt: „Öffentliche Beicht. Diese auch wie überall an Sonnabend Nachmittags...um 12 bis um fi 1 Uhr angefangen... Hier kommen die Confitanten an den Beichtstuhl und lassen ihre Namen aufschreiben."

Qu./L.: PfA. Goldkronach: Akte 36 „Allgemeine Pfarrberichte" S. 39; masch.-schr. Bericht (von Pfarrer Helmut Münzer): „Die Friedhofskirche zu Goldkronach - Ein Rechenschaftsbericht anlässlich der Renovierung in den Jahren 1971/72". - Staatliches Hochbauamt Bayreuth: Akte Goldkronach: Schr. des Ev.-Luth. PfA. G. vom 3. 2. 1972. - KDM Bayreuth, S. 116. - Kneule S. 114-117. - Meißner I, mit Abb.
Abb.: Helmuth Meißner.

Gollhofen

Mittelfranken

Typ 3.2

Die Pfarrkirche St. Johannes in Gollhofen (Lkr. Neustadt a. d. Aisch-Bad
Windsheim, Dek. Uffenheim) hat
ihren Beichtstuhl mit Pult (Typ 3.2)
aus dem 17. Jahrhundert bewahrt. Er
steht in der Sakristei und ist in den
Kunstdenkmälerinventaren aufgeführt. In die Bodenplatte von etwa einem Meter im Quadrat ist vorn eine
95 cm hohe Brüstung mit geschweift
ausgesägten Wangen eingelassen, die
oben ein schräges, abgerundetes
Brett als Buchauflage trägt. Die Rückwand ragt 155 cm hoch auf und endet in einer geschwungen ausgesägten Bekrönung über einem profilierten Gesims mit Zahnfries in 130 cm
Höhe. Das Sitzbrett von 40 cm Tiefe
ist von Wangen eingefasst, deren Vorderkanten geschwungen ausgesägt
sind. Alle Stuhlteile tragen blaugrau-

en Anstrich, die geschwungenen
Kanten und das profilierte Gesims
sind rotbraun abgesetzt. Zahnschnitt
und Dekorationselemente des
Beichtstuhls weisen auch die Kanzel
aus dem Jahre 1693 auf, die 1765
von Johann Georg Auwera aus Aub
dekoriert wurde. Vermutlich baute
Hans Jörg Scheufelein aus Uffenheim
diese gleichzeitig mit dem für den
Kirchenraum gedachten Beichtstuhl.
Überliefert ist für Gollhofen eine For-
mel, die am Beichtstuhl hergesagt
werden musste, worauf die Absolution mit Handauflegung und die Eintragung ins Beichtkinderverzeichnis
erfolgte.

L.: Heidelmann S. 55, 59. - Heydemann,
Werner (Pfr.): Kirchenführer (1 Blatt), o. J. -
Gollhofener Beichtformular. Allgemeines
Beicht-Gebet der Pfarrei Gollhofen. O. J. In:
Schatz 1996, S. 94f. - KDM Uffenheim, S.
100. - Krauß, Annette: Sanduhr, Beichtstuhl
und Adams Schädel. Sonntagsblatt-Serie:
Fränkische Dorfkirchen 3. In: „Sonntags-
blatt", München 30. 7. 1995, S. 6. - Schatz
1994. - Sitzmann 1957 S. 476.
Abb.: Hildegard Heidelmann.

[Gräfenberg]

Oberfranken

Für die Sakristei der Pfarrkirche St.
Peter von Gräfenberg (Lkr. Forchheim, Dek. Gräfenberg) wurde 1736
auf Veranlassung des Pflegers Christoph Friedrich Kreß von Kreßenstein
durch den Schreiner Johann Georg
Tetzler ein Beichtstuhl angefertigt,
der 11 Gulden kostete. In der Sakristei, so heißt es, werde „immer öf-

fentlich Beicht gehört". Es gibt in der heutigen Sakristei bzw. Kirche zwar einige doppelsitzige Stühle mit runden Armlehnen. Aber es kann keiner als Beichtstuhl nachgewiesen werden.

L.: Ackermann, Hans: Gräfenberg in Vergangenheit und Gegenwart. Forchheim 1973, S. 183f.

[Guttenberg]
Oberfranken

In der früheren Kirche St. Georg zu Guttenberg (Lkr. und Dek. Kulmbach) stand der Beichtstuhl am Ausgang der Sakristei rechter Hand. „An demselben war die büssende Magdalena angemalt." In den Akten wird etwa für die Zeit von 1682 ferner vermeldet: „Wenn Beichte gehalten wurde, so setzte sich der Geistliche hinein, rückte einen Knieschemel vor die Türe, wo dann der Beichtende seine Beicht knieend ablegte respektive betete."

L.: Erhard, Wilhelm: 600 Jahre Evang. Kirche St. Georg Guttenberg. Guttenberg 1979, S. 60.

Henfenfeld
Mittelfranken

Typ 1.3, 1.4

In der Sakristei der evangelischen Pfarrkirche St. Nikolaus in Henfenfeld (Lkr. Nürnberger Land, Dek. Hersbruck) steht ein offener, einsitziger Beichtstuhl mit „baldachinartig erhöhter Rückwand" (KDM Hersbruck) in „evangelischer Form von 1686" (Schwemmer 1967). In jenem Jahr wurde die Sakristei an den spätromanischen, 1613 eingewölbten Chor angebaut. Der Stuhl entspricht einer Kombination der Typen 1.3 und 1.4. Seine reiche Dekoration aus Akanthusschnitzerei begegnete ähnlich schon beim Beichtstuhl im nahen Artelshofen, auch die Bekrönung durch einen Engelskopf mit Akanthuslaub. Die Füllung der Rückenlehne zeigt in den austretenden Ecken geschnitztes Weinlaub. Beim Henfenfelder Beichtstuhl sind

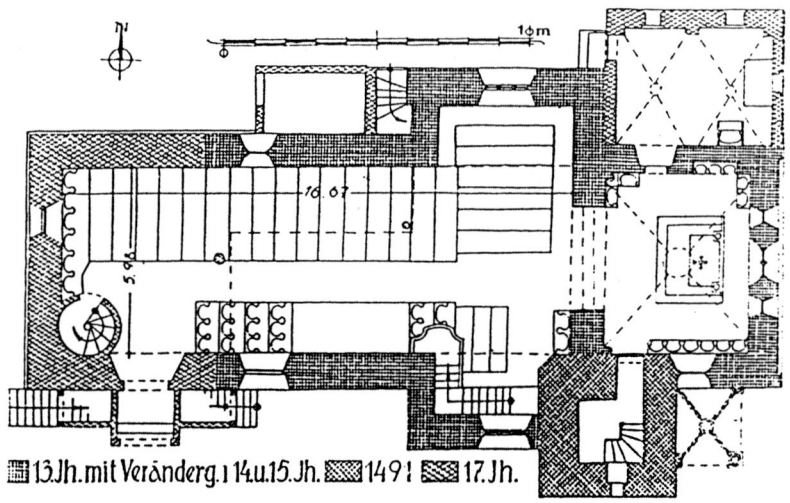

■ 13.Jh. mit Veränderg. i 14.u.15.Jh. ▨ 1491 ▧ 17.Jh.

in Schulterhöhe ringförmige Armlehnen an Rückwand und Wangen eingenutet. Der Stuhl steht auf einem Podest, das als Antritt zum Beichtstuhl diente und die Möglichkeit zum Hinknien bei der Absolution ermöglichte. Die Seitenbretter oder Wangen sind mehrfach geschweift ausgesägt. Die ursprüngliche, wohl weißgoldene Fassung und eine etwaige Bemalung des Beichtstuhls besteht nicht mehr. Mit seinem prächtigen barocken Schnitzwerk ist er immer noch imposant und thronartig.
Er ist ohne Schnitzereien 200 cm hoch, am Sitz 80 cm breit und 60 cm tief. Der 18 cm hohe Sockel ist in die Wand eingelassen und misst 124 cm in der Breite und 60 cm in der Tiefe. Der Grundriss der Kirche zeigt den Beichtstuhl eingezeichnet an seinem Platz in der Sakristei.

L.: Heidelmann S. 55, 56. - Hotz Mfr., S. 152. - KDM Hersbruck, S. 111f. - Rühl S. 338. - Schwemmer 1967, S. 35.
Abb.: Helmut Schatz.

Herreth
Oberfranken

Typ 1.3
In der Sakristei der Filialkirche Herreth (Gemeinde Itzgrund, Lkr. Coburg, Pfarrei Staffelstein, Dek. Michelau) steht ein Lehnstuhl, der die Kriterien eines Beichtstuhls erfüllt. Darauf hingewiesen haben Prof. Dr. Wolfgang Brückner und Hildegard Heidelmann. Der langjährige Pfarrer der Kirchengemeinde, Traugott Richter, kennt seine Beichtfunktion nicht. Die geschweift geschwungene Rückwand ist im Mittelteil gefeldert und schließt oben mit einem kleinen Bogen, der mit Zapfen besetzt ist, ab. Das Sitzbrett mit konischer Grundfläche ist an der hinteren Schmalseite 63 cm breit, vorne 69 und misst in der Tiefe 85 cm. Der gesamte Stuhl weist eine Höhendimension von 132 cm auf. Der Stuhl steht auf einem Podest von 19 cm Höhe und ist durch seitliche Wangen geschlossen. Die leicht geschwungenen Armlehnen sind vorne eingerollt und werden

Hersbruck I, II
Mittelfranken

Typ 5, 5
Abb. S. 56, 57

In der Stadtkirche von Hersbruck (Lkr. Nürnberger Land, Dek. Hersbruck), deren Langhaus 1737/38 von Gottlieb Trost umgebaut wurde, befinden sich im Chor zwei gleichförmige doppelsitzige Gestühle aus dieser Zeit, die mit einer Brüstung umgeben und von einem Baldachin gekrönt sind (Typ 5). In den Inventaren der Kunstdenkmäler sind sie nicht als Beichtstühle ausgewiesen und im 1987 erschienenen Kirchenführer werden sie als „überdachte Chörlein für die Geistlichen an den Seiten des Chorbogens" bezeichnet. So werden sie wohl auch Pfarrer und Diakon als Sitze gedient haben, von denen aus diese die Beichte abnehmen konnten. Mit einer Schmalseite stoßen die gegenüberliegenden Baldachinstühle an die Chorbogenpfeiler an. Zu betreten sind sie durch gewölbte Halbtüren in den dem Altar zugewandten Schmalseiten. Im Kirchenführer tragen die Stühle noch eine weiß-goldene Fassung, die ihnen bei der in der Chronik des Pfarrers Ulmer von 1972 erwähnten Renovierung im Jahre 1856/57 verpasst wurde. Bei der jüngsten Renovierung legte man die Marmorierung der Sichtflächen wieder frei. Die Füllungen präsentieren sich in rötlichen, Sockel und Rahmen in blauen Tönen. Unter dem Kranzgesims sind als Abschluss der pilasterartigen Baldachinstützen korinthisierende „Kapitelle" aufgebracht und golden gefasst. Goldfarbene Gehänge befinden sich darunter, und gold-

seitlich von Brettern gestützt, die nach vorne hin angefügt und geschweift gestaltet sind. Ein unweit an der gegenüberliegenden Wand stehender Tisch weicht zwar in der Holzart ab, könnte aber einst zum Ensemble des Beichtplatzes gehört haben.

Qu.: Mitteilung von Prof. Dr. Wolfgang Brückner, Würzburg, über Hildegard Heidelmann.
Abb.: Helmuth Meißner.

farbene Akanthusschnitzereien zieren die Zwickel der geschweift ausgesägten Fensterbögen über den Brüstungen. Die Innenausstattung besteht aus einer Sitzbank für zwei Personen, einer Kniebank und schrägen Buchablagen. Die Innenwände sind gepolstert und mit einst leuchtend rotem, heute verschossenem Brokatsamt ausgeschlagen.
Beichtstühle als Paar oder Pendants seitlich des Altars im Chor oder rechts und links an den Wänden des Langhauses sind in den Idealplänen der Architekten für evangelische Kirchen zu finden (Sturm 1712).
Johann Christoph Reich (1679-1748) wird beim Neubau 1738 als Maler und Messner in der gedruckten Einweihungspredigt aufgeführt. Er arbeitete auch in Henfenfeld, Lauf und Vorra und tat sich durch eine besondere Art des Marmorierens hervor.

Ecken. Der Stuhl dient heute als Ablage für Gesangbücher.

Hersbruck III
Mittelfranken

Typ 1.3

In der spätgotischen, 1670-1690 zur jetzigen Form ausgebauten Spitalkirche von Hersbruck steht an der Nordwand des Langhauses in der Nähe des Zugangs vom Spital ein offener einzelner Stuhl, der alle Merkmale eines Beichtstuhls vom Typ 1.3 besitzt. Die geschweift gesägten Konturen von Rückenlehne und Wangen weisen auf eine Anschaffung Ende des 18. Jahrhunderts hin. Sitz und Schulterring sind eingefügt, der Stuhl ist braun lasiert, ebenso das einst als Kniebank für die Absolution dienende Antrittspodest mit abgeschrägten

Qu./L.: Einweihungs-Predigt der neuerbauten Stadtkirche Hersbruck...Altdorf 1739. Reprint Hersbruck 1988, S. 51 (Maler J. C. Reich). - Heidelmann S. 55, 60 (Typologie). - KDM Hersbruck, S. 134. - Schwemmer 1967, S. 36-38. - Kirchenführer: Stadtkirche Hersbruck. Zum 250jährigen Kirchweihjubiläum 1738-1988). Hg. Evang.-Luth. Pfarramt Hersbruck. Hersbruck 1987, S. 10. - Sitzmann 1957, S. 426 (Biographie J. C. Reichs). - Sturm: Grundrissentwürfe IV und VI. - Ulmer, Theodor Wilhelm: Chronik der Königlich Baierischen Stadt Hersbruck. Nürnberg 1972, S. 140 (Kirchenrenovierung).
Abb.: Helmut Schatz (Stadtkirche), Helmut Süß (Spitalkirche).

Hiltpoltstein
Oberfranken

Typ 1.2

Einen Beichtstuhl, der früher in der Sakristei stand und jetzt seinen Platz seitlich hinter dem Altar, neben dem Eingang zur Sakristei, gefunden hat, gibt es in der Matthäus-Kirche zu Hiltpoltstein (Lkr. Forchheim, Dek. Gräfenberg). Der einfache einsitzige, vorne offene und seitlich mit Brettern bis zur Armlehne reichende und in dunkelgrauer Grundierung gefasste Stuhl nach Typ 1.2 ist aus Nadelholz gearbeitet und weist an den Wangen Kröpfrahmen auf. Die Rücklehne des insgesamt 120 cm hohen Stuhls reicht nur bis zu einer Höhe von 55 cm und schließt mit einem Segmentbogen. An der Lehne finden wir eine Muschelpalmette. Die hochklappbare Sitzfläche ist relativ breit und tief. Der Stuhl dürfte aus der Zeit um 1700 stammen. Heute nimmt der Messner den Platz darin ein.

L.: KDM Forchheim, S. 132. - Heidelmann S. 55. - Poscharsky S. 61, 214.
Abb.: Helmut Schatz.

[Himmelkron]
Oberfranken

Für Himmelkron (Lkr. Kulmbach, Dek. Bad Berneck) gibt es archivalische Nachweise für das Vorhandensein eines Beichtstuhls in früherer Zeit in der Stiftskirche. So wurden 1657 fi Ort 18 fi xr ausgegeben für das „Bäncklein vor dem Beichtstuhl und der Brücken uf den Predigstuhl". Dieser Beichtstuhl wird in anderem Zusammenhang erwähnt: Eine „Frauensperson" beklagte sich 1665 beim Konsistorium darüber, dass sie Pfarrer Johann Raspius „5 Jahre vom Beichtstuhl abgehalten" habe. - Nachdem der Kirchenraum in barocken Formen umgestaltet war, musste Dietrich Georg Kern im März 1702 einen neuen Beichtstuhl liefern; dafür sowie für zwei Stühle neben der Sakristei erhielt er 3 fl 30 xr.

Qu.: PfA. Himmelkron: Akte 36 S. 16; Rechnungen; Manual 1702: 22. 9. 1665.

[Hof]
Oberfranken

Gewissenhaft zeichnete der Apotheker Michael Walburger in seinem Hausbuch jede Beichte auf, ob in der damaligen Hauptkirche St. Lorenz (Stadt und Dek. Hof) abgelegt oder, besonders in späterer Zeit, zu Hause durchgeführt. Dabei wird auch wiederholt in den fünf Bänden (Sept.

1653, Febr. 1654, Sept. 1655, De.
1658, Nov. 1661, März 1664, August
1665) der „Beich[t]stuel" genannt.
Ferner führt Walburger auf, was er jeweils als „Beichtpfennig" gegeben
hat und wer sein Beichtvater war.

L.: Händel/ Herrmann.

[Hohenberg]
Oberfranken

Von der Kirche zu Hohenberg (St. Simon und Judas - Lkr. Wunsiedel,
Dek. Selb) wissen wir nur, dass ein
Beichtstuhl in der Sakristei stand, der
1786 ausgebessert wurde.

L.: Singer, F. W. (?): Über die alte Hohenberger Kirche. In: „Sechsämter Land" („Sechsämter Neueste Nachrichten" 13. Jg. 19. 5.
1962, Nr. 5).

Ickelheim
Mittelfranken

Typ 4

In der Pfarrkiche St. Georg in Ickelheim (Lkr. Neustadt/Aisch-Bad
Windsheim, Dek. Bad Windsheim)
hat Helmut Schatz dem schrankför-

migen Gittergestühl an der Nordseite des Chors die Funktion eines Beichtstuhls zugewiesen. In den Kunstdenkmälern wird es als Herrschaftsstuhl bezeichnet. Es kann auch als Pfarrstuhl und damit zur Beichte gedient haben. Sein Platz ist der „klassische" neben der Sakristeitür. Östlich schließt sich ein unvergittertes Chorgestühl aus Einzelsitzen mit Schulterringen und gefelderten Dorsalen an. Die Rückwand des Gitterstuhls ist in gleicher Weise gestaltet, an der Vorderseite befinden sich unter schiebbaren Gittern Kniebank und Buchablage. Der Gitterstuhl ist heute wie das gesamte Gestühl der Kirche braun marmoriert. Wie er in seiner Entstehungszeit in der ersten Hälfte des 18. Jahrhunderts ausgesehen hat, ist nicht abzulesen. Er ist 220 cm breit, 106 cm hoch und 112 cm tief.

L.: KDM Uffenheim, S. 118.- Hinweis von Helmut Schatz, Ansbach.
Abb.: Hildegard Heidelmann.

Insingen
Mittelfranken

Typ 2.3

An der südlichen Chorseite der Kirche in Insingen (Lkr. Ansbach, Dek. Rothenburg ob der Tauber) steht zwi-

schen einem Schrank und dem Chorbogen ein einsitziger Stuhl mit hohem Dorsale, geschwungenen Seitenwangen, vorkragendem Gesims,
Sitz und Schulterringen. Es fehlt die
Tür in der Brüstung. Sie wird der des
gegenüberliegenden dreisitzigen Gestühls geglichen haben. Heute dient
der Stuhl aus dem Anfang des 18.
Jahrhunderts als Sitz des Messners.
Sein ursprünglicher Platz war vermutlich näher am Altar, dessen Podest zum Niederknien bei der Absolution gedient haben könnte. Die originale weiß/bunte Fassung des
Beichtstuhls ist an der Kanzel noch
ablesbar. Er ist 2 m hoch, 75 cm breit
und 75 cm tief.

Qu./L.: KDM Rothenburg, S.52 - Hinweis
von Konrad Bedal, Bad Windsheim.
Abb.: Hildegard Heidelmann.

[Katzwang I,II]
Mittelfranken

Typ 1.5

Ein Beichtstuhl wird unter den Aus-
stattungsstücken der gotischen, 1710
umgebauten Kirche von Katzwang
(Stadt Nürnberg, Dek. Schwabach) in
den Kunstinventaren der bayerischen
Denkmalbehörden nicht erwähnt.
Doch gibt das in den Pfarrakten befindliche Kircheninventar von 1816
darüber Aufschluss, dass „1 schwarz
angestrichener beweglicher Beichtstuhl, aus der Sakristei mit Regie-
rungsgenehmigung an das Germanische Museum in Nürnberg" verkauft
wurde. 1845 findet sich nachgetra-
gen: „Ein Armlehnstuhl in der Sakristei statt des alten verkauften gebrechlichen Beichtstuhls, grünl. überzogen, angekauft um 5 fl." Dieser Lehnsessel (Typ 1.1) ist im Inventar von
1896 mit einem Wert von 9 Mark
nochmals aufgeführt. Der an das
Germanische Nationalmuseum ver-

„Katzwanger Stuhl" auf der Wartburg

kaufte Beichtstuhl wird bei Timm 1914 als sog. „Lutherstuhl" bezeichnet unter Berufung auf die „Mitteilungen des Germanischen Nationalmuseums" von 1903. Dort heißt es, der Drehstuhl aus Katzwang befinde sich in London und habe als Muster für eine Reihe von Nachbildungen gedient. Eine solche war im Nürnberger Museum nicht aufzufinden. Der Drehstuhlmechanismus des um 1500 datierten Originals wurde von Stegmann 1903 genau beschrieben. Ein solcher Katzwanger Lutherstuhl ist in der Lutherstube der Wartburg aufgestellt. Beim Hinweis auf Katzwang ist angegeben, dass er einst als Beichtstuhl für die Einzelbeichte diente. Um für dieses Exemplar keine eigene Typusnummer einführen zu müssen, wird er dem Einzelstuhl von Klausstein, Typ 1.5, zugeordnet.

Qu./L.: Auskünfte Pfr. Ludwig Förster, Katzwang, und Dr. Annette Scherer, Germanisches Nationalmuseum Nürnberg. - LKAN: PfA Katzwang, 294, Inventarien, 1809, 1814/1816, 1845, 1896. - KDM Schwabach, S. 193-208. - Stegmann, H.: Die Holzmöbel des Germanischen Museums IV. In: Mitt. a. d. Germ. Nat. Mus. 1903, S. 80f. - Timm, Hermann: Unserer Lieben Frauen Pfarrkirche zu Katzwang (= Beiträge zur Fränkischen Kunstgeschichte V). Erlangen 1914, S. 111.
Abb.: Hannelore Dorner („Katzwanger Stuhl" auf der Wartburg).

Kirchensittenbach
Mittelfranken

Typ 1.2

Die ehemals gotische Kirche St. Sebastian in Kirchensittenbach im Lkr. Nürnberger Land (Dek. Hersbruck) wurde 1711 eingewölbt und barock ausgestattet. Es ist anzunehmen, dass der in der Sakristei erhaltene Beichtsessel aus dieser Zeit stammt (Typ 1.2). Die Polsterungen auf Sitz, Wangen und Armlehnen und auf der geschweiften Rückenlehne sind mit Leder überzogen. Der Sessel ist in eine Bodenplatte auf gedrückten runden Füßen eingelassen. Der vordere Teil der Platte hat abgeschrägte Ecken und dient als Antritt zum Beichtstuhl. Er bietet Platz zum Knien für die Erteilung der Absolution durch Handauflegung. Der noch originale Lederbezug ist sehr schadhaft und mit ornamentierten Ziernägeln befestigt. Die ausgesägte Kontur der Rückenlehne gleicht der des Beichtstuhls in Tiefenbach.

L.: Heidelmann S. 55, 57.
Abb.: Helmut Schatz.

Kirchrüsselbach
Oberfranken

Typ 1.2
Abb. S. 42

Ein Beichtstuhl vom Typ 1.2, der in der Form dem von Hiltpoltstein ähnlich ist, steht in der Pfarrkirche St. Jakobus zu Kirchrüsselbach (Lkr. Forchheim, Dek. Gräfenberg). Er hat seinen Standort rechts vom Altar. Ursprünglich stand er in der Sakristei. Der 170 cm hohe und aus Nadelholz gearbeitete Stuhl ist in bräunlicher marmorierter Fassung grundiert. Gegenüber dem Stuhl von Hiltpoltstein weist er wesentlich dekorativere Formen auf, so die Zierleisten für die Felderungen an den Seitenwangen, die wellenartigen geschwungenen Schnitzereien der vorderen Abschlüsse an den Seitenwangen und der Rückenlehne, die zudem einen geflügelten Engelskopf als Zierabschluss und ein vergoldetes Ornament in der Mitte der 63 cm hohen Lehne aufweist. Die Armlehnen sind breiter und schließen vorne mit einer eingerollten kleinen Volute. Das Sitzbrett nimmt nicht die ganze Tiefe des Stuhles ein und ist daher relativ klein. Zeitlich wird das Exemplar auf etwa 1700 eingeschätzt.

L.: KDM Forchheim, S. 151. - Heidelmann S. 55. - Poscharsky S. 61, 247. - Schatz 1995.
Abb.: Helmuth Meißner.

Kirnberg
Mittelfranken

Typ 1.7
Abb. S. 45

In der Pfarrkirche St. Maria in Kirnberg (Gde. Gebsattel, Lkr. Ansbach, Dek. Rothenburg) steht im nördlichen Chorjoch ein offener Zweisitzer, laut Kunstdenkmälern „eine zweisitzige Stalle mit giebelbekröntem Dorsale vom Ende des 16. Jh.". Ob dieser Doppelstuhl tatsächlich so alt ist wie die Kanzel (1599) konnte in den Kirchenrechnungen nicht herausgefunden werden. Der Vergleich mit dem als Beichtstuhl ausgewiesenen Stuhl gleichen Typs in Bertholdsdorf und die Auszeichnung durch eine giebelförmige Bekrönung mit Zahnschnittleiste stützen die Annahme, dass das Möbel zur Abnahme der Einzelbeichte diente. Seitenwangen und Mittelwange sind in ein braun gebeiztes Podest eingelassen. Über den Sitzen sind zwischen den geschweift ausgesägten Wangen Schulterringe angebracht. Die Rückwand ist durch profilierte senkrechte Seiten- und eine Mittelleiste in zwei Felder gegliedert. Bemalungen fehlen. Wie das übrige Gestühl ist der Doppelsitz heute grünlich gestrichen.

L.: KDM Rothenburg, S. 59.
Abb.: Hildegard Heidelmann.

der Lehne die Initiale „I - H" und die Jahreszahl „1773". Der Stuhl, der als „Beichtstuhl" bezeichnet wird, stand ursprünglich in der engen Sakristei hinter dem Kanzelaltar; ein zweiter Stuhl für den Beichtenden soll früher dazu bestanden haben. Es wird vermutet, dass der Stuhl von der zugehörigen Pfarrkirche Kirchahorn stammt.

Qu.: Auskünfte von Marga Neuner, Klausstein, Dr. Wolfgang Jahn, Ebermannstadt, Helmut Schatz, Obernzenn.
Abb.: Helmuth Meißner.

Klausstein
Oberfranken

Typ 1.5

Das zur Burg Rabenstein benachbarte Filialkirchlein, ehemalige Burgkapelle Klausstein (St. Nikolaus; Gde. und Pfarrei Ahorntal, Lkr. Bayreuth, Dek. Forchheim), findet besonders wegen eines beachtlichen Kanzelaltars das Interesse von Kunstfreunden. In dem engen Chorbereich vor den Altarstufen steht an der Seite ein schlichter Stuhl. Er weist vier leicht schräg gestellte Beine auf. Die Sitzfläche, in der die eingefügten Beine noch sichtbar sind, besteht aus einem etwa quadratischen Brett mit abgeschrägten Ecken. Die nicht allzu hohe Lehne erinnert an die eines Bauernstuhls mit ausgesägter herzförmiger Grifföffnung und ringsum rankenartig geschnitztem Rand. Zusätzlich sind Rankenmalereien mit grüner Farbe aufgetragen. Ferner stehen auf

Kleinhaslach
Mittelfranken

Typ 4

Die Nachricht von einem Beichtstuhl in Kleinhaslach (Markt Dietenhofen, Lkr. und Dek. Ansbach) kam 1994 von Gertrud Voll. Im Schuppen des Pfarrhauses der evangelischen Pfarr-

kirche St. Martin war damals ein schrankförmiges Möbel mit einem beschädigten Gitterfenster abgestellt (Typ 4). Derzeit befindet es sich im Heimatmuseum Dietenhofen/Mfr. Die Konstruktion ist die eines einfachen, aus Brettern gefügten Kastens, 201,5 cm hoch, 66,7 cm breit und 73 cm tief. Ein Sockel fehlt. Der blaue Anstrich geht bis zum Boden. Türfront, rechte Seite und Eckschräge tragen je zwei hochrechteckige Füllungen mit abgetreppten, an den Ecken abgerundeten Spiegeln und roten Rahmenprofilen. Die obere Türfüllung ist durch ein Rautengitter, das sich nach innen öffnen lässt, ersetzt. Eine runde Öffnung mit vier ausgesägten Spitzen (10,7 cm Durchmesser, in 144 cm Höhe) in der oberen Füllung der rechten Schrankseite liegt einem Loch in der linken Seitenwand in Form einer an den Kanten geschweiften Raute (10 cm Durchmesser, in 158 cm Höhe) gegenüber. Es wurde gemutmaßt, dass es sich um Sprechöffnungen handle. Wahrscheinlicher ist, dass sie dem innen Sitzenden die Sicht nach den Seiten erlaubten. Oder haben sie einen ganz anderen Zweck, der mit einer Umnutzung zusammenhängt? Rot abgesetzt ist die obere Kante des profilierten Gesimses, das an der linken, durch drei senkrechte rote Farbstreifen gegliederten Seitenwand fehlt. Zu erkennen sind hier Spuren eines Gesimses sowie eine farbliche Fassung bis etwa zur Hälfte der Schranktiefe, was auf den teilweise vorhandenen Anstoß an eine Wand hinweist. Die Inneneinrichtung des Schrankes lässt tatsächlich auf einen Beichtstuhl vom Typ 4 schließen: In Höhe von 54 cm vom Innenboden aus ist eine hochklappbare, mit Holzzapfen gelagerte Sitzplatte, mit 39 cm Sitztiefe, angebracht. Rechts oben befindet sich ein Holzbrett mit Wange als Gesangbuchablage und ein handgeschmiedeter Kleiderhaken. Das Türschloss der links angeschlagenen Tür scheint neueren Datums. Ein rautenförmiges Schlüsselschild ist außen in etwa 104 cm Höhe angebracht.

Das Möbel ist in die erste Hälfte des 18. Jahrhunderts zu datieren. Vermutlich handelt es sich um den in der Kirchenrechnung von 1742 erwähnten „Kirchenbehälter": „den heiligen böhelder zusammengericht. Die recht want frisch angemacht und die leisten zugemacht und dem Gitter geholfen, das es sich schließt. Dut in allem 13 xr." Zur Beichte könnte das Gittergestühl in der Kirche gedient haben, für das sich in der Rechnung von 1764 ein Beleg fand: Schreiner Leonhardt Neher aus Dietenhofen berechnete „vor die Einrichtung eines neuen Gitterstuhls in die Kirche... ferner 4 Gitter von mein Holtz vor eins 22 1/2 xr, die Dir [Tür] gemacht...40 xr...". Im Jahre 1770 wurde die Kirche außen und innen renoviert. Vielleicht diente der wie ein Vorratsschrank aussehende Behälter zu irgendeiner Zeit als Notbehelf für die Einzelbeichte oder wurde benutzt, als bei der Einführung der allgemeinen Beichte die Einzelbeichte nur noch Ausnahme war. Eine Restaurierung ist geplant.

Qu./L.: Mündlicher Hinweis von Gertrud Voll. - Auskünfte und genaue Beschreibung des Beichtstuhls von Werner Baumbach, Oberasbach. - LKAN: PfA, R 5 (1742, Beleg 15) und R 7 (1764, Beleg 14). - Heidelmann S. 55, 59.
Abb.: Werner Baumbach.

Kleinschwarzenlohe I, II

Mittelfranken

Typ 1.4, 1.3

In Kleinschwarzenlohe (Lkr. Roth, Dek. Schwabach) sind die gotischen Strukturen der Allerheiligenkirche von 1448 bei der Erneuerung 1600-1626 erhalten worden. Der Hauptaltar (Zwölfbotenaltar) wird Tilman Riemenschneider zugeschrieben. Für das Gestühl der Kirche hat man um 1600 mächtige Formen dieser Zeit gewählt. Herausragender Einzelsitz ist ein thronartiger Baldachinstuhl an der nördlichen Innenseite des Chorbogens links neben der Sakristeitür (Typ 1.4). In den Kunstdenkmälern ist er als „Herrschaftsstuhl um 1600" verzeichnet. Als besondere Auszeichnung kannte schon das Mittelalter den Baldachin, der beim hohen Lehnstuhl mit der Lehne verbunden

war. Denkbar ist, dass hiermit der Beichtvater als Träger des „Amtes der Schlüssel" ausgezeichnet war. Der Stuhl trägt keinerlei Wappen. Die Sitzbank ist von kräftigen, ornamental ausgesägten Seitenwangen eingerahmt. Sie reichen vom sockelartigen Antritt bis zu den Schulterringen. Diese bilden die Auflage für die Basis seitlicher Pilaster, die über mächtigen Konsolen als Gebälk den Baldachin tragen. Der Stuhl ist 1997 dem Lesepult für die Abkündigungen gewichen und in die nordwestliche Kirchenecke gerückt.

In den Kunstdenkmälern von 1939 ist ein anderer Einzelstuhl am Triumphbogen (Abb. 212) abgebildet, der sogleich als Beichtstuhl zu erkennen ist (Typ 1.3). Dieser steht heute in der Sakristei und dient als Ablage von Schriften. Er ist 127 cm hoch, 83 cm breit und 42 cm tief. In 53 cm Höhe liegt das 35 cm tiefe Sitzbrett auf seitlich angebrachten Leisten und kann über ein Rundholz nach oben geklappt werden. Der Stuhl hat breite, oben geschweifte Wangen, die bis an das Gesims der Rückenlehne reichen. Sie rahmen das Sitzbrett und den Armlehnenring in 92 cm Höhe. Der Stuhl ist ungefasst und um 1700 zu datieren. Vergleichstücke finden sich in Weiltingen und Hersbruck (Spitalkirche).

L.: Feulner, Adolf: Kunstgeschichte des Möbels (= Propyläen Kunstgeschichte, Sonderband II). Frankfurt, Berlin, Wien 1980. - Heidelmann S. 55. - KDM Schwabach, S. 215 (Abb.), S. 217. - Reitlinger, P.: Die Allerheiligen-Kirche in Kleinschwarzenlohe. Kirchenführer o. J. (ca 1980). Hg. vom Ev. Pfarramt Kornburg.
Abb.: Helmuth Meißner.

Kornburg
Mittelfranken

Typ 1.1

In der Sakristei der Kirche von Kornburg (Stadt Nürnberg, Dek. Schwabach) steht noch heute der ehemalige Beichtstuhl, ein „hochlehniger Amtssessel". In der Pfarrbeschreibung von 1914 heißt es: „Die allgemeine Beichte war hier 1807 noch nicht eingeführt, doch nicht unbekannt. Die Privatbeichte war noch allgemein üblich. Sie wurde gehalten am Sonnabend nachmittags 2 Uhr in der Beichtvesper, bei geringer Zahl am Sonntag eine halbe Stunde vor dem Gottesdienst. Noch heute steht in der Sakristei der Beichtstuhl". Die heutige Kirche wurde im „Markgrafenstil" errichtet und 1740 eingeweiht. Aus dieser Zeit dürfte der imposante Stuhl (145 cm hoch, 74 cm breit und 60

cm tief) stammen. Er ist mit genarbtem braunen Kunstleder bezogen.

Qu./L.: LKAN: PfA. Kornburg, 263: Pfarrbeschreibung 1914, S. 28 (freundlicher Hinweis von Dr. von Brandenstein, LKAN). - Meißner (1987) Nr. 122.
Abb.: Hildegard Heidelmann.

Kulmbach
Oberfranken

Typ 2.4

Für die Pfarrkirche des Ortsteils Mangersreuth der Stadt Kulmbach (Stadt, Lkr. und Dek. Kulmbach) wird in Niederschriften ein Pfarrstuhl an der Stirnwand genannt, auf den Gertrud Voll aufmerksam machte. Laut einer Archivangabe ist vor diesem Pfarrstuhl das Kind eines Seelsorgers begraben worden. Wie aus einer Fotografie von etwa 1912 zu ersehen ist,

Qu./L.: Hinweis und Auskünfte von Gertrud Voll. - Bauer, Wilfried: Festschrift zur Wiedereinweihung der renovierten Kirche zu Kulmbach-Mangersreuth. Kulmbach 1980, S. 44. - Ders.: Festschrift Kulmbach-Mangersreuth 1361 - 1736 - 1986. Kulmbach 1986, S. 25, 43. - KDM Kulmbach, S. 43. Abb.: Helmuth Meißner.

stand der Stuhl damals noch an der Stirnwand; er wurde, wie Pfarrer Wilfried Bauer mitteilt, später in den hinteren Teil des Kirchenschiffs platziert. Der Stuhl mit einer 187 cm hohen Rückenlehne zeigt an der Rückwand ein vorragendes profiliertes Gesims, das eine Zuordnung zum Typ 2.4 zulässt. Rückwand und Vorderbrüstung (114 cm hoch) tragen große aufgemalte Rocailleverzierungen, die denen am übrigen Gestühl ähnlich sind und von 1777 stammen sollen. Der dreisitzige Stuhl, 96 cm tief, ist mit zwei verriegelbaren Türen ausgestattet, Ablagebrett und Fußleiste sind vorhanden. Die Leiste des Ablagebretts weist an der Vorderseite Einkerbungen auf, die von Standplätzen der Vortragekreuze stammen könnten. Auf dem genannten Foto ist in der Tat ein solches erkennbar. Die Seitenwangen verlaufen geschwungen. Die feststehende Bank sitzt nicht auf einem Podest, sondern auf verbretterten Querbohlen auf, um die außen herum Leisten verlaufen. In einem Inventar von 1798 ist die Schreinerarbeit von „2 Kniebänklein am Beichtstuhl und am Taufstein" angegeben.

Lanzendorf I,II
Oberfranken

Typ 4
Abb. S. 52, 53

In der St.-Gallus-Pfarrkirche zu Lanzendorf (Gde. Himmelkron, Lkr. Kulmbach, Dek. Bad Berneck) stehen im Chorbereich wohl seit dem Neubau des Langhauses 1750-1754 einander gegenüber je eine lange Bankreihe, von der jeweils ein Teil (der vordere, zur Gemeinde hin) bis zur letzten Restaurierung der Kirche 1996-1998 vergittert war. Einer davon, der rechte (südliche), wird bei Stadelmann als „Pfarrstuhl" bezeichnet; der Eingang dazu ist an der Stelle, wo früher die seitliche Kanzel stand. Der linke, etwa dreisitzige, womöglich aus Gründen der Symmetrie ebenfalls vergitterte Stuhl ist nach jeder Seite hin, also auch zur fortgesetzten Bank, geschlossen. Oben war er an drei Seiten mit einem profilierten Rahmen mit Zahnschnittfries versehen. Vorne wiesen die nicht durchgehend geschlossenen Gitter quadratisches, an der Seite rautenförmiges Raster auf. Vom verlängerten Sitz her führt eine Türe zu dem Sitzplatz. Die Rückwand ist nur bis in die Höhe der vorderen Brüstung hochgezogen. In der Wand darüber befindet sich eine vertiefte (Licht- ?) Nische. Die Brüstungsflächen vorne weisen querrechteckige Felder auf, die mit einem inneren breiten verkröpften Rahmen marmoriert verziert sind. An der Schmalseite zur Gemeinde hin - vermutlich war hier ursprünglich ebenfalls eine Türe - erscheint das gleiche Muster im Hochrechteck.

In der Literatur, auch im Kunstdenkmälerinventar, wird dieses Chorgestühl nicht erwähnt.

L.: Stadelmann, Wilhelm: Geschichtliche Nachrichten von dem Pfarrdorfe Lanzendorf. In: AO 2/3, Bayreuth 1844, S. 158, 159.
Abb.: Helmuth Meißner.

[Lauenstein]
Oberfranken

Lediglich eine archivalische Mitteilung liegt über einen Beichtstuhl in der Pfarrkirche St. Nikolaus zu Lauenstein (Lkr. Kronach, Dek. Ludwigsstadt) vor. Unter dem 22.12. 1719 wird in den Rechnungsbüchern vermerkt: „ ...eine neue Decke von unten auf in den Beichtstuhl gemachet..."; der Zimmermann wird mit Otto Langbein namentlich aufgeführt.

L.: Scheidig, Siegfried: Die Pfarrkirche St. Nikolaus zu Lauenstein. In: 200 Jahre St. Nikolauskirche Lauenstein. Ludwigsstadt 1987, S. 18.

[Lauf I]
Mittelfranken

Typ 3

Benedict Wilhelm Zahn hat 1781 eine „Kirchen, Religions- und Reformationsgeschichte des Städtleins Lauf" verfasst und den Beichtstuhl des Pfarrers in der „neuen Sakristei" von 1691 der Johanniskirche von Lauf (Lkr. Nürnberger Land, Dek. Hersbruck) beschrieben: „Es befindet sich in selbiger des Pastors Beichtstuhl, auf dem sich in einem Gemählde der Pharisäer und Zöllner im Tempel zeiget, über welchen der weinende Petrus mit dem Hahn von Bildhauerarbeit angebracht ist". Zahn führt noch einige Porträts von Pastoren und Diakonen und ein 1735 gestiftetes Lutherbildnis in der Sakristei auf, sämtliche von der Hand des Malers Reich aus Hersbruck.
Die neue Sakristei wurde an die Südseite des Chors angebaut und die alte im Erdgeschoss des Turmes aufgegeben. Von innen kann man „sogleich

104

auf die Kanzel" gehen. Auch im Langhaus wurden gegen Ende des 17. Jahrhunderts Umbauten vorgenommen. 1692 erstellte der weitgereiste Schreinermeister und Bildhauer Balthasar Götz (1655-1729) einen neuen Altar mit sieben auswechselbaren Altargemälden. Ob er auch den von Zahn beschriebenen Beichtstuhl in der Sakristei schuf? Erhalten ist noch die von Zahn beschriebene Rückwand des Beichtstuhls. Sie dient heute als Aufsatz eines Altars in der Sakristei, in dessen Mensa 1790 Teile des „kleinen Altars" aus der Kirche verarbeitet wurden (Fundgrube 10). Erhöht wird die Beichtthematik des Gemäldes durch die Petrusstatue im Sprenggiebel darüber. Es fehlen die Attribute, darunter der Hahn, der, aus der Verleugnungsszene abgeleitet, als Symbol der Wachsamkeit und des Mahnens gilt. Bei einem Vergleich der Petrusfigur mit der von Balthasar Götz geschaffenen Statue des Kirchenpatrons Johannes und den von diesem für die Ottensooser Kirche gefertigten Altarfiguren muss diese demselben Meister zugeschrieben werden. Aufwendig für Beichtstühle in Franken ist die Architekturrahmung mit Pfeilern, Sprenggiebel und Arkadenbogen als Träger des auf das Holz gemalten Ölbildes. Vergoldetes Schnitzwerk hebt sich vom dunklen Holz der Sichtflächen ab: Kapitelle, Zierleisten, geflügelte Engelköpfe in den Zwickeln, seitlich üppige Akanthusrahmung und -gehänge innen. Die Rahmenarchitektur setzt sich im Bild fort und führt in die Tiefe des Kirchenraums zu dem am Altar knienden Pharisäer. Der Zöllner zeigt sich im Vordergrund dem Betrachter, im Reuegestus sich an die Brust klopfend. Vor diesem Altar könnten heute Einzelbeichte und Bußfeiern stattfinden. Obwohl nur der obere Teil des Beichtstuhls erhalten ist, kann man davon ausgehen, dass der Sitz des Pfarrers von einer Brüstung umgeben war (Typ 2.3).

Nach Zahns Aufzeichnungen wurde er Ende des 18. Jahrhunderts noch benutzt, wie auch „des Diaconus Beichtstuhl im Langhaus vor dem kleinen Altar unter der Kanzel gegen die rechte Seite". Genau beschrieb Zahn Beichtvesperzeiten, Beichtanmeldepraxis und „Amtsverrichtungen" von Pastor und Diakon. So hatte der „Pastor oder Stadtpfarrer seiner Beichtkinder Söhne und Töchter zum Genuss des heiligen Abendmahls vorzubereiten und in den Glaubenslehren der Evangelischen Religion zu unterrichten". Der Diakon administrierte hierbei und handelte nach Instruktion des Pfarrers. Zahn konnte auf die Aufzeichnungen des gelehrten Pfarrers und Literaten Johann Christoph Jacob Schmid (1713-1789) zurückgreifen.

Qu./L.: LKAN: PfA Lauf, 103 a: Schmid, Johann Christoph Jacob: Von dem Gottesdienst...Handschriftl. 1770-1175. (Viele Kapitel zur Beichtpraxis: Anmeldung, Examen, Beichtvesper, Absolution, Beichtstühle, Beicht-Scheine). - Die Fundgrube Jg. 10 (1934), Nr. 7, 1931-35; Jg. 25 (1955), Nr. 12, S. 145-153. - Heidelmann S. 55, 58. - KDM Lauf, S. 176f. - Zahn, Benedict Wilhelm: Kirchen-, Religions- und Reformationsgeschichte des Nürnbergischen Städtleins Lauf mit angefügter Beschreibung der daselbst befindlichen Kirchen... 1781, S. 98f., 101, 143ff.
Abb.: Helmut Schatz.

Lauf II, III ,IV

Mittelfranken

Typ 1.3, 4, 4

In der Friedhofskapelle St. Salvator in Lauf befinden sich rechts und links vom Altar zwei schrankförmige Gitterstühle (Typ 4). Der Aufgang zur Kanzel ist nur durch das südliche Gestühl möglich. In den Kunstdenkmälern heißen sie Pfarrstühle. „Der linke Stuhl war der des Diakons, der rechte der des Pfarrers, der von seinem Sitz aus gleich die Kanzel besteigen konnte." Neben dem linken Gestühl steht ein offener Einzelstuhl vom Beichtstuhltyp 1.3. Alle Stühle und Schränke sind einheitlich hellgrau gestrichen und weiß abgesetzt. Die Kammern bestehen aus je zwei senkrechten Elementen gleicher Gestaltung: Von zwei übereinander liegenden Füllungen ist die quadratische obere mit einem rautenförmigen, engmaschigen Gitter versehen. Die dem Kirchenraum zugewandten Hälften enthalten die Türen der Kammern. Die Enden der geschmiedeten

Scharniere sind bogenförmig geschweift. Alle vier Elemente bekrönen symmetrische Akanthusschnitzereien mit weißen Rändern. Diese Auszier findet sich auch an den Rändern der Wangen des Einzelstuhls, die Antritt, Sitzbrett und Schulterringe einrahmen. Dessen Rückwand enthält eine rechteckige Füllung und schließt mit einem profilierten Gesims mit Zahnschnitt ab. Zwei ausgesetzte Diamantschnittquader bilden den plastischer Schmuck unter dem Gesims.

Nach den im Pfarrarchiv erhaltenen Rechnungen für das „Todtenkirchlein St. Salvator" diente die Kirche von 1714-1754 wohl ausschließlich für die Beerdigungsgottesdienste. Nach der Renovierung 1754 wurde dort ab 1756 Konfirmandenunterricht, und damit Beichte, gehalten. Die Gitterstühle dürften in idealer Weise zur Beichte der Konfirmanden - nach Geschlechtern getrennt - gedient haben. Verzeichnet ist in den Pfarrakten weiter die Instandsetzung der baufälligen Kirche im Jahre 1923 und der einheitlich hellgraue Anstrich der Ausstattung.

Qu./L.: LKAN: PfA Lauf-St. Salvator, 28, 314, R-Sa 1. - Heidelmann S. 55. - KDM Lauf, S. 200.
Abb.: Helmut Schatz.

Lehenthal
Oberfranken

Typ 1.7

In den Raum der neugotischen Pfarrkirche von Lehenthal (St. Laurentius; Stadt Kulmbach, Lkr. und Dek. Kulmbach) wurde vor ca. 15 Jahren der alte auf dem Boden aufbewahrte und aus der alten, abgebrochenen Kirche gerettete „Kirchenstuhl" - so wird er bezeichnet - wieder übernommen. Er steht dort an der Stirnwand des Seitenschiffes. Dass er zur Beichte gedient hat, ist in der Gemeinde überliefert. Er besteht nur aus einem 42 cm tiefen Bodenbrett, auf dem sich eine 162 cm hohe Rückwand erhebt, mit der in 129 cm Breite zwei klappbare, aber nicht mit Lehnen versehene Sitzbretter verbunden sind. Die Sitze werden seitlich durch je eine geschwungen geschnitzte Wange begrenzt. Eine Inschrift über dem Stuhl weist darauf hin, dass das Möbel aus

dem Ende des 17. Jahrhunderts stammt und nach den vorhandenen Resten das ursprüngliche Bemalungsmuster mit verschiedenen Blumenformen rekonstruiert erhielt. Im Pfarrarchiv sind die Kommunikantenregister bis 1822 geführt. Bis dahin lief wohl die für Freitag zu verrichtende persönliche Anmeldung zur Beichte am Samstag. 1765 rief der damalige Pfarrer Johann Georg Weiß von der Kanzel herab die Beicht- und Abendmahlsordnung wieder ins Gedächtnis zurück. „Weil es ihm nicht passte, dass Kinder und Erwachsene, Dienstherren und Gesinde, Ehepaare und Ledige durcheinander zum Abendmahl vorgingen" sowie dass die Männer erst so verzögert kamen, erließ er eine besondere Ordnung, nach der die Männer den Anfang machen müssten.

Qu./L.: Auskünfte von Pfarrerin Diana Eschrich-Skoda. - PfA. Lehenthal: Pensel, Rudolf/Eschrich-Skoda, Diana: Die Geschichte der Pfarrei und Pfarrkirche Lehenthal. Unveröffentlichtes Manuskript. O. J.
Abb.: Helmuth Meißner.

Leuzenbronn
Mittelfranken

Typ 1.2

Die gotische Andreaskirche in Leuzenbronn (Stadt und Dek. Rothenburg, Lkr. Ansbach) wurde 1955 zum letzten Mal renoviert. Ohne farbliche Fassung stehen im Chor Gestühle „mit profilierten Docken und zahnschnittbekrönten Dorsalen der 1. Hälfte des 18. Jahrhunderts"

Sockel, der Platz für die Füße des Pfarrers und zum Hinknien des Beichtkindes bei der Erteilung der Absolution lässt. Der klappbare Sitz ist in 50 cm Höhe angebracht. Der Beichtstuhl kann der Zeit um 1720 zugeordnet werden.

Qu./L.: Mündlicher Hinweis von Kirchenrat Andreas Hildmann. - KDM Rothenburg o. d. Tauber, S. 66f.
Abb.: Hildegard Heidelmann.

Lichtenau
Mittelfranken

Als „gewissermaßen einen Beichtstuhl" nannte Dr. Töpner das ausgefallene Flurdenkmal einer „Beichtmarter" auf der Flur von Lichtenau (Lkr. Ansbach) in einem Vortrag. In den Kunstdenkmälern wird sie wie folgt beschrieben: „Beichtmarter, 16./17. Jh., am westlichen Ortsausgang am ‚Galgenberg', laut verwitterter Inschrift ‚das letzte Stündlein' übernahm der Scharfrichter hier die Verurteilten: über niedrigem Rundschaft Würfelaufsatz mit gekreuzter Sattelverdachung."

Qu./L.: Mitteilung von Dr. Kurt Töpner bei einem Vortrag in Kulmbach 2000. - KDM Ansbach, S. 126.

(KDM). Mit Sicherheit diente einer der beiden Einzelsitze mit hohem Dorsale und gesimsartigem Abschluss als Beichtstuhl (Typ 1.2). Diese sich am Übergang zum Langhaus gegenüber stehenden Stühle sind beinahe identisch: der eine an der Nordwand neben der Sakristeitür, der andere an der Südwand an der Kanzeltreppe. Vom südlichen Stuhl neben der Kanzeltreppe und von der Kanzel aus blickt man auf eines der Emporenbilder von Franz Peter Tassert, das unmittelbar auf die Beichtthematik Bezug nimmt. Es zeigt den Sündenfall und die Vertreibung aus dem Paradies unter einer Darstellung der Dreifaltigkeit. Im Schriftband darunter liest man: „Sieh Gottes Sohn nimmt was er kann/ sich der gefallnen Menschen an." Diesem Stuhl ist die Funktion des Beichtstuhls zuzuschreiben. Er ist 180 cm hoch und 68 cm breit und steht auf einem nach vorn ausgezogenen 15 cm hohen

Lindenhardt
Oberfranken

Typ 2.4

Wie weit der schöne „Chorstuhl" in der Pfarrkirche zu Lindenhardt (U.L. Frau/St. Michael; Lkr. Bayreuth, Dek. Pegnitz) auch als Beichtstuhl gedient hat, ist noch nicht erwiesen. Jedenfalls dürften von ihm aus einstmals auch Beichtgespräche mit Confitenten geführt worden sein. Der Dreifachstuhl mit Brüstung, der rechts im Chor steht, neben dem Zugang zur Sakristei, besitzt eine Breite von 203 cm und eine Höhe von 215 cm und ist dem Typ 2.4 zuzuweisen. Er wird für das Ende des 17. Jahrhunderts eingeschätzt, die bräunliche Fassung der Brüstung soll jüngeren Datums sein. Auf der Vorderseite sind zwei etwa quadratische Felder durch Leisten und mit gemalter Ornamentrahmung ausgewiesen, auf der Rücklehne drei kleinere längsrechteckige Felder. In allen Feldern finden wir in hellen Farben auf dunklem Grund Blütenranken, jeweils über die ganze Fläche verteilt. Ein kleiner schräggestellter einfacher Baldachin bekrönt die Rückenlehne und wird seitlich gestützt durch geschwungen geschnitzte Wangen, die sich in Höhe der Sitzfläche verbreitern und bis zum Boden hinabreichen. Auch diese Wangen sind von oben bis unten mit dunklen Ranken bemalt. An der vorderen Brüstung finden sich seitlich Halterungen, in denen zu beiden Seiten je eine 222 cm hohe Stange mit gewundenem Schaft steht, deren alte Versilberung freigelegt ist. Die Stangen stammen von Anfang des 16. Jahrhunderts. Oben enden sie mit je einer sechseckigen Platte, die von frei geschnitzten Blattranken gestützt ist.

L.: KDM Pegnitz, S. 361, 362. - Kirchenführer: Karl Ludwig Dasser/Klaus Wende: St. Michaelskirche Lindenhardt. Regensburg 1984, Abb. S. 7.
Abb.: Helmuth Meißner.

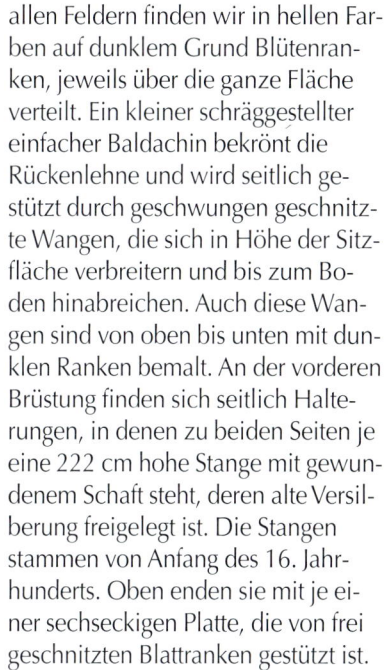

[Lipprichhausen]
Mittelfranken

Typ 1.1

Die spätgotische Kirche St. Maria in Lipprichhausen (Gde. Hemmersheim, Lkr. Neustadt a. d. Aisch-Bad Windsheim, Dek. Uffenheim) wurde im 17. und 18. Jahrhundert durch Einbauten verändert. Taufstein und ein Chorstuhl stammen aus der Zeit um 1622. Die Kunstdenkmale verzeichnen 1966 einen „Beichtstuhl

des 18. Jahrhunderts in der Sakristei",
der nicht mehr vorhanden ist. Die
Kirchenrechnungen erwähnen
1773/74 einen „Kländer Stuhl in der
Sakristey", für den dem Schreiner in
Aub 20 xr bezahlt wurden. Vermutlich ist ein Armlehnstuhl (Typ 1.1) gemeint wie der im Inventar der Sugenheimer Kirche von 1761/62 bezeugte
und noch erhaltene „Geländerstuhl
in der Sakristei".

Qu./L.: Auskunft Pfarrer Jürgen Blum 1998.
- LKAN: PfA Lipprichhausen, R 3. - KDM
Uffenheim, S. 141. - Raschzok S. 364 FN.
544.

Markt Berolzheim
Mittelfranken

Typ 1.3, 1.3, 4

In der Oberen Kirche, St. Maria, von
Markt Berolzheim (Lkr. Weißenburg-
Gunzenhausen, Dekanat Gunzenhausen), einer Chorturmkirche aus
dem 14. Jahrhundert, befindet sich
südlich an den eingezogenen Chor
anstoßend ein Gitterstuhl, der im Kirchenführer von 1998 als „sog.
Frauenstuhl, der für die Honoratioren
und vornehmen Kirchenbesucher
vorgesehen war", aufgeführt wird. Er
war aber durchaus auch für die Abnahme der Einzelbeichte geeignet.
Der Umnutzung zum Honoratioren-
stuhl dürfte er seine Bemalung mit
bunten Blumenbouquets und Girlanden außen auf blauem und innen auf
hellem Grund, die in das erste Viertel
des 19. Jahrhundert zu datieren sind,
verdanken. Gefertigt wurde das Gestühl wohl im 18. Jahrhundert im Zuge der barocken Veränderung der In-

neneinrichtung um 1722. An plasti-
schem Dekor fallen Schnitzelemente
an Sockel, Brüstung und Gesims auf:
Diamantquader, Zahnschnitt und
Triglyphen sowie Rosetten innen an
der Decke. Das Gestühl, das an die
Empore anstößt, ist 227 cm hoch,
187 cm breit und 157 cm tief. Innen

an der Brüstung sind Kniebank und Buchablage vorhanden. Die Sitzbank hat zur Chorwand hin eine geschwungen ausgesägte Wange. Die Funktion der Einzelbeichte könnte auch den beiden gleichgestalteten offenen Einzelstühlen zugewiesen werden, die sich vor dem Gitterstuhl an der Südwand und der Kanzel an der Nordwand gegenüberstehen. Sie gehören dem Typ 1.3 an und sind wohl zeitgleich mit Kanzel und Altar um das Jahr 1722 entstanden. Diese Einzelsitze haben geschwungen ausgesägte Wangen und sind bekrönt von ausgesägten Aufsatzbrettern, die als Sprenggiebel mit einer Pyramide in der Mitte über einem geschnitzten Diamantquader gestaltet sind. Die Stühle sind dunkelbraun gebeizt. In der Mitte der Rückenlehnen ist ein achtzackiger Stern mit Hell-Dunkel-Abfolge aufgemalt.

Von allen drei Stühlen aus ist nur die barocke Kanzel, nicht aber der Altar zu sehen.

Qu./L.: KDM Gunzenhausen, S. 46-49. - Hinweis von H. Schatz, Ansbach. - Die Evang.-Luth. Kirchen St. Michael und St. Maria in Markt Berolzheim. Kirchenführer, hg. von Evang.-Luth. Pfarramt Markt Berolzheim 1998, S. 11f. Abb.: Hildegard Heidelmann.

Melkendorf
Oberfranken

Typ 5
Abb. S. 58

In der Pfarrkirche St. Ägidius zu Melkendorf (Stadt/ Lkr. und Dek. Kulmbach) steht an dem südlichen Triumphbogenwandstück in der Ecke des Langhauses ein imposanter, sofort ins Auge fallender hoher Stand, der als „Pfarrstuhl" ausgewiesen ist. Die relativ umfangreichen inschriftlichen Hinweise lassen aber darauf schließen, dass der ursprüngliche Zweck der Anschaffung wohl der zur Entgegennahme der Beichte gewesen sein dürfte. Der architektonische Aufbau des Standes ist so kunstvoll angelegt, dass man geradezu an ein Altarretabel erinnert wird. Pilasterartige Stützen an den Seiten tragen je eine Rundsäule, auf denen sich der Baldachin aufbaut. Dieser wird bekrönt durch geschweift ausgesägte Aufsätze nach vorne und zu den beiden Seiten hin. Die vordere Brüstungsfläche weist ein großes Inschriftfeld mit breitem verkröpftem Rahmen auf. Die Rücklehne des zweisitzigen Stuhls ist auf zwei Felder hin angelegt, die durch drei pilasterartige Streben gegliedert werden. Markierungen auf dem Gebälkstreifen unterstreichen diese Einteilung. Der Stuhl ist dem Typ 5 zuzuordnen. Die Unterseite des Baldachins zeigt eine Ölmalerei mit dem Symbol der Hl. Dreifaltigkeit (Jahwe-Inschrift mit Dreieck auf großem Strahlenkranz; seitlich Wolkenberge). Auf einem seitlichen Ziergiebel findet sich das Wappen des Partronatsgeschlechts, derer von Guttenberg. Die Türe (links) ist bemalt mit der ganzfigurigen Gestalt Christi als Salvator innerhalb eines Rundbogenfeldes. Die freien Holzteile vorne und an den Seiten weisen Rankenmalereien auf. Bedeutsam sind die Inschriften, mit denen uns dieser Stuhl konfrontiert. Auf dem oberen Ziergiebel lesen wir die Worte: „Wer euch höret, der höret mich, wer euch verachtet, der verachtet mich." (Luk. 10,16) Auf dem oberen Rahmen der Rückwand sind die Namen der beiden Geistlichen festgehalten, die zur Zeit der Anschaffung des Stuhls in der Kirchengemeinde ihren Dienst taten: „PHIL. FRID. RÖSSLER PAST: M. LUDOVIC Söffing DIAC." Auf dem unteren Rahmen steht die Jahreszahl der Erstellung: „ANNO 1698". Auf zwei Felder der Rückwand sind die biblischen Worte aus Hesekiel 3,17-19 verteilt:

„Du Menschenkind Ich habe
dich zum Wächter gesetzt
über das Hauß Israel, du solt
aus meinem Munde d. wort
hören und sie von meinetwegen warnen, weil ich dem Gottlosen sage: Du must deß Todtes
sterben, und du warnest ihn
nicht und sagest es ihm nicht
damit sich der Gottlose vor seinem
Gottlosenwesen hüte, auff daß er
Lebendig bleibe, so wird der
Gottlose umb seiner Sünde
willen sterben, aber sein Blut
will ich von deiner, Hand fordern wo du aber den Gottlose[n]
warnest und er sich nicht bekeh
ret von seinem Gottlosenwese[n] un[d]
wege, so wird er umb seiner Sünde
wille[n] sterbe[n], aber du hast seine Seele
errettet."

Die mit „Wächter" angesprochenen Propheten bedeuten die in der Gemeinde tätigen Geistlichen, die auf „drohende Gefahren" aufmerksam machen, „die anvertrauten Seelen... vor der Sünde und dem Fluch, womit sie bedroht sind", warnen sollen. „Daß niemand in Sünden sterbe, erfordert Gottes Gerechtigkeit und seine Barmherzigkeit." Der Prophet, in diesem Falle der Geistliche, „haftet mit seiner ganzen Verantwortlichkeit dafür" (Konkordanzbibel mit Anmerkungen, Stuttgart 1949).
Auf dem vorderen Brüstungsfeld steht die Inschrift:

„Gehorchet euren Lehrern
und folget ihnen, den[n] sie wachen über
eure seelen als die Rechenschafft darfür geben sollen, auff daß sie das mit Freuden
thun und nicht mit seufftzen, denn es ist
euch nicht gut. Hebr: 13"

Vom Jahr 1558 liegt für Melkendorf ein Bericht über Probleme bei der Durchführung der Beichte vor: „Der Pfarrherr Loer hat bisweilen seine Communicanten nicht alle privatim Beichte hören und absolvieren können, denn sie am Samstag sich nicht anzeigen und am Sonntag früh ihn mit Haufen überlaufen. Die Leute sind vermahnt worden, daß sie sich fortan zu rechter Zeit und den Abend zuvor sollen zur Beichte finden" (Kneule).

L.: KDM Kulmbach, S. 73. - Kneule S. 109. - Meißner II, mit Abb.
Abb.: Helmuth Meißner.

Mistelbach

Oberfranken

Typ 2.3
Abb. S. 61

In der Pfarrkirche St. Bartholomäus zu Mistelbach (Lkr. und Dek. Bayreuth) hat der dort vorhandene Stuhl den idealen Platz für einen Beichtstuhl, nämlich im Chor in einer Ecke an der Rückseite des Triumphbogenpfeilers und direkt neben dem Zugang zur Sakristei. In der Literatur wird der einsitzige Stuhl als „Herrschaftsstuhl" ausgegeben. Diese Bestimmung erhielt er vermutlich dadurch, dass er einmal „am Dorsal" ein Wappen aufwies, wohl das des Patronatsherrn. Dies zwingt aber, wie wir von anderen Fällen wissen (Arzberg, Melkendorf) keineswegs zur Festlegung auf einen ausschließlichen Platz für eine adelige Herrschaft, zumal er auch noch einsitzig gestaltet ist. Der 245 cm hohe und 88 cm breite Stuhl nach Typ 2.3 trägt grüne Farbgrundierung, wobei die Felderungen auf der Brüstung - hier rechteckig - und an der Rückwand - hier oben rundbogig - sich mehr nach Türkis hin abheben. Brüstung und Lehne werden durch ein Pilasterpaar begrenzt. Den Baldachin mit relativ hohem Gesims stützen seitliche Wangen. Der Sitz weist eine mit runder Leiste abgeschlossene Lehne auf. Der Zugang (von rechts) ist offen. An der linken Seite ist in einer Metallschlaufe ein Vortragekreuz befestigt. Nach Gebeßler soll der Stuhl vom Ende des 17. Jahrhunderts stammen. Erneuert wurde er bei der jüngsten umfassenden Kirchenrestaurierung im Jahr 1996.

In den „Christlichen Erzählungen" von Werner wird unter „Mittelbach", was aber eindeutig für Mistelbach zutrifft, folgender interessante Vorgang bei einer Beichte geschildert: „Am 30. Juli 1734 brach ein heftiges Gewitter aus, als gerade der Pfarrer [Kaspar] Zapf zu Mittelbach [!] bei Baireuth in der Sacristei Beichte hörte. Da nun der Donner und Blitz gar zu heftig wurden, ging er mit den Beichtenden, 60 an der Zahl, in die Kirche hinaus vor den Altar und stimmte mit ihnen das Lied an Gb. 33: ‚Gott, der Vater, wohn' uns bei etc.' Als sie zu den Worten kamen: ‚Hilf uns selig sterben', geschah ein schrecklicher Donnerschlag auf den Thurm und in die Kirche, so daß Alle ohnmächtig zu Boden geschlagen wurden. Alle jedoch erholten sich wieder und nahm Keines ein Leid, das dabei gewesen; oben aber im Thurm wurden drei Männer erschlagen. Nah[um] 1.3, Röm. 14.7 Koch, Gesch. IV 61."

L.: KDM Bayreuth, S. 123. - Meißner I. - Werner, J.: Christliche Erzählungen zum württembergischen Confirmationsbüchlein. Stuttgart 1856, S. 798 (Hinweis von Prof. Dr. Brückner - Wolfenbüttel Sign. Th 2789). Abb.: Helmuth Meißner.

[Mistelgau]

Oberfranken

Von der Pfarrkirche St. Bartholomäus zu Mistelgau (Lkr. und Dek. Bayreuth) ist uns durch den Pfarrer der Gemeinde, Friedrich C. Seggel, überliefert, dass sich unter den Arbeiten, die der Schreiner Raab - wohl 1738 - zu liefern hatte, auch ein Beichtstuhl befand. Der Stuhl hatte früher seinen

Platz in der Sakristei; dort standen „ringsum Bänke, welche sich um den mehr oder weniger herausgehobenen Stuhl des Beichtigers reihten" (Seggel 1963). Der Übergang zur Allgemeinen Beichte wurde dann in der Form vollzogen, „daß der Pfarrer einen der Beichtenden im Namen aller die [Beicht-]Formel aufsagen ließ". - Seggel teilt auch mit, dass 1930 der „Gesamtabfall an Beichtgeld" 1 000 Mark betragen habe.

L.: Heidelmann S. 55. - Seggel 1957, S. 213. - Seggel 1963, S.182, 191.

Mitwitz
Oberfranken

Typ 2.3 und 2.5 kombiniert

Für die Pfarrkirche von Mitwitz (Lkr. Kronach, Dek. Michelau) wird im Kunstdenkmälerinventar von „Chorbänken" gesprochen, die vorhanden seien. Eine solche baldachinlose Bank steht direkt gegenüber dem südlichen Seiteneingang, eingezwängt zwischen die Triumphbogenmauer bzw. ein daran angebrachtes Epitaph und die vorderste im 90-Grad-Winkel dazu stehende Gemeindebank. Der ursprünglich wohl dreisitzige Stuhl, der durchaus auch als Beichtstuhl gedient haben dürfte - was bis jetzt nicht erwiesen ist -, besitzt den Zugang von vorne (Mitte). Die Brüstungsflächen weisen neben Gesimsleisten langrechteckige, braun marmorierte Felder mit mehrfach verkröpften Rahmungen auf, wobei das Mittelfeld der Türe weiter hinabgezogen ist. Die Grundfarbe des Stuhls ist ein helles Grün. Die eigentliche Rückwand für den Platz des Pfarrers (?) bildet ein Dorsale in der Breite etwa für eine Person (links) mit einer geschnitzten Rankenleiste am oberen Ende, einem darunter befindlichen profilierten Gesims und einem großen leistengerahmten Rechteckfeld. Daneben, also als Fortsetzung der Rückenlehne, steht ein Steinepitaph, im rechten Winkel zu dem oben genannten an der Seite. Im

Kunstdenkmälerband wird für das Alter „18. Jahrhundert" angegeben. An der gleichen Nordwand, nur jenseits des Triumphbogenmauerstücks, befindet sich der Eingang zur Sakristei. - Z. Zt. ist die Türe des Stuhls festgemacht und nicht mehr zu öffnen; ein Ablagebrett liegt über dem Stuhl, das als Schriftentisch dient.

L.: KDM Kronach, S. 195.
Abb.: Helmuth Meißner.

Mosbach
Mittelfranken

Typ 1.2

In der Sakristei der Michaelskirche in Mosbach (Stadt Feuchtwangen, Lkr. Ansbach, Dek. Feuchtwangen) befindet sich ein einsitziger offener Wangenstuhl mit Klappsitz und hoher Lehne vom Typ 1.2, bei dem es sich um den Beichtstuhl der Kirche aus der Zeit um 1720 handeln dürfte. Vermutlich stand er damals im Chorraum neben der Sakristeitür. Eine frühere farbliche Fassung ist abgenommen, nur die spitz zulaufende und geschweift ausgesägte Rückenlehne ist mit einem gelblich braunen Farbstreifen nachgezogen. Die geschwungenen Seitenwangen sind in ein Podest eingelassen, das - wie bei Beichtstühlen vom Typ 1.3 - vor dem Stuhl Platz für die Füße des Pfarrers ließ und dem Beichtkind das Knien bei der Absolution erlaubte. Insgesamt ist der Beichtstuhl 190 cm hoch und 70 cm breit. Die Wangenhöhe beträgt 105 cm. Das Podest hat eine Breite von 75 cm und eine Tiefe von 80 cm.

L.: KDM Feuchtwangen, S. 94.
Abb.: Hildegard Heidelmann.

[Neudrossenfeld]
Oberfranken

Von der Pfarrkirche St. Jakob zu Neudrossenfeld (Lkr. Kulmbach, Dek. Bayreuth) wissen wir durch den Bericht von Pfarrer Johann Konrad Weinl aus dem Jahre 1736 in der Pfarrbeschreibung (S. 216), wie die Ordnung der Beichte zu jener Zeit gehandhabt wurde: „Beichte wird alle Sonnabende um 12 Uhr gehalten, außer vor hohen Festtagen, da am ersten Feiertag keine Communion gehalten wird. Der Diaconus hat den Beichtstuhl, außer bei den Adeligen, allein zu versehen, erhält auch den Beichtgroschen. Ein jeder spricht seine Beichte einzeln und wird auch einzeln absolvieret. Es wäre gut, wenn sich die Beichtenden zwei oder drei Tage vorher meldeten, um examiniert zu werden, daß man sie wegen ihres liederlichen Lebens korrektionieren könnte." In Neudrossenfeld, so teilt Kneule mit, gehören die Confitentenregister zu den wenigen noch relativ frühen, die erhalten geblieben sind. Die Communicantenzahlen hätten sich demnach bis ins 18. Jahrhundert hinein ungefähr auf gleicher Höhe gehalten.

L.: Kneule S. 121, 124, 126.

Neuendettelsau
Mittelfranken

Typ 1.1
Abb S. 39

In der Sakristei der von 1885-1930 erbauten Laurentiuskirche des Evangelisch-Lutherischen Diakoniewerks Neuendettelsau (Lkr. Ansbach, Dek. Windsbach) befindet sich ein Ensemble aus Lehnstuhl (Typ 1.1), Kniebank und Pult, das zur Einzelbeichte dient. Die Möbel sind älter als die Kirche. Der Stuhl zeigt reiches neugotisches Schnitzwerk mit Maßwerk und Kreuzblumen, ein gleicher steht im Rektorat der Hochschule. Zusammen mit einem Pult und einer Kniebank wurden sie dem Leiter und Seelsorger der Anstalt, Wilhelm Löhe, zu seinem 25. Jubiläum als Pfarrer in Neuendettelsau, also im Jahre 1862, gestiftet. Diese Möbel schmückten den Betsaal der Diakonissen, bis sie in die Sakristei der Kirche versetzt wurden.

Als Löhe 1837 seinen Dienst in Neuendettelsau antrat, hatte er schon in Altdorf „selbstverständlich einen Beichtstuhl besessen", wie er in einem Brief schrieb. Im Dorf Neuendettelsau war die Einzelbeichte bei der Ankunft Löhes noch aktiv und die älteren Dorfbewohner konnten ihre Beichtformeln noch aufsagen. Als aber Löhe einen Beichtstuhl in die Dorfkirche stellte, war das Konsistorium dagegen. Löhe entfernte das Möbel, kam es ihm doch mehr auf die Sache an als auf das bequeme Möbelstück. Die Dorfkirche wurde 1899 abgerissen.

Im Diakoniewerk Neuendettelsau wird seit Wilhelm Löhes Zeit Einzelbeichte gehalten. Dieser spricht in seinen Werken und zahlreichen Schriften zur Beichte von „Privatbeichte". Die beiden wichtigsten dieser Schriften sind: „Einfältiger Beichtunterricht für Christen ev.-luth. Bekenntnisses", 1836, und „Beicht- und Kommunionbuch für evangelische Christen", 1837, mit einer „Prüfungstafel" von 103 Fragen als Beichtspiegel. Wie weit Löhes Beichtauffassung über Neuendettelsau hinaus gewirkt hat, ist schwer in Erfahrung zu bringen, doch sind in der nächsten Umgebung Beichtstühle des 18. Jahrhunderts in Petersaurach und Windsbach erhalten.

Qu./L.: Auskünfte von S. Elisabeth Benkert, Mutterhaus-Bibliothek des Ev.-Luth. Diakoniewerks, Neuendettelsau, am 3. 9. 1997. - Schober. - Stählin, Therese (Diakonisse): Briefe vom 20. 2. 1860 und 2. 1. 1863. Abb.: Evang.-Luth. Diakoniewerk, Neuendettelsau.

Nürnberg/St.Jobst

Mittelfranken

Typ 1.1

Der in den Kunstdenkmälern für die Kirche St. Jobst in Nürnberg-Erlenstegen erwähnte „Beichtsessel des 18. Jahrhunderts" ist vermutlich nicht erhalten. Ein im Keller des Pfarramts abgestellter gepolsterter Lehnsessel ist ein Möbel der zweiten Hälfte des 19. Jahrhunderts. Es handelt sich bei dem mit Kunstleder bezogenen Stuhl wohl um den zur Ausstattung von Sakristeien gehörigen würdigen Stuhl für die Abendmahlsanmeldung.

Zur historischen Praxis an St. Jobst lässt sich aus dem 1696 angelegten Observanzbuch entnehmen: Beichtvesper wurde den Abendmahlsfeiern entsprechend 14-tägig gehalten. Die Konfession, also das eigentliche persönliche Beichtverhör, fand in der Sakristei statt. Anschließend erteilte der Pfarrer die Absolution den in der Kirche Versammelten „in dem weiten Stuhl bei der kleinen Glocke". Bei diesem speziellen „Beichtstuhl" handelte es sich - nach Meinung Pfarrer Walter Steinmaiers - wohl um den vorderen Sitz des Chorgestühls beim Triumphbogen, wo auch die Glockenseile hingen. (St. Jobst hat nur einen Dachreiter, geläutet wurde mitten in der Kirche.) Nur wenn viele Personen anwesend waren und einige auf den hinteren Plätzen den Pfarrherrn in diesem Stuhl nicht sehen konnten, erteilte er die Absolution vom Altar aus. 1791 wurde die Einzelbeichte durch die allgemeine Beichte abgelöst.

Der äußere Chorstuhl, der wohl als „Beichtstuhl" diente, ist sehr gut auf einer Innenansicht der Kirche St. Jobst aus der Zeit um 1705 zu erkennen. Wie im nahen Kornburg erinnert der jetzige Lehnsessel an die alte Praxis des Beichtverhörs in der Sakristei.

Qu./L.: Pfarrarchiv St. Jobst: Auszug aus Observanzbuch 1696; Auskunft von Pfarrer Walter Steinmaier. - KDM Stadt Nürnberg, S. 284. - Rusam, Georg: St. Jobst in Geschichte und Gegenwart. 2. überarb. Auflage Nürnberg 1981, S. 335. - St. Jobst - acht Jahrhunderte Kirche an ihrem Ort. Hg.: Evang.-Luth. Kirchengemeinde Nürnberg-St.-Jobst, 1996, S. 15.
Abb.: Hildegard Heidelmann.

[Oberampfrach]
Mittelfranken

In der Pfarrkirche St. Georg in Oberampfrach (Gde. Schnelldorf, Lkr. Ansbach, Dek. Feuchtwangen) gab es einen Beichtstuhl. Zeugnis dafür ist die
im Pfarrarchiv erhaltene Rechnung
für dessen Anschaffung im Jahre
1684 bzw. 1685. Die Rechnung wurde vom „verordneten Pfleger Georg
Krauß" erstellt und betrifft alle Ein-
nahmen und Ausgaben von Martini
1684 bis Martini 1685. Darin heißt
es in der Rubrik „Ausgabgeldt für Ge-
beü und Flickarbeit": „Joachimb Billenberger, Zimmermann zu Ungets-
heimb vor 7 taglohn sambt einem
Gesell den Glockenstuhl außzu-
beßern...à 8 Batzen, dann vor einen
neüen Beichtstuhl zu machen/ mit
zugegebenen Brettern und Nägeln/
36 xr. Zusammen ... bezahlt 4 fl. 20
xr." Der Beichtstuhl existiert nicht
mehr.

Qu./L.: LKAN: PfA Oberampfrach, R 2. -
Auskünfte von Gertrud Voll, Neuendettels-
au, und Pfarrer Peter Stier, Oberampfrach. -
Heidelmann S. 55. - KDM Feuchtwangen,
S. 98f.

[Oberasbach]
Mittelfranken

Typ 4

In der Pfarrkirche St. Lorenz von
Oberasbach (Lkr. und Dek. Fürth) sah
Eduard Rühl 1961 einen evangelischen Beichtstuhl. Die Kunstdenkmäler von 1963 verzeichnen diesen
nicht, doch befand sich im nördlichen Langhaus am eingezogenen

Chorbogen bis zur Renovierung
1966/67 ein schrankförmiger „Pfarrstuhl" mit Gittern, der zu den Beichtstühlen des Typs 4 gerechnet werden
kann. War es dieses Gestühl, das
Rühl als Beichtstuhl erkannte? Auf einem Foto ist das Möbel festgehalten;
es kann entsprechend der Form und
vergleichbaren Stühlen in die erste
Hälfte des 18. Jahrhunderts datiert
werden.

Qu./L.: Brief und Grundriss mit eingezeich-
netem Beichtstuhl von Werner Baumbach,
Oberasbach. - Rühl S. 338.
Abb.: Heinz Reinlaßöder.

[Oberkotzau]
Oberfranken

Von der St.-Jakobs-Pfarrkirche zu Oberkotzau (Lkr. und Dek. Hof) wird der seltene Fall vermeldet, dass dort Beichtstühle aus vorreformatorischer Zeit (um 1500) bereits vorhanden waren, die dann nach der Reformation weiter verwendet wurden. 1658 erneuerte man sie durch Auftragen einer Marmorierung. Sie standen im Chor, rechts vom Altar, neben Pfarrstühlen, gegenüber den „zwölf Ratsstühlen". „Am Himmel", also wohl dem Baldachin, waren Malereien angebracht von „Abraham und Melchisedeck". Diese beiden alttestamentlichen Gestalten werden ikonographisch in Zusammenhang mit der Eucharistie gebracht, nachdem König Melchisedek Abraham Brot und Wein reichte und ihn segnete (Knaur).

L.: Heidelmann S. 49, 55. - Mehling, Marianne (Hg.): Knaurs Großer Bibelführer. München 1985, S. 484. - Wunderer, Hermann (Hg.): Grenzlanddekanat Hof. Erlangen 2/1988, S. 82, 94.

chen. Sie stehen beide im Chor. Einer, zweisitzig (Typ 5), befindet sich an der Südwand, rechts vom Altar. Der andere, einsitzig (T. 2.3), hat den „klassischen" Platz als Beichtstuhl, nämlich in einer Ecke zwischen dem Aufgang zur Kanzel (rechts) und dem

Obernsees I, II
Oberfranken

Typ 2.3, 5

In der kleinen Kapelle St. Ruperti bei Obernsees, Filiale der Pfarrkirche zu Obernsees (Lkr. und Dek. Bayreuth) stehen gleich zwei Stühle, die als einstige Plätze zur Abnahme der Beichte in Frage kommen könnten. Für beide wird im Denkmalinventar von „Herrschaftsstühlen" gespro-

Zugang zur Sakristei (links). Beide Möbel sind sehr ähnlich gestaltet mit lindgrüner Farbe und den in hellgrauem Ton gehaltenen Feldern, bei beiden mit rankengeschnitzten Leisten an den Baldachinen und jeweils einem vierzackigen Stern an der Unterseite des Baldachins, Symbol der „Königsherrschaft Gottes, die alle vier Seiten der Himmelsgegenden beansprucht" (Lipffert). Die Möbel müssen also wohl vom selben Schreiner stammen und in der gleichen Zeit gefertigt worden sein, die bei Gebeßler mit „18. Jahrhundert" angegeben wird. Der „Zweisitzer" könnte womöglich nachträglich zu einem doppelsitzigen umgestaltet worden sein, da die vordere Brüstungsfläche aus zwei ungleichen Teilen zusammengestückelt ist, mit einer Leiste über der Naht. Die an den Ecken abgeschrägten Rechteckfelder, die den Brüstungsflächen eingesetzt sind, besitzen entsprechend unterschiedliche Größe. Es bestehen auch drei knaufartige Baldachinstützen auf der vorderen Brüstung. Der Rankenrand der Baldachinzierleiste ist mit roter Farbe nachgezogen. Im Inneren teilt eine Armlehne in der Mitte die beiden Sitzflächen, die auch an der Rückwand durch zwei quadratische Felder markiert sind. Abgerundete Leisten bei beiden sollen die Anpassung an den Körper gewähren. Der 165 cm hohe und 134 cm breite Stuhl ist durch jeweils eine Türe seitlich geschlossen.

Der dem Mistelbacher Exemplar sehr ähnliche einsitzige Stuhl weist ebenfalls den Baldachin auf nach Typ 2.3, ohne Stützen, aber mit breiten rankenartigen Wangen beiderseits. Ein Gesims umläuft den Baldachin, das Rankenschnitzereien, ebenfalls mit

Strichlinie hervorgehoben, an der Unterseite verzieren. Die Türe ist an der Vorderseite angebracht. Das leistenbesetzte Zierfeld in der Mitte hat hier Rautenform. Der Sitz innen ist mit einer Lehne rundum ausgestattet und mit einem relativ breiten Ablagebrett vorne und an den Seiten. Die Lehne wird durch zwei helle langrechteckige Felder belebt. Der „Einsitzer" hat eine Höhe von 200 cm und eine Breite von 91 cm. An der Seite findet man einen herausstehenden Nagel angebracht, dessen Funktion nicht mehr erkennbar ist.

Es verwundert, dass diese Filialkirche gleich zwei Stühle besitzt. Falls beide tatsächlich einst für die Beichte verwendet wurden, müsste man davon ausgehen, dass zwei Pfarrer gleichzeitig ihren Dienst versahen, obwohl in der Gemeinde in der Regel keine zwei Geistlichen gleichzeitig amtierten. Es könnte aber auch möglich sein, dass ein Stuhl - vielleicht sogar beide - aus der Pfarrkirche St. Jakob stammen.

L.: KDM Bayreuth, S. 133. - Lipffert S. 146. - Meißner I.
Abb.: Helmuth Meißner.

Oberredwitz I, II
Oberfranken

Typ 4, 4
Abb. S. 55

Nicht ganz klar sei es, so meint Hildegard Heidelmann, ob es sich bei dem schönen Stuhl in der Filialkirche Oberredwitz („Heilig-Geist", früher „St.-Anna-Kapelle"; Stadt Marktredwitz; Lkr. und Dek. Wunsiedel) „um einen gestifteten Beichtstuhl oder um einen Patrizierstuhl handelt". Immerhin wird im Kunstdenkmälerinventarband bei Röttger eines der beiden geschlossenen schrankförmigen Möbel mit „Pfarrstuhl" beschrieben, was früher auch Beichtstuhl bedeutet hat. Er steht im Chor an der Nordseite mit zwei Türen in Richtung West und Ost. Dem Typ nach müsste er der Form 4 zugeordnet werden. Zeitlich wird er „um 1700" eingestuft, also die Zeit, als das alte Kirchlein wieder erneuert und ausgestattet wurde. Der zweite vorhandene, kleinere und einfachere, typenmäßig gleiche Stuhl, der an der Südwand steht, gilt als „Presbyter-Stuhl" und ist datiert mit 1727.

Der Pfarrstuhl ist wohl für drei Plätze angelegt und vorne geschlossen mit vierfachem Gitter, das aus ausgesägtem, schwungvollem Laubwerk besteht und somit die Sicht nicht völlig verhindert, aber auch verschiebbar ist. Eine ähnlich gestaltete Zierleiste schließt die Bedachung des Stuhls nach oben ab. Unterhalb eines Halbkugelfrieses breitet sich die Brüstungsfläche aus, die durch drei Rechteckfelder mit verkröpften Rahmen geziert ist. Auf diesen Flächen befinden sich „primitive", aber interessante Malereien, die das ohnedies reiche Bildprogramm in dieser Kirche auch an anderen Stellen (z. B. Kanzelzugang) zusätzlich bereichern. Es handelt sich um Embleme, die Röttger so beschreibt: „a) In offener Landschaft mit bläulicher Ferne naht sich ein Mann mit erhobener Fackel einer Gruppe von Männern, die gleich ihm Zeitkostüm tragen (Prometheus-Sage in barockem Gewand); oben ‚Cum Luce ardorem', unten ‚Zum Kennen und Brennen'. b) Blühender Garten

in weiter Landschaft; oben ‚Terram foecundando', unten ‚daß die Erde fruchtbar werde'. c) Ein mit Menschen dicht besetztes Segelschiff (Dreimaster) fährt einer fernen, städtereichen Küste zu; links oben Wolken, aus denen ein Engelskopf ‚Wind' in die Segel bläst; darüber ‚Gubernaculo Supremae Majestatis', darunter ‚Gott regieret den, der führet'." Die vorhandenen Anfangsbuchstaben werden mit Pfarrer Georg Samuel Martius in Zusammenhang gebracht, der vermutlich als Verfasser des ganzen allegorischen Bilderzyklus der Kirche in Frage kommen dürfte und der auch die Einweihung der Kirche 1702 vorgenommen hatte. Aus den beiden anderen lateinischen Sprüchen werden ebenfalls die Initialen von weiteren Persönlichkeiten herausgelesen: b) Friedrich Teufel von Pirckensee, Patronatsherr zu Oberredwitz, a) Comes Lindenfels Achatz. Als ausführender Maler wird Georg Radius angenommen. „So bescheiden der künstlerische Wert dieser Bildchen ist", stellt Röttger fest, „so hat ihr Maler doch das Verdienst, die zeitgeschichtlich sehr interessanten, im Barockzeitalter überaus beliebten Allegorien schaubar gemacht zu haben, so daß sie das Kirchlein ‚Zum Hl. Geist' seit 250 Jahren recht unterhaltlich schmücken, indem sie immer wieder zum Nachdenken über Gott und die Welt anregen."

L.: KDM Wunsiedel, S. 645, Abb. S. 642. - Hain, Matthias: Heilig-Geist-Kirche Oberredwitz. 1993, S. 13f. - Heidelmann S. 55. Abb.: Helmuth Meißner.

[Oberröslau]
Oberfranken

In der Kirche von Oberröslau (St. Johannes d. T.; Gde. Röslau, Lkr. und Dek. Wunsiedel) existierte einstmals ein Beichtstuhl in der Sakristei. Er wird als „ein alter grün verschimmelter hölzerner Kasten ohne einige Mahlerey" von Pfarrer Christoph Friedrich Ruckdeschel 1785 beschrieben. In der Pfarrbeschreibung heißt es für die Zeit von 1712: „Der hintere Teil der Kirche ist auf dem Fußboden eine Stufe höher und befindet sich darinnen Altar und Kanzel, Chor und Orgel, Sakristei und Beichtstuhl."

Qu./L.: PfA. Oberröslau: Akte 52 (Pfarrbeschreibung) S. 17. - KDM Wunsiedel, S. 213.

Obristfeld

Obristfeld
Oberfranken

Typ 2.4

In der einst ritterschaftlichen Pfarrkirche von Obristfeld (Pfarrei und Gde. Redwitz, Lkr. Lichtenfels, Dek. Michelau) stehen sich im Chorbereich zwei „Chorbänke" - laut KDM - gegenüber, von denen einer wohl auch für den Pfarrer als Platz gedient hat und für Beichtzwecke verwendet worden sein dürfte. Heute sitzt in dem nahe dem Taufstein und dem Kanzelaufgang gelegenen (linken) Stuhl der Messner (Abb. bei Kreuter S. 45), der andere wird offensichtlich für Ablagen verwendet. Dem Chronisten des Ortes, Gerhard Kreuter, ist eine Beichtfunktion von den Archivalien her nicht bekannt. Im KDM werden sie dem „frühen 18. Jahrhundert"

zugerechnet. Die beiden dreisitzig markierten Stühle sind gleich breit (245 cm) und hoch (Brüstung 115, Rückwand 188 cm) und aus Nadelholz gefertigt. Der Sitzraum besitzt unterschiedliche Tiefen: links 100, rechts 120 cm. In beiden Stühlen finden wir Fußleisten vor. Die Ablagebretter liegen geschrägt. Rückwände und Brüstungsvorderseiten sind, mit jeweils drei marmoriert gehaltenen Kröpfrahmen, in hellerem Farbton abgesetzt, gearbeitet. Die oberen Rahmenleisten an der Rückwand und an der Vorderbrüstung zeigen Zahnschnittfriese. Beide Stühle sind seitlich geschlossen, jeweils zur Langhausseite hin mit einer Türe versehen. Geschwungene Wangen bilden die seitlichen Begrenzungen.

Qu./L.: Auskünfte von Gerhard Kreuter. - KDM Lichtenfels, S. 150. - Kreuter, Gerhard: Obristfeld in vergangenen Zeiten - 1096-1996. Obristfeld 1996.
Abb.: Helmuth Meißner.

[Offenbau]
Mittelfranken

Die Pfarrkirche St. Erhard in Offenbau (Markt Thalmässing, Lkr. Roth, Dek. Weißenburg) wurde in der „Beschreibung aller des [Ansbacher] Oberamts Stauff Heiligen Verwaltung incorporierten Kirchen, Pfarr- und Schulhauß-Gebäude" von 1753 in all ihren Teilen erfasst, die Sakristei unter Punkt 2: „...und war darin befindlich: 1 grün angestrichener Behälter sehr einfach, 1 Beichtstuhl von solcher Farb, 1 Tischlein." Das Inventar der Kirche von 1829 führt dort einen

„Geländerstuhl" auf, also einen Armlehnstuhl, wie er vielerorts zur Einzelbeichte diente.

Qu.: LKAN: Kombinierte Stiftung Stauf: 73 (Kirchenbeschreibungen), S. 256; 855 (Inventar Offenbau 1829).

Ohrenbach I,II
Mittelfranken

Typ 1.3,3.1

Unter den Einrichtungsgegenständen der St. Johannis-Kirche in Ohrenbach (Lkr. Ansbach, Dek. Rothenburg) führen die Kunstdenkmälerinventare einen „Beichtstuhl mit zugehörigem Tisch. Einfache Schreinerarbeit des 18. Jh." auf. Ein Standort ist nicht angegeben. Gemeint ist der in der Sakristei befindliche blau gestrichene Tisch mit Balusterbeinen, umlaufendem Fußsteg und passendem Brettstuhl. Als Möbel für die Beichtanmeldung weist ihn das in der Tischplatte ausgesparte Loch für das Tintenfass aus. Noch heute findet hier vor einem Gottesdienst mit (allgemeiner) Beichte und Hl. Abendmahl eine Beichtanmeldung statt, zu der die

Ottensoos
Mittelfranken

Typ 1.3

Die evangelische Pfarrkirche St. Veit in Ottensoos (Lkr. Nürnberger Land, Dek. Hersbruck) enthält bedeutende gotische und barocke Ausstattungsstücke und zwei Hinweise auf die Einzelbeichte im Beichtstuhl. Auch wenn 1995 Pfarrer Arnulf Elhardt von keinen überlieferten Nachrichten über die Nutzung von Stuhl, Inschrift und Bild wusste, so konnte er doch berichten, dass sich Gemeindeglieder noch heute zur Beichte (= Abendmahl) anmelden und dabei Geldspenden machen. Nicht selten erfährt er hierbei - etwa von Nachbarn - bei wem in der Gemeinde seelsorgerische und praktische Hilfe notwendig ist.

Gottesdienstbesucher einzeln in die Sakristei kommen.

Der eigentliche, bequemere Stuhl, in dem der Pfarrer zur Einzelbeichte saß, steht heute im Chorraum der Kirche, rechts gegen den Triumphbogen als Abschluss der Sitzbänke im Chor. Er gehört dem weitverbreiteten Typ 1.3 an, hat einen Schulterring und ist bis zur Mitte der geschweift ausgesägten Rückwand 140 cm hoch. Die Breite von Wange zu Wange beträgt 75 cm, die Tiefe 42 cm. Das aufklappbare Sitzbrett bedeckt einen flachen Kasten. Der heute grau gestrichene und mit rotbraun abgesetzten Kanten gezierte Stuhl stammt aus der ersten Hälfte des 18. Jahrhunderts.

Qu./L.: Schreiben des Pfarrers Karl-Heinz Gisbertz vom 8. Juni 1998. - KDM Rothenburg, S. 82.
Abb.: Jochen Heidelmann.

Ein offener Einzelstuhl (1.3) steht heute neben dem Westportal als erster Sitz der letzten Kirchenbank im nördlichen Schiff. Er trägt die eingelegte Jahreszahl 1657 und die Initialen FDH, stammt also aus der „Blütezeit" der Beichte wie die Beichtstühle in den Kirchen von Rugendorf und Henfenfeld und viele archivalisch bekannte (Engelthal, Himmelkron, Oberkotzau, Oberampfrach, Vorra). Pfarrer war damals Georg Pfeiffer (1652-1668). Im 18. Jahrhundert wurde er, möglicherweise beim Einbau der Empore 1738, Teil des durchnummerierten Kirchengestühls und mit der in die Inschrift eingebrannten Nummer 86 versehen.

Ungewiss ist, ob dieser Stuhl mit den Beichtzeugnissen in der Sakristei in Zusammenhang steht. Eine schwarz nachgezogene Inschrift in lateinischen Großbuchstaben fällt an der Wand über der Tür zur Schatzkammer auf: „DIC CUR HIC" („Sage, warum du hier bist"). Die Annahme, diese Inschrift als Aufforderung zur Beichte zu verstehen, wird bestärkt durch die Darstellung des Gleichnisses vom Pharisäer und Zöllner auf dem Bild über dem danebenstehenden Altar. Unter der Gestalt des Zöllners weist eine Inschrift auf den Lohn der Reue hin: „Dißer gieng hinab gerechtfertiget vor Jenem." Die einfache Szene in Öl auf Holz-Malerei kann aus dem 17. Jahrhundert stammen. Sie bildet die Füllung einer breiten längsrechteckigen Tafel, die einmal Rückenlehne eines Beichtstuhls gewesen sein könnte.

Qu./L.: Auskünfte Pfr. Arnulf Elhardt. - LKAN: PfA Ottensoos, Inventare 1837 u. 1862: „ein Stuhl in der Sakristei". - Heidelmann S. 55, 56, 72. - KDM Lauf, S. 368. -

Schmoll, Udo G./ Elhardt, Arnulf: St. Veit Ottensoos, Kirchenführer 1991, S. 3. Abb.: Helmut Schatz.

Petersaurach

Mittelfranken

Typ 2.3
Abb. S. 48

1750 wurde in die Kirche von Petersaurach (Lkr. Ansbach, Dek. Windsbach) ein neuer Beichtstuhl gestiftet. „Komt heer zu mir Alle alle/ die ir mieselig und bela-/ den seit, ig will eich erquik-/ änn Matteum II Kapittel/ 1750", so steht es auf der Rückenlehne geschrieben. Das Inschriftfeld ist achteckig und mit profilierten Leisten gerahmt. Drei ebensolche senkrecht stehende Felder zieren Front und Seiten der Brüstung des Beichtstuhls vom Typ 2.3 (vgl. Westheim). Das vordere Feld auf der mit langen Bandangeln befestigten Tür trägt ein Wappen mit dem quadrierten Stammschild der Hohenzollern als Zeichen der Zugehörigkeit zum ehemaligen markgräflichen Territorium und die Inschrift: „Befehl den Herrn/ deine Wege und/ hoffe auf in alle/ Zeit er wirdt's/ woll machen." Die Inschriften geben den lokalen Dialekt wieder, sind aber auch wohl fehlerhaft nachgezogen. Der Beichtstuhl ist ungefasst; Leisten, Buchstaben und Zirkelschlagdekorationen sind schwarz abgesetzt. Plastische Zier bilden schmale, an den Seiten der Lehne auf die Brüstung stoßende, wellenförmig ausgesägte und durchbrochene „Wangen". Sockel und Brüstungsgesims sind profiliert, das Gesims der Rückenlehne kragt vor. In

den Kunstdenkmälern ist der Beichtstuhl nicht erwähnt, wohl aber im
Kircheninventar von 1863. Hier wird
der „alte Beichtstuhl" mit einem Gulden bewertet. Er steht an der nördlichen Laibung des Triumphbogens.
Für Petersaurach befindet sich ein ar-
chivalisches Zeugnis für evangelische
Ohrenbeichte in den Sammlungen
Karl Sigismund Kramers. Es schildert
einen Rechtsfall aus dem Jahre 1662,
in dem der Pfarrer Reinhard in Petersaurach sein Beichtamt missbrauchte,
um von einer Wirtsmagd ein Ge-
ständnis der Hexerei zu erzwingen.

Qu./L.: LKAN: PfA Petersaurach, 228, Inventar 1863, Nr. 35. - Heidelmann S. 23
(1662), 26 (Beichtandrang 1720), 55, 58,
61. - KDM Ansbach, S. 132f. - Kramer, Karl
Sigismund: Volksleben im Fürstentum Ansbach und seinen Nachbargebieten (1500 -
1800). Eine Volkskunde aufgrund von Archivalien (= Beiträge zur Volkstumsforschung
XIII). Würzburg 1961, S. 149 und 176f. -
Raschzok S. 365, Abb. Tafel 31. - Schatz
1995 (Abb.).
Abb.: Helmut Schatz.

Pilgramsreuth
Oberfranken

Typ 5

Der besonders schmucke Pfarrstuhl
in der Kirche von Pilgramsreuth
(Stadt Rehau, Lkr. und Dek. Hof)
dürfte, so vermutet Helmut Schatz,
durchaus zur Beichtabnahme gedient
haben. Die Bilder darauf, die den alttestamentlichen Zyklus der umfangreichen biblischen Darstellungen im
Kirchenraum einleiten, könnten gerade mit dem Sündenfall der ersten
Menschen auf Schuld und Reue verweisen, wozu dann die priesterliche
Absolution an diesem Ort tritt. Der
270 cm breite, 125 tiefe und - ohne
die Rankenschnitzereien über dem
Gesims - 255 cm hohe Stuhl ist
großzügig mit vier Sitzen angelegt,
die aber durch Armlehnen einzeln
geprägt und jeweils mit Klappsitzen
versehen sind. Die vier Fenster öffnen
sich nach vorne durch Rundbogenar-
kaden, zwischen die Volutenpilaster

gesetzt sind. Die beiden seitlichen Türen können durch Riegel verschlossen werden und sind an der Außenseite durch verkröpft gerahmte, farblich abgesetzte Rechteckfelder besetzt. Eine satteldachartige Erhöhung des Stuhls ist nur von innen erkennbar, da sie außen durch umlaufende Rankenschnitzereien verdeckt ist. Neben den acht Malereien besitzt der Stuhl gemalte Blumenleisten und eine braun marmorierte Grundfarbenausstattung. Ablagebrett und Fußleiste sind vorhanden. Als Entstehungszeit wird das ausgehende 17. Jahrhundert vermutet (laut KDM 1692); als Schreiner kommt J. A. Wolfrum von Eulenhammer, ein zu Pilgramsreuth gepfarrtes Dorf, in Frage mit der geringen Entlohnung von 11 Gulden. Die Malereien fertigte Hofmaler Johann Heinrich Schertel, Bayreuth, der für seine Arbeit 31 Gulden empfing und seine Arbeit außen mit „1711" datierte.

Qu./L.: Hinweis von Helmut Schatz. - Höpfner, Karl: Kirchenführer Evang.-Luth. Pfarrkirche Pilgramsreuth. München/Zürich 1981/2. 1990, S. 10, Abb. S. 7, 13. - KDM Rehau/Selb, S. 55.
Abb.: Helmuth Meißner.

Plech
Oberfranken

Typ 2.3, 2.4

In der Pfarrkirche zu Plech (früher St. Susanne; Lkr. Bayreuth, Dek. Pegnitz) stehen einander zwei Stühle gegenüber, die beide als Beichtstühle in Frage kommen können. Schädler nennt im Kunstdenkmälerinventar nur ei-

nen und spricht von „Pfarrstuhl". Er meint damit den in der Südostecke stehenden, der datiert ist mit „1782", einer Zeit also, in der die Ablösung der Einzelbeichte schon gang und gäbe war. Kneule will auch nicht mehr an einen Beichtstuhl glauben, „denn es ist kaum anzunehmen, daß noch 1782, als die Privatbeichte bereits

dem Absterben nahe war, neue Beichtstühle hergestellt wurden". Hildegard Heidelmann ordnet beide dem Begriff „Beichtstuhl" zu. Helmut Schatz bezeichnet den datierten Stuhl als den „jüngsten in der Reihe der mittelfränkischen Beichtstühle, sein Gegenstück ist leider undatiert, ich meine, daß er um 1787 entstanden sein könnte". („Mittelfranken" und Jahreszahl „1787" sind unkorrekt.)

Der erstgenannte Stuhl (114 cm breit, insgesamt 259 cm, Brüstung vorne 96 cm hoch, 74 bzw. 93 cm tief) gehört zum Typ 2.4. Er dürfte für zwei Personen angelegt sein, wie die beiden querrechteckigen Felder an der Rücklehne andeuten. Beide Stühle sind hellgrün bis grau gestrichen. Die Brüstungsfront des in das Gemeindegestühl einbezogenen Standes erfuhr wohl in späterer Zeit eine Abänderung, wobei der Zugang von vorne her angelegt und nur für diesen Teil um 19 cm vorgezogen wurde. Der mit einem mehrfach profilierten Gesims versehene Baldachin ragt halb vor und weist ausgesägte Rankenschnitzereien an der Unter-, besonders reich aber an der Oberseite auf, wobei die Jahreszahl „1782" mit eingeschnitzt ist. Die seitlichen Wangen setzen, wie bei den meisten ähnlich gestalteten Stühlen, oben breit an, treten dann beidseitig zurück und werden unten, mit einem knaufartigen Griff, wieder breiter. Die Bedachung der beiden Stühle verläuft schräg nach hinten.

Der zweite Stuhl steht dem ersten direkt gegenüber, bildet also das Pendant in der anderen, der Nordostecke des Langhauses. Er ist eindeutig ein Einsitzer (Typ 2.3 - Maße: 89 cm breit, insgesamt 98 cm hoch, 92 cm tief), aber mit ähnlich geschnitzten seitlichen Wangen. Die Rückwand ist durch zwei Rundbogenblendfelder strukturiert. Der Zutritt erfolgt ebenfalls von vorne. Der Baldachin ist einfacher gestaltet mit einer Rankenleiste an der Unterseite und einem M-Fries. In beiden Stühlen gibt es weder eine Ablagemöglichkeit für Bücher noch eine Abstellleiste für die Füße.

L.: Heidelmann S. 51, 55. - Kneule S. 113. - Meißner I, mit Abb. - KDM Pegnitz, S. 418. - Schatz 1996, S. 98.
Abb. Helmuth Meißner.

Pommelsbrunn
Mittelfranken

Typ 1.7

Die Laurentiuskirche in Pommelsbrunn (Lkr. Nürnberger Land, Dekanat Hersbruck) hat im Chor zu beiden Seiten des Altars Gruppen chorstuhlartiger Sitze aus der Ausstattungszeit um 1730. Die Funktion des Beichtstuhls dürfte dem offenen Zweisitzer mit hohen Lehnen an der Nordwand neben der Sakristeitür zuzuweisen sein. An der gegenüberliegenden Wand hängt eine Darstellung des Jüngsten Gerichts, auf die bei der Beichte Bezug genommen werden konnte. Der Stuhl ist heute braun lasiert wie das übrige Gestühl, die beiden Füllungen der Rückwand könnten Bemalungen getragen haben. Geschwungen ausgesägte Wangen enden in Schulterringen. Die Maße betragen 205 cm in der Höhe, 150 cm in der Breite und 48 cm in der Tiefe.

L.: KDM Hersbruck, S. 239. - Braun, Otto:
Die Laurentiuskirche Pommelsbrunn, hg.
von der Ev.-Luth. Kirchengemeinde Pommelsbrunn, o. J.
Abb.: Hildegard Heidelmann.

Poppenreuth
Mittelfranken

Typ 1.1

In der Pfarrkirche St. Peter und Paul
zu Poppenreuth bei Fürth (Stadt und
Dek. Fürth) steht ein Armlehnstuhl
aus dem ausgehenden 17. Jahrhundert hinter dem Altar (Typ 1.1). Es
handelt sich laut dem auf der Rückseite angebrachten Messingschild um
den „Beichtstuhl der Kirche Poppenreuth. Stiftung des Bauern und
Schneiders Wolfgang Backoff von
Sack (gestorben 1710)". Im Sterbe-
buch der Pfarrgemeinde ist diese Stiftung vermerkt. Die Rückenlehne des
Sessels ist oben geschweift ausgesägt
und von Pfosten gerahmt, die in
Knäufen enden. Die Armlehnen sind
leicht geschwungen und enden in
nach unten gedrehten Voluten. Zwei
einfache Streben verbinden die Beine
seitlich; vorn und hinten sorgen orna-

Poppenreuth

mental ausgesägte Stege für Schmuck und Stabilität. Der Beichtstuhl ist 115 cm hoch, 60 cm breit und 44 cm tief. Die Sitzhöhe beträgt 50 cm. Zusammen mit einer Kniebank des 19. Jahrhunderts bildet der Stuhl ein Ensemble, wie es auch in Neuendettelsau erhalten ist.

Pfarrer Herbert Reber ließ anläßlich der letzten Restaurierung eine Nachbildung anfertigen, die für das zukünftige Museum „Kirche in Franken" bestimmt ist.

Qu./L.: Sterbematrikel Poppenreuth 1710, Nr. 10. - PfA Poppenreuth, LKAN, 288: Inventar 1965: „Eichensessel". - Schatz, schriftliche Mitteilung vom 27. 5. 1997. - Ewald, Paulus: Geschichte der Pfarrei Poppenreuth von den ältesten Zeiten bis jetzt. Nürnberg 1831 (Hinweis auf Pfarrchronik und Pfarrbücher des 17. Jh., Beichtstuhl nicht erwähnt, aber Beichtpfennig). - Schatz 1996, S. 98.
Abb.: Hildegard Heidelmann.

[Rehau]
Oberfranken

Für die Zeit des 18. Jahrhunderts wird für die Stadtpfarrkirche St. Jobst in Rehau (Lkr. und Dek. Hof) ein Beichtstuhl in der Sakristei angegeben. In einer Beschreibung heißt es: „An der nördlichen Seite, dem Engel gegenüber befindet sich die Sacristey, ein an die Kirche angehängtes... breites Gebäude mit einem einzigen Fenster gegen Morgen. In derselbigen ist weiter nichts als der Beichtstuhl und ein langer Schrank."

L.: Höllerich, Hans: Geschichte der Kirche und Pfarrei Rehau. Rehau 1970, S. 105.

Remlingen
Unterfranken

Typ 2.2

In der Pfarrkirche St. Andreas von Remlingen (Lkr. und Dek. Würzburg) steht im Chor links in der Ecke zwischen Triumphbogen und Sakristeitür ein Beichtstuhl aus dem Jahre 1712. Damals wurde die Kirche nach einem Brand als barocke Torturmkirche neu errichtet. Die Sakristei schließt nördlich an den Ostturm an. Stifterin des 1712 datierten Taufsteins war Gräfin Susanne Castell. Die Reformation aber hatten die Wertheimer Grafen eingeführt. Beide Herrschaften, Wertheim und Castell, besaßen Rechte in Remlingen.

Bei dem gut erhaltenen Beichtstuhl handelt sich um einen mit einer Brüstung umbauten Sitz und einer niedrigen Rückenlehne (Typ 2.2). Brüstung und Tür in der rechten Seite tragen längliche Felder mit abgeschrägten

Ecken. Die Vorderseite der Brüstung wölbt sich unter dem mit Profilleisten gerahmten Feld nach vorn. Innen ist dadurch Beinfreiheit geschaffen; zusätzlich wurden innen für die Knie halbkreisförmige Vertiefungen herausgeschnitten. Das Gehäuse misst in der Tiefe an der Oberkante der Brüstung 70 cm und am Boden 80 cm. Die Breite beträgt 65 cm. Die Brüstung ist 95 cm hoch und hat als Auflage ein schmales Brett. Die Rückwand misst in der Höhe 153 cm und wird von einem profilierten Gesims abgeschlossen. Das seitlich auf Leisten aufliegende Sitzbrett kann man über ein Rundholz nach hinten klappen. Bei der Kirchenrenovierung 1996 wurde der Stuhl einheitlich hellgrau gestrichen. Dabei setzte man die Leisten um die Felder blau ab und überstrich sie an den Gesimsen. Pfarrer Wunderlich erkannte das 1906 in A. Stäbleins Ortsgeschichte nicht erwähnte, nach Archivalien aber bis 1841 in der Sakristei verwahrte Möbel, als Beichtstuhl. Heute dient es als Messnerstuhl. Seine linke Seitenwand ist rechteckig ausgesägt, um die elektrischen Lichtschalter bedienen und das Kabel des beheizbaren Fußkissens einstecken zu können. Erhalten ist innen rechts unter der Brüstung ein rechteckiges Brett, auf dem die Büchse für den Beichtpfennig gestanden haben soll. Glücklicherweise befindet sich in dem von der Regierung des „Großherzogtums Würzburg" (1806-1814) im Jahre 1808 eingeforderten Tätigkeitsbericht des damaligen Pfarrers Johann Christoph Ullrich eine genaue Beschreibung der Beichtpraxis, die folgendermaßen beginnt: „Nach dem Herkommen wird alle 14 Tage oder höchstens alle 3 Wochen Beicht gehalten, entweder am Sambstag Mittag 12 Uhr oder am Sonntag vor dem Frühgottesdienst. Die Beicht am Sambstag fängt mit einem passenden Gesang an; der Pfarrer ließt vor dem Altar eine allgemeine Prüfung vor, schließt solche mit einem Gebet, und begiebt sich sodann in den Beichtstuhl. Von den Verheiratheten erscheinen Mann und Frau miteinander, von denen eines die Beicht ablegt..."

Diese Aufzeichnungen sind ein Zeugnis für den Übergang von der Einzelbeichte zur allgemeinen Beichte bis zu einer im Königreich Bayern eingeführten verbindlichen Agende. Deutlich wird diese Zeit auch in den Eintragungen im Confitentenbuch der Pfarrei Remlingen, worin ab etwa 1793 neben den namentlich aufgeführten einzeln Beichtenden immer öfter pauschale Eintragungen wie „Allgemeine Beicht: 81 Communicanten, unter welchen Hofrath Zwanziger mit Familie" (1808) zu finden sind. Die Entfernung des Beichtstuhls aus der Kirche in die Sakristei bis zu seiner Verwendung als Messnerstuhl geht mit dieser Auflösung der Form der Einzelbeichte am Beichtstuhl einher.

Qu./L.: Auskünfte von Pfarrer Friedrich Wunderlich. - Pfarrakten im Pfarrarchiv, besonders Sign. 98, Beilage 6: Ullrich, Johann Christoph: Statistische Beschreibung des religiösen und sittlichen Zustandes der protestantischen Gemeinde Remlingen. 1808. Weiter vorhanden: Confitenten-Buch 1771-1843. - Fauser, Friedrich: Aus der Orts- und Kirchengeschichte der Marktgemeinde Remlingen. Um 1970. (In Kopie auf S. 5 handschr. Eintrag: „Bis 1841 Beichtstuhl in der Sakristei" und Abb. des Kircheninneren mit Beichtstuhl im Chor links. - Stäblein,

Andreas: Geschichte von Remlingen in un-
zusammenhängenden Notizen. Remlingen
1906/07. Maschinenschriftlich übertragen
(Beichtstuhl nicht erwähnt). – „Wertheimer
Zeitung" vom 9. 12. 1997 (Abb.).
Abb.: Jörg Paczkowski.

Riegelstein
Oberfranken

Typ 4

In der Filialkirche St. Georg von Riegelstein (Stadt Betzenstein, Lkr. Bayreuth, Dek. Pegnitz) steht ein Möbel,
das auch von Schädler als „Beichtstuhl" bezeichnet und von ihm dem
18. Jahrhundert zugewiesen wird. Es
steht isoliert im Chor an der Südwand,
rechts vom Altar. Früher war sein Platz
einige Meter weiter rechts, direkt vor
dem Aufgang zur Kanzel. Der einsitzige, braun gefasste Stuhl (Typ 4 - Maße
76 cm breit, vorne 222 cm hoch, 101
cm tief) ist schrankartig konstruiert, mit
offenem Zugang von der rechten Seite
und einer Türe links. Die Vorderbrüstung weist ein großes quadratisches
Feld auf. Dem offenen Teil über der
Brüstung ist ein rechteckiges Gitter
vorgesetzt, das aber nicht die ganze
Öffnung überspannt und von dem ein
Teil verschiebbar ist. Die Bedachung
verläuft schräg mit einem hohen Gesims. Die beiden Wangenbretter, die
rechts seitlich die Zugangsöffnung begrenzen, sind geschweift geschnitzt.
Der Klappsitz innen hat eine abgerundete Lehne. Ein Buchablagebrett ist
vorhanden, eine Fußleiste nicht

L.: Heidelmann S. 55. - Meißner I, mit Abb.
- KDM Pegnitz, S. 494. - [Schmidt] S. 25.
Abb.: Helmuth Meißner.

Roßtal I, II
Mittelfranken

Typ 2.1,4

Die evangelische Pfarrkirche St. Lorenz in Roßtal (Lkr. und Dek. Fürth)
wurde 1627 umgebaut und mit Emporen ausgestattet. Im Inneren sind
noch ein bemalter Beichtstuhl in der
Sakristei und ein weiterer an der südlichen Chorwand vorhanden. Erste-
rer wird im Heimatbuch von 1928
erwähnt: „An der Nordseite des Cho-
res ist eine gotische Sakristei..., in der
sich...ein abgeänderter Beichtstuhl
befindet". Die geübte Beichtpraxis an
zwei Beichtstühlen im Jahre 1741 ist
in der Pfarrchronik festgehalten. Sie
wurde von Pfarrer Koerber aus Ohrenbronn übertragen. Danach hielt
der Pfarrer in der Sakristei „eine or-
dentliche Beicht" und der Diakon im
Chor. Man muss annehmen, dass der

Ein zweites als Beichtstuhl anzuse-
hendes Möbel steht vor dem eingezogenen Chor im Winkel, den südliche Langhauswand und Chorbogen
bilden. Das schrankförmige, vergitterte Gestühl ist 198 cm hoch,
200 cm breit und 100 cm tief (Typ 4)
und hat damit ganz ähnliche Maße
wie der Altdorfer Gitterstuhl. Sein ursprünglicher Aufstellungsort kann
dieser Platz nicht sein, da dreiseitig
Gitterfenster angebracht sind. Auch
er ist grünlich gestrichen mit dunkler
abgesetzten Leisten am gefelderten
Unterbau und am Gesims. Die Rautengitter in den „Fenstern" der Oberzone und der Tür sind weiß. Das
zweite von links kann zur Seite geschoben werden. Ein umlaufender
Sockel von 12 cm Höhe und ein
Kranzgesims von 10 cm Höhe glie-
dern das Gestühl horizontal. Die Inneneinrichtung besteht aus einem
Holzfußboden, einer auf geschweift
ausgesägten Konsolen aufliegenden

Beichtstuhl in der Sakristei mit der
bemalten Rückenlehne aus der Zeit
vor 1741 stammt, wahrscheinlich
schon aus der Zeit um 1700. Die
stark geschweift ausgesägte Kontur
der Rückenlehne hat weiße „Binnen-
zeichnungen", die Akanthusblätter
nachbilden. Unter dem Mittel-
ornament einer Muschelpalmette findet man das weiße Oval des „Auges
Gottes" mit der Jahwe-Inschrift, umgeben von einem roten Strahlenkranz, aufgemalt. Alle Sichtflächen
des Beichtstuhls sind blaugrün gestrichen. Er ist mit einer wohl später erneuerten kastenförmigen Brüstung
umgeben, die linksseitig eine Tür hatte, die heute fehlt (Typ 2.1). Hier wird
der Pfarrer die Beichte abgenommen
haben, während bei Beichtkonkursen
ein anderer Beichtstuhl oder Kirchenstuhl im Chor vom Diakon benutzt
wurde.

Sitzbank und schrägen Gesangbuch-auflagen vorn. Die Rückwand ist ge-feldert.

Die Pfarrchronik des Jahres 1741 (Pfarrer war 1735-1747 Abraham Heinrich Lips; Kaplan war 1732-1750 Johann Samuel Bibelt) ist sehr aufschlussreich im Hinblick auf Probleme der Einzelbeichte bei einer großen Anzahl von Beichtkindern. Der Andrang zum Beichtstuhl war so groß, dass Eheleute nicht einzeln, sondern zu zweit absolviert wurden. Nach diesen traten die jungen Leute getrennt nach Geschlechtern an den Beichtstuhl. Für alle gemeinsam folgten dann Bußvermahnung und Abso-lution.

Qu./L.: Auskünfte von Gertrud Voll. - Koerber (Pfarrer in Ohrenbronn): Abschrift aus der Pfarrchronik von 1741, S. 11f.(Tit VI.) vom 14. 1. 1992. - Heidelmann S. 25f., 43 (Konfessionsbild), 53, 58. - KDM Fürth, S. 144-149 (Gitterstühle erwähnt S. 148). - Rohn, Adolf: Heimatbuch von Roßtal und Umgebung. Roßtal 1928, S. 40. Abb.: Helmut Schatz.

Rugendorf
Oberfranken

Typ 5
Abb. S. 41

Ziemlich unbestritten als Beichtstuhl ist die Bestimmung des in der Pfarrkirche St. Erhard und St. Jakob zu Rugendorf (Lkr. und Dek. Kulmbach) vorhandenen Möbels links seitlich hinter dem Altar. Auch in der Literatur wird es als solches bezeichnet. Dies beginnt bereits mit Ortspfarrer Philipp Kohlmann, der 1950 feststell-te: „1658 bis 1696 Brater Paul. ...Ihm gelang die Wiedereinrichtung der Kirche nach dem Brand von 1657 (Kanzel, Altar, Taufstein und ein von ihm selbst gestifteter Beichtstuhl)."

Auch im Kunstdenkmälerinventar wird der „Beichtstuhl", damals noch auf der Empore, als solcher genannt, wenn auch mit dem Zusatz: „In der Ausführung den Herrenständen ähn-lich".

Anlässlich der letzten Restaurierung 1973 kam er wieder in den Chorbereich. Angeschafft wurde er 1667. Er ist nach Typ 5 gezimmert, also dop-pelsitzig, mit Baldachin und vorne nicht vergittert. Der Baldachin wird durch zwei seitliche balusterartige vierkantige Säulchen mit Rankenma-lereien gestützt. Er nimmt eine Höhe von 200 cm (Rückwand), eine Breite von 117 cm und eine Tiefe von 98 cm ein. Die Zierleiste an der Beda-chung weist Zahnschnittfries und Rankenschnitzereien sowie darauf entsprechende Rankenmalereien auf. Rechts ist der Stuhl bis zu einer Höhe von 128 cm durch ein Brett mit ei-nem großen Feld geschlossen. Links befindet sich die 110 cm hohe Türe, in die zwei Felder übereinander ein-gesetzt sind. Das Besondere ist, dass das Möbel wiederum, ähnlich wie in Melkendorf, Inschriften und Bemalungen aufweist, die teilweise erst bei der letzten Restaurierung ergänzt wurden. Der Rahmen der vorderen Brüstung ist ebenfalls mit Ranken be-malt. Dazwischen sind drei Felder angeordnet, oben zwei schmale, un-ten ein breites mit der Bemalung ei-ner Blumenwiese, in der unter vielen Maiglöckchen - Attribute Christi, die ihn als „salus mundi" ausweisen (Lipffert) - besonders auffallend eine (Madonnen-)Lilie herausragt, die als

Symbol der Gnade gerade an diesem Möbel eine große Bedeutung besitzt. Im schmalen Feld darüber steht die Inschrift: „Sicum Lilium inter Spinas sic AMICA mea inter filias / meas Canticum Canticorum." Dieses Wort aus dem Hohenlied Salomos heißt nach der Lutherübersetzung: „Wie eine Rose unter den Dornen, so ist meine Freundin unter den Töchtern." Das weitere Feld darüber ist durch kleine Triglyphenpilasterstücke zweigeteilt und wir finden darin die Worte: „Ego sum vitis / vos Palmitis", nach Joh. 15,5: „Ich bin der Weinstock, ihr seid die Reben". Ein blaues Blümchen lässt sich nur schwer identifizieren. Es ist mit vier Blütenblättern wiedergegeben, die auf ein Weidenröschen schließen ließen. Sinnvoller erscheint eine fünfblättrige Blüte, die dann das Tausendgüldenkraut darstellen würde; die Blätter sind nicht aussagekräftig (Dr. Hohenberger: Weidenröschen gegen Prostata, Tausendgüldenkraut gegen Magen- und Gallekrankheiten).
An der Rückwand des Schreins, in deren Mitte ein rechteckiges Feld ausgewiesen ist, steht ganz oben: „Ich will mit seinem Munde seyn und / Dich lehren Was du sagen solt. EXOD. V". Im Feld darunter finden wir auf zwei große Gebotstafeln, die jeweils mit fünf Stiften befestigt sind, geschrieben: „Diliges Dominum / Deum ex toto / corde tuo, et ex tota / anima tua et ex tota / cogitatione tua. - Diliges proximum / tuum ut te ipsum. Anno 1667". („Du sollst lieben Gott, deinen Herrn, von ganzem Herzen, von ganzer Seele und von ganzem Gemüte. - Du sollst deinen Nächsten lieben wie dich selbst. - Matth. 22, 37. 39.) Die Untersicht des Baldachins weist, wie in Melken-

dorf, das Trinitätssymbol mit der hebräischen Inschrift „Jahwe" innerhalb eines großen Strahlenkranzes auf. Schließlich finden sich auch noch die Initialen P. B. des Stifters, des Pfarrers Paul Brater, der das Programm für die Inschriften und Bilder dieses Stuhls zusammengestellt hat und sich dabei für seine Beichtgespräche ein Konzept bereitgelegt haben mag.

Qu./L.: Auskünfte von Pfarrer Hans Hempfling. Zur Identifizierung der Blumendarstellungen: Dr. Eleonore Hohenberger, Kulmbach. - Heidelmann S. 52, 55, 61. - KDM Stadtsteinach S. 78. - Kohlmann, [Philipp]: 600 Jahre Kirche zu St. Erhard und St. Jakob in Rugendorf. Kulmbach 1950, S. 47. - Lipfert S. 65f. - Meißner: Die Kirche von Rugendorf. In: Geschichte am Obermain, Band 13, Lichtenfels 1981/82, S. 71ff., mit Abbildung. - Meißner: Rugendorf. In: Ev.-Luth. Dekanat Kulmbach (Hg. Gerhard Schott). Erlangen 1991, S. 25, 111, Abb. S. 113. - Raschzok S. 365.
Abb.: Helmuth Meißner.

[Ruppmannsburg s. Thalmässing]
Mittelfranken

Sankt Helena
Mittelfranken

Typ 1.4
Abb.S. 47

Der barocke thronartige Beichtstuhl
von 1708 in der Pfarrkirche St.
Helena zu Großengsee (Gde. Sim-
melsdorf, Lkr. Nürnberger Land, Dek.
Gräfenberg) stand 1970 noch in der
Sakristei. Durch die Forschungen von
Peter Poscharsky und seinen Schülern
an der Universität Erlangen ist er seit
1990 häufig abgebildet worden und
hat die Entdeckung weiterer Beichtstühle gefördert. Wie in Altdorf gibt
die Inschrift Aufschluss über die
Funktion des Stuhls. Sie lautet hier
wie dort: „II COR: V. CAP 20 V/ SO
BITTEN WIR NVN AN CHRISTI
STATT/ LASSET EVCH VERSÖHNEN
MIT GOTT". Die Aufforderung zur
Beichte steht in goldenen Kapitalen
in einem Schriftband über dem Sitz
des Beichtvaters eingeschrieben. In
einer goldgerahmten, runden Kartusche in Kopfhöhe deutet ein ligiertes
Monogramm wohl auf den Stifter des
Beichtstuhls. Der Stuhl, mit etwa 200
cm in der Höhe, ist mit dem seitlichen Schnitzwerk 86 cm breit und
45 cm tief. Wangen und Rückwand
mit nach oben ausgezogenem Baldachin (70 cm ausladend) sind ganz mit
Akanthusschnitzwerk überzogen und
weiß-gold gefasst. Eine weiße Heiliggeisttaube vor goldener Strahlen-
scheibe schwebt vollplastisch am
Baldachin. Über dem Kopf des
Beichtvaters kündet sie von dessen
Amt, im Namen Gottes die Sünden
zu vergeben. Der offene Einzelsitz
mit Baldachin (Typ 1.4) steht mit seinen geschwungen ausgesägten Wan-
genbrettern auf einer halbrunden,
12 cm hohen Antrittsplatte aus dunklem Holz. Sie erlaubte gleichzeitig
mehreren Beichtenden das Hinknien
für die Absolution. Unmittelbar an
die helle Bodenplatte schließt sich
halbkreisförmig eine Fußplatte an.
Der Beichtstuhl steht heute unter der
nördlichen Empore am Triumphbogen.

L.: Heidelmann S. 55f. - Hotz/ Maierhöfer S.
78. - KDM Forchheim, S. 192f. - Poscharsky
S. 61, Abb. 108.
Abb.: Helmut Schatz.

[Scherneck]
Oberfranken

Typ 1.1

Im Kunstdenkmälerband für den
Kreis Coburg wird für die Pfarrkirche
von Scherneck (Gde. Untersiemau,
Lkr. und Dek. Coburg) ein „Lehnstuhl" festgehalten, der wohl mit den
Exemplaren in den nicht allzu weit
entfernten Kirchen von Herreth und
Unterlauter vergleichbar sein könnte.
Er existiert nicht mehr, und es ist unbekannt, wann und auf welche Weise er innerhalb des vergangenen Jahrhunderts fortgekommen ist. Bei Lehfeldt heißt es: „Lehnstuhl in der
Sacristei, aus dem 17. Jahrhundert;
Lederpolster mit gepressten Blumen
und Mustern."

Qu./L.: Auskunft von Pfarrer Hans-Ullrich
Pschierer (1999). - KDM Thüringen I, S.
446.

Schweinsdorf I, II
Mittelfranken

Typ 3.1, 4

Für die evangelisch-lutherische Pfarrkirche St. Ottilie in Schweinsdorf (Gde. Neusitz, Dek. Rothenburg o. d. T., Lkr. Ansbach) führen die Kunstdenkmäler einen Beichtanmeldestuhl auf: „Pfarrstuhl mit Tisch, 18. Jh. in der Sakristei" (Typ 3.1). In der Sakristei steht heute nur noch der erwähnte Tisch aus Eichenholz mit drei Balusterbeinen und halbkreisförmiger Tischplatte. Ein passender Stuhl fehlt. An der Westwand der im 17./18. Jahrhundert umgebauten gotischen Kirche befinden sich zwei aneinander gestellte Gitterstühle. Bei dem kleineren links handelt es sich um den ehemaligen Beichtstuhl (Typ 4), der, wie sich die Messnerin erinnert, früher an der Nordwand gegenüber der Kanzel stand. Er ist 190 cm hoch, 80 cm tief und 160 cm breit. Innen ist er mit Dielenboden, Sitzbank und Buchablage ausgestattet. Man betritt

ihn durch eine halbhohe, links mit zwei Bandangeln angeschlagene Tür, der Schloss und Klinke fehlen. Die drei Gitterfenster in der Oberzone sind schiebbar. Vermutlich wurde der Beichtstuhl bei der Innenrenovierung 1951 an die Westwand versetzt.

L.: KDM Rothenburg o. d. T., S. 104 - Der Evangelisch-Lutherische Dekanatsbezirk Rothenburg o.d.T. in Vergangenheit und Gegenwart, hg. v. Evang.-Luth. Dekanat Rothenburg o .d. T. Detmold 1954, S. 36f. Abb.: Hildegard Heidelmann.

Seibelsdorf
Oberfranken

Typ 2.3

Nirgendwo in der Literatur vermerkt findet sich etwas über den wohl eindeutig als Beichtstuhl ansprechbaren Sitz hinter dem Kanzelaltar, in einem sakristeiartigen Raumteil („Chor") der Pfarrkirche zu Seibelsdorf (früher St. Andreas, Markt Marktrodach, Lkr. und Dek. Kronach). Der Stuhl vom Typ 2.3 ist einsitzig mit kleinem Baldachin, der seitlich durch breite rankenartig ausgesägte Wangen gestützt wird. Der Baldachin besitzt ein hohes Gesims mit einer ausgreifenden profilierten Bedachung. Auf der vorderen Brüstungsfläche ist ein großes Rechteckfeld ausgewiesen, in das wiederum ein mit profilierten Leisten begrenztes weiteres Rechteckfeld mit abgeschrägten Ecken eingesetzt ist. Die Rücklehne weist ähnliche Felderungen auf, nur sind hier beim eingesetzten Feld die unteren Ecken nicht abgeschrägt. Die Grundfarbe des Stuhls ist ein helles Lindgrün, die Fel-

der sind in einem kräftigeren Grün gefasst. Der Sitz innen hat die übliche dem Körper angepasste Lehnenleiste. Die Zugangsmöglichkeit besteht von rechts. Auf dem breiten Ablagebrett kann man ein rundes Loch erkennen, das einst vermutlich ein Tintenglas aufgenommen haben mag. Über die Zeit der Erstellung ist nichts bekannt. Das Möbel dürfte wohl beim Neubau der Kirche um 1750/60 angeschafft worden sein. Es liegen bereits für die Zeit nach der Reformation Zeugnisse für Seibelsdorf aus den Visitationsakten von 1558-1600 darüber vor, wie der Modus der Privatbeichte dort gehandhabt wurde. Für 1833 wird zum Vorgang der Beichte vermerkt: „Zur Beichte sagen sich die Konfitenten erst in der Kirche an und werden dort vom Pfarrer hinter dem Altar eingeschrieben, wobey zugleich das Beichtgeld als Einschreibgeld erlegt wird." Die Absolution werde bei der Feier selbst „im Allgemeinen" ausgesprochen.

Qu./L.: LKAN BKB 1867 I S. 60. - Kneule 114, 126.
Abb.: Helmuth Meißner.

Sommersdorf
Mittelfranken

Typ 3.2
Abb. S. 51

Die Kirche und Schlosskapelle in Sommersdorf (Gde. Burgoberbach, Lkr. und Dek. Ansbach) ist seit 1557 evangelische Pfarrkirche. 1923 wurde westlich anschließend eine neue Pfarrkirche gebaut, die alte dient seitdem als Pfarrsaal. Die Kunstdenkmäler verzeichnen 1964 in der Sakristei einen „Beichtanmeldestuhl: Einfaches liturgisches Möbel. Wohl um 1700". Es handelt sich um einen Stuhl mit Pult auf einem gemeinsamen Holzsockel (Typ 3.2), der aus der alten Kirche in die Sakristei der neuen versetzt wurde. Die Außenmaße des Stuhls sind annähernd 100 cm in der Breite, 115 cm in der Höhe und 90 cm in der Tiefe. Das ganze Möbel ist braun gebeizt. Auf einem aus Backsteinen gemauerten Sockel ist der Stuhl heute in der östlichen Fensternische der Sakristei fest aufgestellt. Das abnehmbare schräge Auflagebrett des Pultes steckt mit seiner abgerundeten Konsole in der Brüstung. Darunter liegt eine schräge Buchablage, die die gesamte Breite der Brüstung einnimmt. Außen an der durch Leisten gefelderten Brüstung ist im unteren Drittel eine abgeschrägte, etwa 40 cm lange Auflage auf zwei geschwungen ausgesägten Stützen angebracht. Diese Möglichkeit, zur Erteilung der Absolution durch Handauflegung niederzuknien, ist noch an keinem der Beichtstühle begegnet, gibt aber einen deutlichen Hinweis für die Praxis der evangelischen Beichte. Der Sitz des Beichtvaters ist an der Rückwand mittels einer schwenkbaren Konsole herunter- und hochklappbar, was das Betreten des Stuhls erleichtert.

In den Inventarlisten von 1887-1890 taucht das Möbel als „Lesepult in der Sakristei" mit einem Schätzwert von 6,42 Mark auf. Die Funktion als Beichtstuhl scheint vergessen. Noch heute liegt auf der Pultschräge das Anmeldebuch zum Abendmahl auf, wenn auch in dem rechts oben ausgesägten Loch kein Tintenfass mehr steckt.

Qu./L.: LKAN: PfA Sommersdorf, 144 (Inventar 1887-1896). - KDM Feuchtwangen, S. 115f.
Abb.: Jochen Heidelmann.

Sondheim
Unterfranken

Typ 1.2

Der offene einsitzige Beichtstuhl der Kirche in Sondheim (Lkr. Rhön/Grabfeld, Dek. Neustadt/Saale) ist im Dekanatsbuch von 1984 abgebildet (Typ 1.2). Es heißt darin: „Vor dem Ersten Weltkrieg befand sich in der Sakristei noch ein (evangelischer) Beichtstuhl, wie ihn nur noch ganz wenige Kirchen aufzuweisen haben. Er ist noch heute vorhanden". Bis 1808 galt in

Sondheim die „Casimirianische Kirchenordnung", erlassen 1626 von Herzog Johann Casimir von Sachsen-Coburg, der 1608 auch die Kirche in Sondheim bauen ließ. Diese Kirchenordnung schrieb die Einzelbeichte fest. Der erhaltene Beichtstuhl stammt aus dem 18. Jahrhundert. Kastenförmig mit niedriger geschweift ausgesägter Rückenlehne zeigt er sich heute ohne Fassung oder farbigen Anstrich. Die in Sitztiefe hochgezogenen Wangenbretter finden ihren Abschluss in rechtwinklig angesetzten Armlehnen. Das aufgelegte Sitzkissen zeugt von der Nutzung als Sitz bis heute.

L.: Heidelmann S. 52, 55, 57. - Loreck, Klaus u. a.: Dekanat Bad Neustadt a. d. Saale... Erlangen 1984 (Abb. S. 72). - KDM Thüringen 4, S. 286-294.
Abb.: Pfarramt Sondheim.

Stein
Oberfranken

Typ 2.5

Die ehemalige Burgkapelle in Stein, jetzige Filialkirche von Bad Berneck (St. Michael; Stadt Gefrees, Lkr. Bayreuth, Dek. Bad Berneck) besitzt eine bei Breuer genannte „Chorbank", bei der man davon ausgehen kann, dass sie einstmals auch für die Begegnung des Geistlichen mit Confitenten diente. Sie steht frei unterhalb der Empore, links vom Altar und vor dem Zugang zur Sakristei. Wie auch anderes Gestühl des Raumes weist dieser zwei bis drei Plätze enthaltende Sitz auf den Brüstungsflächen vorne und an der Seite üppige Malereien von Blumengebinden und Ranken auf, an der Vorderseite in einen breiten braunen Rechteckrahmen eingepasst; an der seitlichen Türe ist nur noch ein schmales Rähmchen erkennbar. Auf dem Ablagebrett kann man Öffnungen erkennen, deren einstige Funkti-

on schwer definierbar ist. Nach Breuer stammt der aus Nadelholz gearbeitete Stuhl aus dem „späten 17. Jahrhundert", dürfte also wohl zur ursprünglichen Einrichtung des Raumes als Kapellenraum nach 1686 gehören.

L.: KDM Münchberg, S. 46.
Abb.: Helmuth Meißner.

Sugenheim
Mittelfranken

Typ 1.1

Die Pfarrkirche in Sugenheim (Lkr. Neustadt a. d. Aisch-Bad Windsheim, Dek. Neustadt a. d. Aisch) erhielt 1765/66 einen Langhausneubau, und mit der Neuausstattung einen Kanzelaltar mit darüberliegender Orgel, wahrscheinlich auch einen neuen Beichtstuhl. Dafür spricht die Ornamentierung des gepolsterten Sessels, der in der Turmkammer der Kirche abgestellt ist. Ein Beichtstuhl dieser

Form (Typ 1.1) steht in der Sakristei der Altdorfer Kirche noch in Funktion. Der Sugenheimer Beichtsessel stammt wie dieser aus dem 18. Jahrhundert. Sitz, Lehne, Ohrenbacken und Armlehnen sind gepolstert und mit ornamental geprägtem Leder bezogen. Das Mittelfeld der lederbezogenen Rückenlehne zeigt einen Doppeladler in rundem Feld. Das Holz des Stuhls in Pfostenkonstruktion ist dunkel gebeizt. Die Armlehnen enden vorn in nach unten eingerollten Voluten. Die hochkant gestellten Fußstege vorn und hinten ziert ausgesägtes und beschnitztes Bandelwerk, während die Stege rechts und links nur an der Unterkante bewegt ausgeschnittene Konturen tragen. Der Stuhl ist gut erhalten. 1976 stand er laut Kunstdenkmälern in der Sakristei; er wird hier ins „Ende des 17. Jahrhunderts" datiert. Das Inventar von 1761/62 in den Pfarrakten führt ihn als „Geländer-Stuhl in der Sakristei" auf.

Qu./L.: LKAN: PfA Sugenheim, RS 1. - Heidelmann S. 55, 57.- KDM Scheinfeld, S. 315 („Ohrensessel, Ende 17. Jh."). - Meißner Nr. 219.
Abb.: Helmut Schatz.

[Thalmässing]
Mittelfranken

In der Sakristei der Michaelskirche von Thalmässing (Lkr. Roth, Dek. Weißenburg) stand ein Beichtstuhl, der in den Kunstdenkmälern beschrieben ist: „Die Rückwand schließt mit Triglyphenfries. In Marmor gefaßt" (also wohl Typ 1.2 oder 2.1). Bei Bogner wird er auf 1712 datiert. Dies ist das Jahr des Neubaus der Kirche, deren Plan - unter Einbeziehung des mittelalterlichen Turms - vom Ansbacher Baudirektor Gabriel de Gabrieli stammt. In der Baurechnung der Kirche über die Arbeiten von 1712-1717 sind unter Nr. 7 die Schreinerkosten von insgesamt 490 Gulden aufgeführt: „Einen Beichtstuhl und sauberen Behälter, darin den Kirchenornat zu verwahren..." Meister Andreas Negerlein von Ansbach und Heinrich Samuel Hecht aus Thalmässing waren die Schreiner, deren Akkord am 6. September 1712 bewilligt wurde. Auch die Rechnung des Schlossers Johann Kolb nennt den Beichtstuhl: „....und das Altarthürlein nebst dem Beichtstuhl mit 1 Paar band, 2 hacken und 1 Schubriegel..." In den von den bayerischen Kirchenbehörden eingeforderten Inventaren von 1858 bis 1870 wird der Beichtstuhl mit „2 Fl. 24 xern" bewertet; vier Gulden war der damals ebenfalls in der Sakristei vorhandene „Tisch zum Aufschreiben der Communicanten" wert. – Nach Mitteilung von Pfarrer Baumgart müssen die Beichtstühle in Thalmässing/ St. Gotthard, Offenbau, Aue und Ruppmannsdorf als verschollen gelten. Auch in der unteren Kirche von Thalmässing, St. Gotthard, einem Bau von Zocha (1721), standen „ein Beichtstuhl mit ledergefüttertem Schemel, Tisch und Lehnstuhl in der Sakristei", wie der Beschreibung der Kirchen des Oberamts Stauf zu entnehmen ist. Im Inventar von 1858-1870 wird dann der vorhandene Lehnsessel in der Sakristei als „Beichtstuhl mit schwarzem Polster" mit einem Wert von 4 fl. aufgeführt. Die Beichtstühle der zu St. Gotthard gehörigen Filialkirchen Ruppmannsburg und Aue sind auch in der erwähnten Akte von 1753 aufgeführt. Sie standen jeweils in der Sakristei.

Qu./L.: Mitteilung von Pfarrer Lothar Baumgart vom 19. Januar 1999. LKAN: Kombinierte Stiftung Stauf, 765, S. 63-66; 73 (1753), S. 265; 840 (Inventare 1858-1870), 73 (Kirchenbeschreibung 1753), S. 308 (St. Gotthard), S. 277 (Ruppmannsburg), S. 279 (Aue); 890 (Inventare 1858-1870). – Bogner S. 76. – Heidelmann S. 52, 55. – KDM Hilpoltstein, S. 300. – Raschzok S. 365 FN. 544.

Tiefenbach
Mittelfranken

Typ 2.1

In der Kirche von Tiefenbach (Markt Thalmässing, Pfarrei Alfershausen, Lkr. Roth, Dek. Weißenburg) entdeckte Helmut Schatz 1995 einen Beichtstuhl. Er gleicht in der Form den beiden Exemplaren in den benachbarten Kirchen von Alfershausen und Eysölden und dürfte in die Mitte des 18. Jahrhunderts zu datieren sein. Da er wohl beim Neubau der Steingruberkirche 1753 angeschafft wurde, gibt er Zeugnis vom Fortbestand der Einzelbeichte im 18. Jahrhundert. Dem kastenförmig umbauten Sitz (2.1) fehlt heute die Tür in der Brüstung. Einziger Schmuck ist die geschweift ausgesägte Oberkante der Rückenlehne, die der des gepolsterten Lehnstuhls in Kirchensittenbach (Dekanat Hersbruck) gleicht. Profilierte schmale Bretter dienen als Arm-

lehnen. Das Sitzbrett ist eingenutet. Alle Teile sind heute einheitlich grau gestrichen.

L.: Heidelmann S. 55, 57. - KDM Hilpoltstein, S. 303ff.
Abb.: Beyerlein.

[Unterlauter]
Oberfranken

Typ 1.1?

Für die Pfarrkirche (ehem. St. Michael) zu Unterlauter (Gde. Lautertal, Lkr. und Dek. Coburg) wird bei Lehfeldt ein „Lehnstuhl" registriert, der heute nicht mehr vorhanden ist. Die Kirche hatte durch Kriegseinwirkungen 1945 starke Zerstörungen erlitten; dabei dürfte auch dieser Stuhl verbrannt sein. Selbst wenn - dem Trend der Zeit entsprechend - trotz der Überlieferung der „Beichtstuhl"-Bezeichnung diese Funktion vom Autor angezweifelt wird, kann man sehr wohl nach Erkenntnissen von heute die Wahrscheinlichkeit einer solchen Aufgabe einräumen. Die Ausführungen im Denkmalbuch für Thüringen bezeugen die Unkenntnis über die Beichte im evangelischen Sinne. Es heißt dort: „Lehnstuhl, eigenthümlich, gewöhnlich für einen Beichtstuhl gehalten, weil zu Seiten des Sitzes rechts und links Bretter sich herausziehen lassen und weil er im Alter wohl noch auf die Zeit des 16. Jahrhunderts, vor Abschaffung der katholischen Gebräuche zurückgehen könnte. Allein der Stuhl ist im Uebrigen ein gewöhnlicher Lehnstuhl, offen, entgegen den Anordnungen zur notwendigen Wahrung des Beichtge-

heimnisses, und seine Seitenbretter sind zu hoch und nicht standfest genug als Stützen für Menschen; sie können eher zum Hinstellen von Geräthen bezw. Büchern gemacht worden sein. Er ist mit grünem Leder mit Goldpressung überzogen. Auf dem Sitze ist dies neu, alt aber an den Armlehnen und Seitenbrettern, wo Rosetten- und Akanthusmuster gut erhalten sind, und an der Rückenlehne. Hier ist, von Blattranken umgeben, der Gekreuzigte zwischen Maria und Johannes erkennbar, nebst der stellenweise undeutlich gewordenen Unterschrift (in theilweise verkehrten Buchstaben): MEIN GOTT MEIN GOTT WARVM HAST DV MICH [VERLAS]SEN. SIE HABEN MEINE HENDE VND FISE DVRCHSTOSSEN ICH MÖCHTE WEINEN OB DER PEINEN. VATER ICH BEFEHLE MEINEN GEIST IN DEINE HENDE."

Qu./L.: Auskunft des Pfarramtsbüros Unterlauter 1999. - KDM Thüringen I, S. 456/457.

Untersteinach
Oberfranken

Typ 2.3
Abb. S. 60

Die Kirche St. Oswald in Untersteinach (Lkr. und Dek. Kulmbach), innerhalb eines mittelalterlichen Kirchenburgensembles gelegen, birgt in ihren z. T. bis in gotische Zeit zurück reichenden Mauern manches Kleinod künstlerischer bzw. kulturhistorischer Art. In dem durch einen Triumphbogen abgetrennten und mit

Emporen bestückten Chorbereich steht an der Seite, rechts, neben dem Zugang zur Sakristei, an die Laibung des Triumphbogens geschmiegt, ein kastenförmiger Einzelstuhl. Nichts weist in der Literatur oder in Pfarrarchivunterlagen darauf hin, dass es sich vermutlich um einen ehemaligen Beichtstuhl handelt, der dem Typ 2.3 zuzuordnen ist. Auf die Rückwand ist ein 37 cm breites, leicht aufsteigendes Brett als Baldachin aufgesetzt, von dessen höchster Stelle aus der ganze Aufbau 212 cm in der Höhenerstreckung misst. Seitlich begrenzen die Rückwand ornamental ausgesägte Wangen, die an der Türseite nur kurz angelegt sind, auf der Seite zur Gemeinde hin bis zum Gesimsbrett hinabreichen.

Der geschlossene Unterbau, an einer Ecke (Nordosten) in eine Emporensäule eingespannt, erhebt sich über einer dem Quadrat genäherten Rechteckgrundfläche von ca. 70 zu 80 cm. Die Brüstungsbretter auf drei Seiten rundum reichen bis zu einer Höhe von 122 cm hinauf. Was den Stuhl besonders heraushebt, sind die Bilddarstellungen auf den drei Brüstungsflächen in grisailleartiger Farbgebung mit brauner Grundierung und rechteckiger, verkröpfter Rahmung. Auf der Türe - zum Chor hin - finden wir eine Darstellung des Apostels Petrus, der seine Hände über der Brust zusammenschlägt und über den ein inschriftlicher Kommentar besagt: „Petrus ging herauß und weinet bitterlich." Auf der Vorderseite der Kastenbrüstung steht eine Gestalt (Christus ?, Apostel Johannes ?), die in der linken Hand ein hohes Kreuz hält und in der rechten die Symbole Kelch und Hostie vorweist. Auf der dem Langhaus, also der Gemeinde

zugewandten Seite sehen wir ein an mittelalterliche Motive angelehntes Christusbild mit einem aus dem Munde wachsenden langen Schwert. Die Szene erinnert an die Schilderung aus der Offenbarung (1,12-14,16), wo der „Menschen Sohn" innerhalb von „sieben goldenen Leuchtern" beschrieben wird, die auf dem Bild auch dargestellt sind. Die sieben Kerzen stecken in hohen Kandelabern, die so angeordnet sind, dass eine vor der Gestalt steht und je drei seitlich gereiht sind. Reue, Eucharistie, Gericht - diese inhaltlich zusammengefassten Bildthemen verweisen deutlich, zusätzlich zu der charakteristischen Platzsituation, auf eine Funktion als Beichtstuhl. Über die Herkunft der Bilder gibt es keine zuverlässigen Nachrichten. Sie sollen jedenfalls 1955 von Franz Wiedl, Nürnberg, überarbeitet worden sein. Da keinerlei Unterlagen - laut Auskunft von Pfarrer Raimund Pretzer - vorliegen, die diesen Stuhl beschreiben oder erwähnen, kann bei der zeitlichen Zuordnung nur von Indizien ausgegangen werden. Die Bearbeitung des Stuhls entspricht sowohl nach der Art der verkröpften Brüstungsfelderungen als auch nach dem Charakter der Bildgestaltung denen des übrigen Gestühls im Chorbereich um den Altar herum. Diese aus Nadelholz gefertigten Chorbänke werden dem „Ende des 19. Jahrhunderts", die Bilder darauf dem „Nazarenerstil" zugeordnet (KDM). Es könnte also möglich sein, dass der aus dem Pfälzischen nach Untersteinach gekommene Pfarrer L. Heller die Einzelbeichte um 1900 belebt hat.

Es muss schließlich als Besonderheit vermerkt werden, dass neben dem

Stuhl, zur Gemeinde hin, an der Wand ein länglich-rechteckiges Brett (90 mal 46 cm) vorhanden und befestigt ist, das man mit Hilfe eines Scharniers herabklappen und auf einen brettartigen Fuß aufstellen kann, so dass es als kleiner Tisch dienen kann. Es wäre durchaus möglich, dass darauf eine Opferbüchse, vielleicht auch ein Buch auflag, in das Eintragungen erfolgten.

L.: Heidelmann: Beichtstuhlbilder in der Pfarrkirche St. Oswald in Untersteinach. Unveröffentlichtes Manuskript eines Aufsatzes. - KDM Stadtsteinach, S. 109. - Meißner II, mit Abb.
Abb. Helmuth Meißner.

Velden I, II
Mittelfranken

Typ 1.3, 2.3
Abb. S. 50

Velden war reichsstädtisch-nürnbergisches Amt. Es galt die Nürnberger Kirchenordnung hinsichtlich der Einzelbeichte, deren Abschaffung man 1790 beschloss. Zwei Beichtstühle sind für die Veldener Kirche (Lkr. Nürnberger Land, Dek. Hersbruck) erwähnt. In der Pfarrchronik von 1912 heißt es zu dem des 18. Jahrhunderts: „Der Beichtstuhl mit spätbarocker Ornamentierung wurde 1734 um den Betrag von 231 Gulden angeschafft". Kommentierend schreibt Schwemmer: „Der Pfarrer nahm tatsächlich in reichsstädtischer Zeit in diesem Stuhl die Beichte ab (ohne daß es sich um eine Ohrenbeichte handelte!)." Die gotische

Pfarrkirche St. Maria wurde 1729 barock umgebaut, als neue Ausstattungsstücke kamen Kanzel und Orgel und Beichtstuhl hinzu.
Der ältere der Beichtstühle stammt aus dem 17. Jahrhundert. Es ist ein Einzelsitz mit halbhoher ornamental ausgesägter Rückenlehne auf einer 5 cm hohen vorn überstehenden Bodenplatte. Der Stuhl ist 159 cm hoch, 90 cm breit und 38 cm tief. Die Kontur der Rückenlehne gleicht der der Brettstühle jener Zeit. An den Vorderkanten geschwungen ausgesägte Seitenwangen schließen mit einem Armlehnenring ab. Den Sitz des Beichtvaters bildet ein auf Leisten ruhendes profiliertes Brett, das in die Wangen eingelassen ist und das um einen Rundstab nach oben geklappt werden kann. Der Stuhl vom Typ 1.3 mit seinem Standort an der südlichen Chorwand neben der Sakristeitür

weist einheitlich blaugrauen Anstrich auf; die Kontur der aufgesteckten Rückenlehne ist braun nachgezogen. Der spätbarocke reich verzierte Baldachinbeichtstuhl, der 1734 231 Gulden gekostet hatte, steht im Chor links vom Altar (Typ 2.3). Er ist 220 cm hoch, am Baldachin ca. 120 und am Sitz 85 cm breit. Die Tiefe beträgt am Sitz 38 cm. Weiß, Gold und Hellblau sind seine Farben. Die Rückwand mit geschnitzten Wangen und Baldachin hat ein gemeinsames Podest mit der Brüstung. Zwischen beiden ist der Zutritt zum Sitz. Das stark profilierte, 17 cm hohe Podest bildet zugleich den Sockel der gebauchten Brüstung. Er ist profiliert und verkröpft und an den schrägen Ecken Basis für eine pilasterähnliche vergoldete Schnitzerei, die unter dem Brüstungsgesims in nach vorn eingerollten Voluten endet. Die Brüstung ist 89 cm hoch, 97 cm breit und 36 cm tief. Die Abdeckung setzt sich innen als schräge Buchauflage fort. Vergoldete Girlanden und Festons finden sich vorn auf der Brüstung wie seitlich auf den Wangen. Der reich verzierten Brüstung entspricht der Schmuck des 30 cm hohen Baldachins mit ausladendem verkröpften Gebälk, von dem vergoldete Schabracken und Quasten sowie geknotete Vorhänge in Himmelblau herabhängen. Am Baldachin innen schwebt der Hl. Geist als silberne Taube, von goldenen Strahlen und silbernen Wolken umgeben. Der Beichtstuhl ist in den Kunstdenkmälern beschrieben als „Evangelischer Typus des Nürnberger Landes". In St. Helena ist im Baldachin des Beichtstuhls ebenfalls eine vergoldete geschnitzte Taube zu finden.

Qu./L.: LKAN: Konsist. Ansbach Nr. 4666 T. II: Pfarrbeschreibung 1864 von Johann Jacob Amman. Im anhängenden Inventar: „1 Beichtstuhl. Werth 1 fl, 45 xer." Ebd. T. III: Pfarrbeschreibung 1912, Beilage von Pfr. Wießmeier. Zitiert in: Schwemmer, W.: Velden a. d. Pegnitz (= Schriftenreihe der Altnürnberger Landschaft XXIV). Nürnberg 1976, S. 71f. - „Sonntagsblatt", München Nr. 3/1998, S. 4 (Abb. von I). - Heidelmann S. 55, 56, 58. - KDM Hersbruck, S. 279, Abb. 274, S. 281. - Hotz: Mittelfranken, S. 152, 230 (Abb. von I). - Rühl S. 338. Abb.: Heidi Kurz.

[Vorra]
Mittelfranken

Typ 1.4

Der archivalisch bezeugte Beichtstuhl in der Kirche von Vorra (Lkr. Nürnberger Land, Dek. Hersbruck) aus dem Jahre 1670 wurde „vernichtet". So heißt es bei Wilhelm Schwemmer 1967. In den Kunstdenkmälern, die 1959 erschienen, ist er abgebildet und beschrieben: „Beichtstuhl in der Sakristei. 2. Hälfte des 17. Jahrhunderts; nürnbergische evangelische Form mit baldachinartiger Rückwand. Wangen lebhaft bewegt (ausgesägt); geflammte Füllungsrahmen. Seitlich geschnitztes Laubwerk mit Weintrauben und Blumen. Rötlicher Anstrich." Es handelte sich um einen Beichtstuhl des Typs 1.4, wie er ähnlich in der zur selben Gemeinde gehörenden Kirche von Artelshofen noch vorhanden ist (um 1720). Mit den „geflammten Füllungen" dürften die spitz auslaufenden rechteckigen Profilrahmen außen auf den Stuhlwangen gemeint sein. Die

Rückenlehne ist durch eine quadratische Füllung mit profilierten Rahmenleisten sowie eine Querleiste und Zahnschnittfries unter dem als Baldachin vorkragenden profilierten Gesims gegliedert. Es ist anzunehmen, dass der Beichtstuhl farbig gefasst und das Feld der Rückwand bemalt waren, evtl. von dem Hersbrucker Maler J. C. Reich. Seit dem 19. Jahrhundert präsentierte er sich „materialgerecht" ungefasst. Da er auch in dieser Form ein repräsentatives, für die Beichtpraxis idealtypisches Möbel darstellte, ist sein Verlust sehr zu bedauern.

L.: Heidelmann S. 55. - Hotz: Mittelfranken, S. 152. - KDM Hersbruck, S. 295f. (Abb. 289).- Schwemmer 1967, S. 82. - Rühl S. 338.
Abb.: Reproduktion der Abbildung in KDM.

Walsdorf
Oberfranken

Typ 1.4

Im Chor der einst ritterschaftlichen Pfarrkirche von Walsdorf (St. Laurentius; Lkr. und Dek. Bamberg) befinden sich im Chorbereich einander gegenüber zwei in die rückwärtigen Mauern eingelassene Gitterstühle, von denen Helmut Schatz annimmt, dass sie - oder einer davon - zur Beichte gedient haben mögen. Nach Auskunft des Pfarramtsbüros gehörte der Stuhl an der Südwand dem Pfarrer, der andere dem „Heiligenpfle-

schnitzte Deckelvase, wobei rechts der Griff dazu fehlt. Eine Buchablage ist vorhanden, aber keine Leiste für die Füße. Auf den braun-schwarz marmorierten Brüstungen sitzen jeweils zwei erhaben gearbeitete verkröpfte Felder. Eine moderne Opferbüchse hängt an der Brüstung des nördlichen Stuhls.

Qu./L.: Hinweis von Helmut Schatz; Auskünfte des Pfarramtsbüros. - Dietz, Otto (Hg.): Kirchengemeindebuch für den Evang.-Luth. Kirchenbezirk Bamberg. [Detmold] 1953. - Förtsch, Heinrich: Walsdorf. In: „Die hohe Warte", Beilage des „Bamberger Tagblatts", 9. 10. 1920. - Mayer, Heinrich: Die Kunst des Bamberger Umlandes. Bamberg 195, S. 281. - Rösch, Walter: Walsdorf [Kirchenführer]. O. O., o. J. Abb. Helmuth Meißner.

ger", wie es bei Förtsch heißt. Nicht weit vom Stuhl des Pfarrers entfernt, auf der westlichen Seite des Triumphbogen, befindet sich der Aufgang zur Kanzel. Dieses Gestühl stammt von 1728. Als Schreiner soll der Königsberger Meister Christoph Raz in Frage kommen. Die Stände, die jeweils direkt in die Ecke zum Triumphbogen hin eingepasst sind, besitzen einen offenen Zugang. Die Bank im Inneren verläuft über die ganze Breite, auch an der Öffnung. Die Vergitterung an den 205 cm hohen Stühlen ist 160 cm breit und reicht jeweils für zwei Personen. An jedem der Gitterwände gibt es ein Schiebegitter. Die Bedachung reicht bei 84 cm Tiefe im Inneren waagrecht bis zur Wand. Zum Anlehnen der wohl neueren Bänke dienen Holzrückwände. Als Aufsätze des oberen Gesimses finden sich analoge Rankenschnitzereien auf beiden Seiten, dazu eine ge-

Weiltingen I, II
Mittelfranken

Typ 1.2, 5

In der Diele des Weiltinger Pfarrhauses steht ein nicht mehr vollständiger Beichtstuhl aus der Kirche St. Peter in Weiltingen (Lkr. Ansbach, Dek. Dinkelsbühl). Da er ungefasst ist, lässt sich die einfache Konstruktion gut ablesen (Typ 1.2). Der Sitz zwischen den oben geschweift ausgesägten Stuhlwangen liegt auf eingenuteten Leisten auf. Er hat die Tiefe der Wangen. Das Fußbrett schließt ebenfalls mit den Wangen ab, die in kufenartigen Holzbohlen eingelassen sind. Offensichtlich wurde das Fußbrett bündig abgesägt, so dass kein Antritt mehr vorhanden ist. Die Rückenlehne besteht aus einem querrechteckigen, oben gerundeten Brett, das von hinten an die Wangen genagelt wurde und mit der Oberkante der Wangen abschließt. Da er ohne Bekrönung, Polsterung oder Fassung ist, kann er genauso gut in das 17. wie in das 18. Jahrhundert datiert werden. Pfarrer Günter Niekel nimmt an, dass der ursprüngliche Standort die Sakristei war und dass das Möbel um 1680 als Beichtstuhl ausgedient hatte und in das Gestühl der oberen Empore eingebaut wurde. Seit der Kirchenrenovierung im Jahre 1979 steht es im Pfarrhaus.

Dieser Beichtstuhl aus der Zeit der Herrschaft Knöringen wurde beim Langhausumbau 1679-1686 unter Herzogin Juliana von Württemberg durch einen bemalten geschlossenen Beichtstuhl ersetzt. Dessen imposante Brüstung ist erhalten; sie weist die Form- und Dekorationselemente der Orgelempore und Logen auf. Einen (Baldachin-?) Aufbau über der Brüstung hat man entfernt, die Schnittstellen sind noch zu erkennen. Rückwand, Seiten und Inneneinrichtung

fehlen ebenfalls. Die Brüstung von 333 cm Breite, 128 cm Höhe und 19 cm Tiefe verdankt ihre Erhaltung vermutlich ihrer Bemalung. Die ursprüngliche Form des Gestühls entspricht in etwa dem Typ 5, wie er in Rugendorf und Gesees vorkommt. An der Innenseite der Brüstung sind noch die Buchablage und der Ansatz der Kniebank zu sehen. Profilierte Leistenrahmen in hochrechteckiger Form mit eingezogenen Seitenmitten rahmen die drei Ölgemälde auf Holz (H. 72 cm, B. 60 cm). Die Themen der Bilder beziehen sich auf die Beichte: Getrennt durch gedrehte Säulen zeigt das linke Bild die Predigt des Petrus im Haus des Hauptmanns Cornelius (Apostelgeschichte 10, 34-43: Schluss der Rede Petri: „Von ihm bezeugen alle Propheten, daß jeder, der an ihn glaubt, durch seinen Namen die Vergebung der Sünden empfängt"). In der Mitte sieht man das Gleichnis vom verlorenen Sohn und rechts das Heilige Abendmahl. (Die Gestalt des Judas mit dem Geldbeutel ist auffällig dem Betrachter zuge-

an, dass die Anbringung der Beicht-stuhlbrüstung an einem Gestühl im Chor 1815 erfolgte, als mit der Angliederung an Bayern die Einzel-beichte entfiel. Vor der Kirchenreno-vierung um 1978 präsentierte sich das Gestühl um die Gemälde ab-gelaugt von der 1953 aufgebrachten weiß-goldenen Fassung. Bei der Re-novierung wurde das gesamte Chor-gestühl, auch der Beichtstuhl, braun lasiert. Heute sitzen in diesem Chor-stuhl die männlichen Konfirmanden, und Pfarrer Niekel hat die Darstellun-gen für Konfirmationssprüche ver-wandt.

wandt.) Maler war der Weiltinger Hofmaler Johann Friedrich Dietrich, der auch die zahlreichen anderen Gemälde im Kirchenraum, 46 mono-chrome an den Emporenbrüstungen und drei farbige an der Orgelempore, geschaffen hat. Pfarrer Niekel nimmt

Qu./L.: Auskünfte Pfarrer Günter L. Niekel. - Heidelmann S. 55, 59f. - KDM Dinkelsbühl, S. 223. - Niekel, Günther L., Pfarrer zu Weiltingen: St. Peterskirche zu Weiltingen in Vergangenheit und Gegenwart. O. J. [1981], S. 17.
Abb.: Günter L. Niekel.

Weimersheim I, II
Mittelfranken

Typ 1.1, 5

In der Sakristei der Pfarrkirche St. Vi-tus in Weimersheim (Lkr. und Dek. Weißenburg) befinden sich als Beicht- und Anmeldemöbel ein le-dergepolsterter Lehnstuhl (Typ 1.1) und ein Tisch, beide aus der Zeit um 1800. Großes Interesse ist dem Pfar-rersitz in der Kirche unter der Kanzel südlich am Chorbogen entgegenzu-bringen, da er in dieser Form in Fran-ken bisher nicht begegnet ist. Durch Rückwand, Konsolen, Stützen und Dekor sind Stuhl und Kanzel zu einer Einheit verbunden. Anderenorts er-

nen Gnadenstuhls, also Beichtstuhls, in Neustädtlein in Sachsen, legen nahe, dass der Stuhl als Beichtstuhl gedient hat. Sitz und geschweift ausgesägte Wangen sind dunkel gestrichen. Der Typ 1.2 entsprechende Stuhl ist hinter der Brüstung von beiden Seiten zugänglich. Mit der Kanzel als Baldachin kann man den Stuhl am besten dem Typ 5 zuordnen. Als Entstehungszeit kann, wie für Altar und Emporen, das Jahr 1738 gelten.

L.: KDM Weißenburg, S. 479ff. (Beichtstuhl nicht erwähnt). - „Geld und Glaube" - Leben in evangelischen Reichsstädten. Katalog zur Ausstellung in Memmingen vom 12. 5. - 4. 10. 1998, S. 60, 134f.
Abb.: Jochen Heidelmann.

haltene Beispiele (Kaufbeuren, Kanzelmodell im Stadtmuseum von 1764) und vor allem eine Predigt aus dem Jahre 1718 anlässlich der Weihe eines mit dem Predigtstuhl verbunde-

Weißenbrunn
Oberfranken

Typ 2.4

In der Pfarrkirche zur Hl. Dreifaltigkeit in Weißenbrunn (Lkr. und Dek. Kronach) steht an der Langhaussüdseite ein „Kirchensitz", wie er bei Breuer genannt wird, der durchaus auch als Beichtstuhl gedient haben könnte. Er ist auf drei bis vier Plätze angelegt, enthält aber eine Türe an der Vorderseite (links). Auf der Türbrüstung ist ein langrechteckiges, verkröpft gerahmtes Feld ausgewiesen, die Fläche daneben ist durch zwei etwa quadratische Felder geschmückt. Alle drei Felder sind mit goldbraunen Rankenmalereien geziert. Der sonst in hellgrüner Grundfarbe gehaltene Stuhl besitzt am baldachinartig vor-

Weißenbrunn

gezogenen Dorsalgesims Rankenschnitzereien; die seitlichen Wangen,
ebenfalls mit ausgesägten Ranken,
nehmen nach unten an Breite zu.
Der ganze Sitz misst 293 cm in der
Länge und 213 cm in der Höhe. Er
steht direkt im rechten Winkel an die
vorderste Gemeindebank gerückt.
Die Rückwand ist einfach gestaltet,
nur durch drei durchgehende senkrechte Leisten gegliedert, deren mittlere etwas breiter und profiliert gestaltet ist. Nach Breuer (KDM)
stammt der „Sitz" aus der Zeit „um
1700".

L.: KDM Kronach, S. 276.
Abb.: Helmuth Meißner.

Weißenkirchberg
Mittelfranken

Typ 3.2
Abb. S. 33

Die spätmittelalterliche Kirche St.
Wendel in Weißenkirchberg (Markt
Lehrberg, Lkr. Ansbach, Dek. Leuters-
hausen) erhielt 1728 einen Lang-
hausneubau von Friedrich von Zocha
und beherbergt einen Kanzelaltar
von Bildhauer Johann Martin Randel.
Zur Ausstattung gehörte der Beicht-
stuhl mit Tisch und Kniebank auf ei-
ner gemeinsamen Trittplatte (Typ 3.2).
Hier niederkniend, empfing der
Beichtende die Absolution durch
Handauflegung. Am Tisch wurde sein
Name in das Beichtregister eingetra-
gen. 1974 ist die Weißenkirchberger
Pfarrkirche in der Chronik von Leutershausen beschrieben. Der Autor
Hermann Schreiber erwähnt den
Beichtstuhl: „In der Sakristei gibt es
eine Seltenheit, einen evangelischen

152

Beichtstuhl für die Einzelbeichte aus dem 18. Jahrhundert." Der Beichtstuhl wurde von Pfarrer Peter Noack aus der Turmkammer wieder in die Kirche verbracht. Er ist um 1975 renoviert worden und einheitlich blau gestrichen. Das Sitzbrett und die Tischplatte auf geschwungenen Konsolen sind ungefasst. Nach Mitteilung des früheren Pfarrers der Gemeinde, Karl Grieninger stand er zuletzt in der Sakristei. Unter dem Gesichtspunkt des Verfalls der Einzelbeichte sah der Kirchenhistoriker Matthias Simon die Form des Weißenkirchberger Möbels: „Der Beichtstuhl, der anderwärts in evangelischen Gebieten zu einer Verbindung von einem Schreibpult mit einem davor angebrachten Knieschemel geworden war - erhalten z. B. in Weißenkirchberg -, war [in Augsburg] zu einer Bank entartet."

Qu./L.: Mitteilung von Pfarrer i. R. Karl Grieninger (+) vom 4. 7. 1996 an Helmuth Meißner. - Heidelmann S. 55, 59. - Raschzok S. 364. - Schatz 1994 (Abb.). - Schreiber, Hermann: Leutershausen. O. J. [1974], S. 195. - „Vielseitiges Kirchenmöbel..." In: „Fränkische Landeszeitung", Ansbach, 11, 15. 1. 1997 (Abb. mit Pfr. Peter Noack). - Simon 1952, S. 528.
Abb.: Helmut Schatz.

Westheim
Mittelfranken

Typ 2.2

Die evangelische Kirche St. Gumbertus in Westheim (Gde. Illesheim, Lkr. Neustadt a. d. Aisch-Bad Windsheim, Dek. Bad Windsheim) hat im Chorturm, über der Sakristei, auf der ehemaligen Chorempore, ein Kirchenmuseum eingerichtet, in welchem der ehemalige Beichtstuhl gezeigt wird. Die mittelalterliche Kirche wurde zu Beginn des 17. Jahrhunderts und 1733 umgebaut und in ihrer Ausstattung verändert. 1611 schuf Georg Brenck d. Ä., Schreiner und Bildschnitzer aus Windsheim, Altar und Kanzel in Westheim „durchwegs aus dem Sechseck konstruiert". Das

Brencksche Retabel wurde 1733 im Kanzelaltar verwendet. Der Beichtstuhl könnte damals angeschafft worden sein. Der Einzelstuhl hat eine hohe, sechseckige Brüstung und eine halbhohe Rückenlehne (2.2), ähnlich wie die Beichtstühle in Winterhausen und Petersaurach. Die Eckschrägen sind mit weißen, dunkel abgesetzten Akanthusranken bemalt. Diese wiederholen sich in ausgesägter Form um das hochrechteckige Mittelfeld der Rückenlehne. Weiße, dunkel konturierte florale Ornamente schmücken hochrechteckige Füllungen vorn und an beiden Seiten der Brüstung. Brüstungsgesims und profilierte Rahmenleisten sind dunkelgraugrün gestrichen. In der Füllung der Rückenlehne lassen sich noch Reste des gemalten Zollernwappens erkennen. Der Stuhlkorb steht auf braunen, gedrückten Kugelfüßen. Die Tür ist in der linken Brüstungsseite und links, mit langen Bandangeln an der Innenseite, befestigt. Der Beichtstuhl ist 185 cm hoch, 80 cm breit, 80 cm tief, die Brüstungshöhe beträgt 106 cm.

L.: Heidelmann S. 55, 58 (Abb.). - KDM Uffenheim, S. 219. - Meißner 1987, Nr. 261. - Schatz 1994 (Abb.). - Sitzmann 1957, S. 71. Abb.: Hildegard Heidelmann.

Wettringen
Mittelfranken

Typ 1.4

Die gotische St. Peter und Paul-Kirche in Wettringen (Lkr. und Dek. Rothenburg ob der Tauber) besitzt Einbauten aus dem 17. bis 19. Jahrhundert. Der Beichtstuhl wurde aus der Sakristei auf den darüber liegenden Dachboden verbracht. In den Kunstdenkmälern wird er in das 16./17. Jahrhundert datiert. Er trägt den gleichen blaugrauen Anstrich wie das ein- und mehrsitzige Gestühl im Chor. Von diesem unterscheiden ihn ausgesägte Kreuze an den vorderen Enden der Wangen. Als Beichtstuhl des Typs 1.4 ist er offen; Sitzbrett und Schulterring, beide auf Leisten aufliegend, werden von geschweift ausgesägten Wangen gerahmt, auf denen ein baldachinartiges profiliertes Brett

aufliegt. Boden oder Sockel fehlen. Das hohe Dorsale hat eine hochrechteckige Füllung, die heute keinerlei Bemalung mehr sehen lässt. Der Beichtstuhl misst 178 cm in der Höhe, 61 cm in der Breite und 39 cm in der Tiefe. Die Sitzhöhe beträgt 48 cm. Er ist in die 2. Hälfte des 17. Jahrhunderts zu datieren. In Wettringen kommen noch einige ältere Gemeindeglieder zur Beichtanmeldung.

Qu./L.: Auskünfte von Pfarrer Klaus Fabricius am 21. 6. 1998. - KDM Rothenburg, S. 123.
Abb.: Hildegard Heidelmann.

Wilhermsdorf
Mittelfranken

Typ 2.2

Die Herrschaft Wilhermsdorf kam 1707 durch Kauf vom Würzburger Bischof an den Grafen von Hohenlohe-Schillingsfürst. Der Kirchenbau entstand damals im Vorarlberger Schema nach Plänen des Architekten Joseph Greising. 1714 war die nun evangelische Kirche (Lkr. Fürth, Dek. Neustadt a. d. Aisch) vollendet. Ein „Pfarrstuhl" in der westlichen Sakristei ist 1972 in den Kunstdenkmälern erwähnt und um 1712 datiert. Die Pfarrbeschreibung von Pfr. Esper 1833 führt ihn als „Beichtstuhl" in der „geräumigen, freundlichen und hellen Sakristei" auf. Es handelt sich um einen kastenförmig umbauten Einzelsitz (Typ 2.2), dessen Brüstungsgesims nach innen pultförmig abgeschrägt ist. Die rechteckige Brüstung besitzt einen umlaufenden

Sockel. Die gefelderten Seiten haben Füllungen mit eingezogenen Mitten, die von verkröpften Leisten gerahmt werden. In die linke Seite ist die Tür eingearbeitet. Sie ist mit schmiedeeisernen Angeln in Form doppelter „S" angeschlagen und trägt eine geschwungen ausgesägte Bekrönung. Beide Seiten sind mit geschwungen ausgesägten und beschnitzten Wangen bis an das profilierte Gesims der Rückwand hochgezogen. Auch die Rückwand ist gefeldert und bekrönt von einem durchbrochenen Bandelwerkornament. Das Material besteht aus Eichenholz. Das erfährt man aus der Kirchenrechnung von 1712/13, in der die Rechnungen von Schreiner Georg Ansorg und Schlosser Johann Conradt Benoldt samt deren Arbeiten am Beichtstuhl aufgeführt sind:. „...Mehr eines saubern Beichtstuhl auch von/ Eichenholz und sauber verkröpft ist darvor 8 fl." Interessant ist, dass die Herrschaft die Gesamtrechnung von 30 fl 15 xern kürzt und

Franziska Barbara Hohenlohe mit ihrer Unterschrift verfügt, dass „dießer zetel mit zwantzig/ sieben Gulden zu bezahlen/ ist." Der Schlosser berechnete für das Beschlagen der Beichtstuhltür „1 fl 46 xr".

Genaue Kenntnis vom Ablauf der Beichte in Wilhermsdorf vermitteln die gedruckte Kirchenordnung Württembergs von 1565 und die handschriftlichen Aufzeichnungen des 1716 tätigen Pfarrers Balthasar Schäblin: „Nach Beichtvesper, Bußsermon, Lied, Bußkollekte, wird der Segen gesprochen. Hernag/ in der Sakristey eines/ nach dem anderen/ die Beicht gehöret/ und darauf, wie/ zu Wilhermsdorf/ auch gebräuchlich, 12/ bis 14 Personen miteinander nach/ nochmahlig vorhern/ gegangener Buß/ -Erinnerung, absolvirt/ werden."

Qu./Lit.: LKAN: PfA Wilhermsdorf, 31 (Kirchenordnung), Fol. 52f. (Schäblin 1716) und R2, Rechnung 1712/13, Belegzettel Nr. 19 v. 18.11.1712 und v. 6.4.1713. - Esper, Pfr. (wohl Christoph Emanuel, 1. Pfr. 1826-48): Pfarrbeschreibung der Kirche St. Martin in Wilhermsdorf. 1833 (Manuskript, LKAN). - Heidelmann S. 55, 57. - KDM Neustadt an der Aisch, S. 194.
Abb.: Helmut Schatz.

Windsbach
Mittelfranken

Typ 1.1

Ein inschriftlich für das Jahr 1719 datierter Beichtstuhl steht in der Sakristei der Stadtpfarrkirche von Windsbach (Lkr. Ansbach, Dek. Windsbach). Seine bequeme Sesselform mit Lederpolster (1.1) und die mögliche Beheizung durch ein Stövchen im durchbrochenen Kasten unter dem Sitz machten dem Pfarrer auch lange Beichtzeiten erträglich. Das Antrittspodest diente zugleich als Kniebank für die Erteilung der Absolution durch Handauflegung. Darauf erheben sich pilasterähnlich die vorderen Stuhlpfosten bis zu den Armlehnen, die in nach innen gerollten Voluten als Handknäufe enden. Der Raum zwischen Antritt und Sitz ist kastenförmig geschlossen mit ausgesägten Vierpäs-

sen in den Füllungen. Die Rückenlehne oberhalb der geschwungenen
Armlehnen zeigt eine aufwendige
Gestaltung: Die Rahmenkonstruktion
enthält zwei hochrechteckige Füllungen mit profilierten Rahmenleisten.
Sie schließt oben mit einem profilierten Gesims ab. Darüber sind wie an
den Seiten Akanthusschnitzereien
angebracht. Die Mitte wird betont
von einer gedrechselten Vase auf einem Sockel mit Diamantschnittquader. Der Stuhl ist aus dunkelpolier-
tem Holz, das Leder mit Ziernägeln
befestigt.

L.: Bogner S. 76. - Heidelmann S. 49, 55,
57, 61, 76. - KDM Ansbach, S. 155. -
Raschzok S. 364 FN. 544. - Schatz 1994
(Abb.). - Töpner S. 265-270 (Abb.). - Zeilin-
ger, Günther (Hg.): Windsbach - ein Dekanat in Franken. Erlangen 1987, S.97 (Abb.).
Abb.: Martin Lagois.

Winterhausen
Unterfranken

Typ 2.3
Abb. S. 40

Der Beichtstuhl in der Pfarrkirche St.
Nikolaus in Winterhausen (Lkr. und
Dek. Würzburg) ist - als bisher einziger fränkischer Beichtstuhl - inschriftlich als solcher benannt. „Martin
Pfeiffer hat diesen Beichtstuhl zum
Andencken machen lassen 1731";
auch Stifter und Anschaffungsjahr
nennt die Inschrift im Mittelfeld der
sechseckigen Brüstung. Derselbe
Pfeiffer hat ihn 1752 auch renoviert,
wie auf einem umlaufenden Schriftband unter dem Brüstungsgesims zu

lesen ist: „Ren MP 1752/ Gott sey/
mir Sünder/ gnädig Luc. 18/ Martin
Pfeiffer Anno 1731". Spruchbänder
und -felder könnten bei dieser Renovierung aufgebracht worden sein.
Der Schreiner ist nicht bekannt, doch
arbeitete laut Kirchenrechnung
1730/31 Hans Merz in der Kirche
und fertigte u. a. in der Sakristei einen Behälter für Chorröcke.
Im Denkmälerinventar des Bezirks
Ochsenfurt ist der Beichtstuhl mit
„Rahmen- und Bandwerkfüllungen"
als „einfach" bezeichnet. Im Vergleich zu den meisten evangelischen
Beichtstühlen in Franken ist er nicht
so schlicht, sondern gehört zum Typus der Einzelsitze mit Brüstung, hoher Rückenlehne samt Baldachin
(2.3). Der Sitz des Beichtvaters ist
umschlossen von einer Brüstung in
der Form eines halben langgezoge-
nen Achtecks, die an einen Kanzel-
korb erinnert und ähnlich an dem
Stuhl von 1715 in der Schlosskapelle
in Holnstein (Kreis Amberg-Sulzbach,
Oberpfalz) zu finden ist. Der Winter-
häuser Beichtstuhl hat einen profilierten Sockel und ein zum Baldachin
ausgezogenes Gesims über einer hohen Rückenlehne. Dieses wird bekrönt und seitlich gestützt von durch-
brochenem ranken- und volutenför-
migen Schnitzwerk. Bandförmige
und achteckige Füllungen in Brüstung, Rückenlehne und Baldachin
sind mit floralen Ornamenten und
Sprüchen geschmückt, im Baldachin:
„Erkenne deine Mißethat daß du wieder deinen Gott gesündiget hast. Jer 3
V. 13"; darunter auf der Rückenlehne: „Ich habe gesündiget wieder den
Herren" und „So hat auch der Herr/
Deine Sünde weggenommen, 2 Sam:
XII, V.13". Der Beichtende konnte so
beim Herantreten an den Beichtstuhl

seine Beichtformel ablesen. Die tröstliche Absolutionsformel wird ihn er-
mutigt haben, seine Sünden zu bekennen und um Vergebung zu bitten.
Der Beichtdialog auf dem Möbel
mag mit entscheidend gewesen sein,
als auf Wunsch der Pfarrgemeinde
das Möbelstück bei der Renovierung
1961 aus der Sakristei (KDM 1911) in
die Kirche verbracht und an der
Langhaussüdwand aufgestellt wurde.
Der
Sitz des Beichtvaters fehlt heute, kur-
ze Armlehnen sind in Brüstungshöhe
eingenutet. Die Tür ist rechts mit langen Bandangeln angeschlagen. Der
Beichtstuhl dient heute u. a. zum
Aufbewahren der Erntekrone und zur
Ablage des Taufsteindeckels. Die nahe Kanzel ermöglicht mahnende Predigten zur Beichtthematik. Einzelbeichte wird nicht mehr geübt, aber
Pfarrer Erwin Siegordner berichtete
1995 von Beichtanmeldung bis
1993.

L.: Dehio Franken, S. 893. - Festschrift zur
500-Jahr-Feier der St. Nikolaus-Kirche Winterhausen. Hg. Kirchengemeinde Winterhausen. 1998, S. 61f. (Abb.). - Heidelmann
S. 27, 49, 55, 58 (Abb.). - KDM Ochsenfurt,
S. 272.
Abb.: Jochen Heidelmann.

[Wirsberg]
Oberfranken

In Wirsberg (Lkr. und Dek. Kulmbach) ist der einst für die dortige
Pfarrkirche St. Johannis d. T. verbürg-
te Beichtstuhl nicht mehr vorhanden.
Der Ortschronist Karl Hahn konnte
dessen frühere Existenz aus einer
Platzbestimmung in der Kirche entnehmen, die im Sterberegister von
1737 festgehalten wurde: Pfarrer Georg Wolfgang Kleemeyer erhielt seine
Grabstätte „in der Kirche neben dem
Beichtstuhl unweit des kleinen Altars".

L.: Karl Hahn: Chronik des Marktes Wirsberg. Bayreuth 1984, S. 164. - Meißner II.

Wonsees I, II
Oberfranken

Typ 1.1, 1.1
Abb. S. 46

Ähnlich wie in der Klaussteinkapelle
finden wir in der Sakristei der Pfarrkirche St. Laurentius zu Wonsees
(Lkr. Kulmbach, Dek. Thurnau) ganz
normal aussehende Stühle, die offenbar speziell für Beichtzwecke angeschafft worden waren, und dies erst
vor rund hundert Jahren. Peter
Poscharsky berichtet darüber: „Die
Sakristei weist noch etwas Besonderes auf, das man leicht übersehen
kann. Seitlich des kleinen Altares in
der Mitte der Ostwand stehen zwei
Stühle. Sie wurden von einem Wonseeser Pfarrer kurz vor 1900 geschnitzt. Sie waren wohl bestimmt für
die Beichte oder die Anmeldung zum

Abendmahl. Der eine Stuhl trägt [auf der Lehne] oben die Zahl fünfundneunzig und unten die Jahreszahl 1517 und in der Mitte die Lutherrose, das Wappen Martin Luthers. Er weist also hin auf die Veröffentlichung der fünfundneunzig Thesen, die man allgemein als Beginn der Reformation ansieht. Dazu ist die Bibelstelle Johannes 3,16 angegeben („Also hat Gott die Welt geliebt, daß er seinen eingeborenen Sohn gab, damit alle, die an ihn glauben, nicht verloren werden, sondern das ewige Leben haben"). Der zweite Stuhl trägt oben das Wonseeser Wappen, im Hauptfeld die Eherne Schlange (den alttestamentlichen Hinweis auf die Kreuzigung Jesu) und die Angabe „Römer 3,23". Dies ist eine der wichtigsten Bibelstellen für die Grundlehre der Reformation: Wir werden ohne Verdienst gerecht aus seiner Gnade durch die Erlösung, die durch Jesus Christus geschehen ist. Die Jahreszahl 1530 weist hin auf die Übergabe des lutherischen Bekenntnisses, der Confessio Augustana, auf dem Reichstag zu Augsburg."
Die Stühle mit relativ niedrigen, korbgeflochtenen Sitzflächen sind 140 cm hoch, der Abstand der Armlehnen vorne unterscheidet sich etwa um einen Zentimeter (56,5 und 55, 5 cm) bei den beiden Exemplaren. Es werden in der Sakristei bis heute die Beichtanmeldungen vorgenommen.

Qu./L.: Auskunft des Messners 1998. - Heidelmann S. 55. - Poscharsky S. 407. - Meißner II.
Abb.: Helmuth Meißner.

[Wunsiedel]
Oberfranken

Die Stadtpfarrkirche von Wunsiedel (Lkr. und Dek. Wunsiedel) musste nach dem Brand des Vorgängerbaues zwischen 1735 und 1739 neu aufgebaut werden, brannte dann aber 1903 durch Blitzschlag wieder bis auf die Umfassungsmauern ab. Der barocke Bau wies auf der unteren Westempore Beichtstühle auf. Die Chronistin, die frühere Stadtarchivarin Elisabeth Jäger, vermerkt dazu: „Auf die untere Westempore baute man mehrere Logen ein und rechts und links davon, was vielleicht überraschen mag, je einen Beichtstuhl."

Qu./L.: Jäger, Elisabeth: Der Neubau der Stadtkirche (Wunsiedel) 1735-1739. Unveröffentlichtes Manuskript, S. 10. - KDM Wunsiedel, S. 419.

Zwernberg
Mittelfranken

Einen zweisitzigen Beichtstuhl mit Brüstung, der inschriftlich "1693" datiert ist, gibt es in der Kirche St. Lorenz in Zwernberg (Markt Schopfloch, Lkr. Ansbach, Dekanat Dinkelsbühl). Diese Filialkirche von Weidelbach (Stadt Dinkelsbühl) stammt aus dem 13./14. Jahrhundert und wurde 1956/57 renoviert und umgestaltet. Der heute ungefasste "Pfarrstuhl" (KDM) mit roten Leisten und roten Akzenten auf der Säulengliederung der Rückwand steht auf seinem ursprünglichen Platz an der Nordseite vor dem Chorraum. Gegenüber war die Kanzel aus der gleichen Zeit, die entfernt wurde. Brüstung und Rund-

bogenfelder der Rückwand des Gestühls dürften Bemalungen getragen
haben, auf der bei der Predigt Bezug
genommen werden konnte. Dem
mittleren Rundbogenfeld ist eine ovale rot eingefasste Kartusche mit dem
Kreuz des Deutschen Ordens, in dessen Besitz Zwernberg und Weidelbach standen, aufgemalt. In Weidelbach steht im westlichen Langhaus
ein Herrschafts- oder Pfarrstuhl aus
der Zeit um 1720, der vielleicht auch
als Beichtstuhl diente. Im Zwernber-
ger Stuhl, der nicht mehr benutzt
wird, ist innen an der Brüstung eine
Kniebank angebracht. Die Sitzbank
ist hochklappbar. Der Beichtstuhl ist
190 cm hoch, 127 cm breit und
80 cm tief, die Brüstungshöhe beträgt
108 cm.

L.: KDM Ansbach, S. 252. - Hinweis von H.
Schatz, Ansbach.
Abb.: Hildegard Heidelmann.

Der Anhang bringt Exemplare, bei denen eine Zuordnung zur Beichtstuhlfunktion nicht sicher getroffen werden kann, sowie einige nach Redaktionsschluss bekannt gewordene Beichtstühle.

Betzenstein
Oberfranken

Typ 1.4

Es gibt (bisher) keinen Nachweis, ob der schmucke „Herrschaftsstuhl" in der Pfarrkirche von Betzenstein (urspr. „St. Mariae Geburt", Lkr. Bayreuth, Dek. Pegnitz) auch als Beichtstuhl gedient hat. Er passt aber von der Stellung und dem Aussehen her ganz in dieses Ambiente und es kann zumindest als höchst wahrscheinlich angenommen werden, dass auf diesem bevorzugten Platz in unmittelbarer Nähe des Chorbereichs Beichte gehört wurde. In der Zeit des Kirchenbaues, 1733-1736, als auch der Stand eingerichtet wurde, war die Einzelbeichte noch sehr beliebt. Dies erst recht an einer Pfarrei, die herrschaftlich zur Stadt Nürnberg gehörte und Sitz von Amtspflegerfamilien war. Das Wappen, das sich in einer Kartusche des geschnitzten und vergoldeten Aufsatzes befindet, gehört den Nürnberger Patrizierfamilien Harsdörffer und Pfinzing von Henfenfeld zu. Vom rückwärtigen Teil des Stuhlraumes aus lässt sich die Treppe hinauf zur eigentlichen Herrschaftsloge, von Einheimischen „Herrnpeierla" bezeichnet, erkennen. Die aus der Flucht der daneben anschließenden Chorwand vortretende und daher in die Absatzstufe des Chorbereichs einschneidende Brüstungsseite mit nach vorne zwei offenen Fenstern ist prächtig gestaltet mit vergoldet und verkröpft gerahmten marmorierten Feldern, drei schmalen Pilastern, die in Goldfestons nach oben hin auslaufen. Nach der dem Kirchenraum zugewandten Seite ist der Stuhl durch eine längere Wand geschlossen, die bis zur im 90-Grad-Winkel fortgesetzten Treppe führt. Auch an dieser Seite werden die Pilaster fortgeführt mit vier Exemplaren in gleicher Form wie an der Vorderseite und

drei Fenster begrenzend. Eine Türe führt von hier aus in den Stuhlraum. Die Fenster sind an dieser Seite durch vergoldete Rankengitter geschlossen. In dem abgeschlossenen Raum stehen zwei bewegliche Stühle. Im Geschoss darüber, der Kanzel direkt gegenüber, springt eine weitere, emblematisch geschmückte und mit Butzenscheiben versehene Herrschaftsloge vor, die für den Nürnberger Pfleger bestimmt gewesen sein soll.

L.: KDM Pegnitz, S. 66, 71, Abb. S. 67, 68. - Poscharsky mit Abb. S. 123. - Schmidt, S. 22.
Abb.: Helmuth Meißner.

Diespeck I, II
Mittelfranken

Typ 2.4, 2.4

Im Chor der Pfarrkirche St. Johannes Bapt. (Lkr. Neustadt a. d. Aisch-Bad Windsheim, Dek. Neustadt a. d. Aisch) stehen einander gegenüber zwei Baldachinstühle, die sehr beichtstuhlverdächtig aussehen, auch wenn nirgends eine solche Funktion erwähnt wird. Im Grundriss des Kunstdenkmälerinventarbandes sind sie eingezeichnet. Im Text werden sie als „Chorgestühl" des 17. Jahrhunderts bezeichnet: „Nördlich ein zweifeldriges und ein dreifeldriges, südlich ein zweifeldriges Gestühl mit gesägten Seitenwangen, Verdachung und Zahnschnitt."

L.: KDM Neustadt a. d. Aisch, S. 49.
Abb.: Hildegard Heidelmann.

[Ebersdorf]
Oberfranken

Pfarrkirche Maria Magdalena. (Stadt und Dek. Ludwigsstadt): „Kirchenstände, 18. Jh., an der Langhausnordseite mit vergitterten Öffnungen, im Westteil der oberen Empore wie die Kirchensitze an der Brüstung der oberen Empore geschieden." (KDM Kronach, S.55.) Diese Stände bestehen nicht mehr seit 1969. Ferner „Stuhl in der Sakristei, an der Lehne die erneuerte Bezeichnung „Anna. Catharina. Tröbstin. 1815." Nach Auskunft von Pfarrer Wolfgang Heckel ist kein Zusammenhang all der genannten Stühle mit der Beichte bekannt.

L.: KDM Kronach, S.55.

Großgründlach
Mittelfranken

Typ 4

Die Kunstdenkmäler des Landkreises Fürth verzeichnen 1963 in der Pfarrkirche St. Lorenz zu Großgründlach (Stadt Nürnberg, Dek. Erlangen) „Chor- und Laiengestühl (mit Türen) in einfacher Aussägeornamentik. Wahrscheinlich von 1719." Ein Beichtstuhl ist nicht aufgeführt. Die Kirche wurde nach dem Brand des Vorgängerbaus 1681 neu errichtet und in den folgenden Jahrzehnten ausgestattet. Diese Einrichtung ist erhalten. Vermutlich diente eines der Gestühle im Chor als Beichtstuhl oder ein solcher befand sich in der Sakristei. Fraglich ist, ob das von B.

von Haller 1990 beschriebene Möbel als Beichtstuhl gedient hat: „An der Westwand steht jetzt der damalige Gotteshauspflegerstuhl - wohl von 1767 - der bis 1987 links neben dem Sakristeieingang seinen Platz hatte; die früher vorhandene Vergitterung wurde 1882 beseitigt." Laut Gotteshausrechnung von 1767/68 erhielt der Schreiner neun Gulden für den Gotteshauspflegerstuhl. Dieses Möbel präsentiert sich heute als Doppelsitz an der Rückwand des Raumes mit zwei Rundbogenfeldern, wie sie im Beichtstuhl in Gesees noch mit den ursprünglichen Gemälden zu sehen sind (Typ 4). Geschweift ausgesägte Wangen rahmen Sitzbank und Dorsale. Sie sind mit der Brüstung in ein gemeinsames Podest eingelassen. Die Brüstung ziert im unteren Teil eine längsrechteckige Füllung. Über dem geschlossenen Unterbau befindet sich, wo einst ein Gitter angebracht gewesen sein könnte, ein wuchtiges, ausgesägtes Ornament

aus geschwungenen Bögen und Voluten. Der Zugang zum Sitz erfolgt
von der Seite. Das Gestühl ist heute
einheitlich grau gestrichen. Malerei-
en, die ikonographisch auf die Beichte hinweisen könnten, fehlen. Auch
wenn kein Nachweis für die Verwendung dieses Möbels als Beichtstuhl
besteht, kommt es dem allgemeinen
Typus eines solchen sehr nahe, und
die Möglichkeit einer solchen Funktion kann nicht ausgeschlossen werden.

Qu./L.: LKAN: PfA Großgründlach, R 3. -
Mündlicher Hinweis von Gertrud Voll. -
KDM Fürth, S. 95ff. - Haller, Bertold Frhr.
von: St. Laurentius in Großgründlach. Geschichte eines Kulturdenkmals im Knob-
lauchsland. Nürnberg 1990, S. 152.
Abb.: Helmuth Meißner.

Kirchleus
Oberfranken
Typ 2.5

Erst nach Redaktionsschluss war von
Pfarrer i.R. Manfred Voigt zu erfahren, dass ein sog. „Pfarrstuhl" der Kirche von Kirchleus (St. Maria Magdalena; Lkr. und Dek. Kulmbach) 1979
in einzelnen Teilen vom Boden geholt, restauriert und an der Rückwand des Kirchenraumes aufgestellt
wurde, der nirgends in der Literatur
genannt und von dem keine Beichtfunktion bekannt ist, obwohl diese
anzunehmen ist. Der Zweizitzer (120
cm breit, 88 tief, Höhe 118 cm vorne
und 130 hinten), vermutlich aus der
Zeit des Umbaus (um 1775) stammend, mit geschweift gestalteter
Rückwand, einer zu öffnenden Türe
und einem Klappsitz, ist in brauner

Grundfarbe gehalten und erhielt auf
der Vorderbrüstung eine Bemalung,
die einem Vorhang gleicht, samt
schabrackenartigem Abschluss oben.
Eine Besonderheit stellt ein beweglicher, oben abgeschrägter kleiner
Schemel dar, der im Inneren statt der
fehlenden Fußablage zum Abstellen
genützt wird, früher vielleicht vor

dem Stuhl als Knieschemel gedient haben könnte. Ein weiterer ähnlich gestalteter Sitz steht im Chorbereich an der linken Stirnwand, neben dem Zugang zur Sakristei, der aber in den Formen denen des wohl neueren Gestühls der übrigen Kichenausstattung gleicht und völlig schmucklos ist.

Qu.: Hinweis von Pfarrer i.R. Manfred Voigt, Kulmbach-Höferänger.
Abb.: Helmuth Meißner.

Moratneustetten
Mittelfranken

Typ 5

Bei der Filialkirche St. Martin in Moratneustetten (Pfarr- und politischen Gemeinde Weihenzell, Lkr. und Dek. Ansbach) handelt es sich um ein „sehr altes, vermutlich ohne Wasserwaage und Richtschnur gemauertes Kirchenschiff mit einem niedrigen Turm...", laut Kunstdenkmälerangaben aus dem „13. oder frühen 14. Jahrhundert" stammend. Unter die Empore eingefügt ist ein mit Ecksäulen und durch flache Segmentbogen geschlossener Baldachinstuhl, der als Beichtstuhl gedient haben könnte, auch wenn dafür kein Nachweis vorliegt.

Qu./L.: Hinweis von Werner Baumbach, Oberasbach. - KDM Ansbach, S. 127f.
Abb.: Werner Baumbach.

Moratneustetten

[Nemmersdorf]
Oberfranken

Stadt Goldkronach, Lkr. Bayreuth, Dek. Bad Berneck, Pfarrkirche „Unsere Liebe Frau".
In der 1999 erschienenen Chronik „1149 Nedemaresdorf - 1999 Nemmersdorf - Beiträge zur Ortsgeschichte eines Dorfes im Fichtelgebirge" (Bayreuth 1999) schreibt der Ortspfarrer Gerhard Fellner S. 388: „In Altarnähe dürfte es auch einen Beichtstuhl gegeben haben. Fotografien aus der 1. Hälfte des 20. Jahrhunderts lassen dies in der Gestalt eines vergitterten Gestühls an der Langhausostwand vermuten."

[Steinbach an der Hai-
de]

Oberfranken

Gde. Stadt Ludwigsstadt, Lkr. Kronach, Dek. Ludwigsstadt, Pfarrkirche
St. Elisabeth.
Im KDM wird ein Pfarrstuhl angegeben aus dem 17. Jahrhundert als Verschlag hinter dem Altar mit vergitter-
tem Schiebefenster. Laut Auskunft des
Pfarramtes von 1999 besteht dieser
nicht mehr und es ist nicht bekannt,
wann er beseitigt wurde.

L.: KDM Kronach, S. 240.

Aland, Kurt: August Hermann Francke und die Privatbeichte. In: Monatsschrift für Pastoraltheologie 45 (1956), S. 272-285.

Aland, Kurt: Kirchengeschichtliche Entwürfe. Darin: Die Privatbeichte im Luthertum von ihren Anfängen bis zu ihrer Auflösung. Gütersloh 1960.

AO= Archiv für Geschichte von Oberfranken, herausgegeben vom Historischen Verein für Oberfranken, Bayreuth.

Ausst.-Kat. Regensburg: 450 Jahre evangelische Kirche in Regensburg 1542-1992. Katalog der Ausstellung der Stadt Regensburg 15. Oktober bis 17. Januar 1993, Regensburg 1992.

Das Augsburger Bekenntnis Deutsch. Revidierter Text. Hg. v. Günther Gaßmann in Zusammenarbeit mit Niels Hasselmann..., 6. Aufl., Göttingen 1988.

Bezzel, Ernst: Frei zum Eingeständnis. Geschichte und Praxis der evangelischen Einzelbeichte (= Calwer Theologische Monographien 10). Stuttgart 1982.

Bezzel: In TRE 1993, Bd. 5, S.425.

Boehme, Wolfgang: Zeichen der Versöhnung. Beichtlehre für evangelische Christen. München/Hamburg 2/1969.

Bogner, Gerhard: Also auch auf Erden. Bayerns Evangelisch-Lutherische Kirche. Dachau 1993.

Brecht, Martin: Geschichte des Pietismus. Hg. im Auftrag der Historischen Kommission zur Erforschung des Pietismus. Bd. 1: Der Pietismus vom siebzehnten bis zum frühen achtzehnten Jahrhundert. Göttingen 1993.

Brückner, Wolfgang: Kulturprägung durch Konfession. Evangelisches Volksleben in Franken und seine Erforschung. In: „Bayerische Blätter für Volkskunde" 19 (1992), Heft 3, S. 129-154.

CCBC = Corpus Constitutionum Brandenburgico Culmbacensium. Bayreuth 1746.

Dehio Franken = Dehio, Georg: Handbuch der Deutschen Kunstdenkmäler. Bayern I Franken. München 1979.

Diestelmann, Jürgen (Hg.): Beichtstühle. In: Treue und Bekenntnis. Festschrift für Wolfgang Büscher. Braunschweig 1994, S. 116-122.

Evangelisches Gesangbuch, Ausgabe für die Evangelisch-Lutherischen Kirchen in Bayern und Thüringen. München 1994.

Evangelisches Kirchenlexikon, Göttingen 1956.

Frank, Isnard W.: Beichte II. Mittelalter. In: TRE 5 (1993), S. 414-419.

Franke, August Hermann: Kurtzer und Einfaeltiger Entwurff Von den Mißbraeuchen des Beichtstuhls, Halle 1697

Gaßmann, Günther (Hg. in Zusammenarbeit mit Niels Hasselmann): Das Augsburger Bekenntnis Deutsch. Revidierter Text. Göttingen, 6/ 1988.
Graff, Paul: Geschichte der Auflösung der alten gottesdienstlichen Formen in
   der evangelischen Kirche Deutschlands. I. Bd.: Bis zum Eintritt der Aufklärung und des Rationalismus. II. Bd.: Die Zeit der Aufklärung und des Rationalismus. Unveränd. Waltrop 2/ 1994.

Händel, Fred/ Herrmann, Axel (Hg.): Das Hausbuch des Apothekers Michael
   Walburger. 33.-37. Bericht des Nordoberfränkischen Vereins für Natur-, Ge-
   schichts- und Landeskunde e. V. in Hof. Hof 1988, 1989, 1990, 1991, 1992.
Heidelmann, Hildegard: Zeugnisse zur evangelischen Beichte in Franken. Un-
   gedruckte Magisterarbeit. Würzburg 1995.
Hofmann, Helmut (Hg.): Evangelisch im Bayreuther Land. Erlangen 1993.
Hotz, Joachim/ Maierhöfer, Isolde: Aus Frankens Kunst und Geschichte. Ober-
   franken. Lichtenfels 1970.
Hotz, Joachim: Aus Frankens Kunst und Geschichte. Mittelfranken. Lichtenfels
   1976.
Hundsbichler, H.: Beichtstuhl in: Lexikon des Mittelalters Bd.1.
   München/Zürich 1980. Sp. 1819.

Jezler, Peter: Himmel, Hölle, Fegefeuer. Das Jenseits im Mittelalter. Katalog der
   Ausstellung des Schweizerischen Landesmuseums i. Zus. m. d. Schnütgen-
   Museum u. d. Mittelalter-Abteilung d. Wallraf-Richartz-Museums d. Stadt
   Köln.
Jordahn, Ottfried: Georg Friedrich Seilers Beitrag zur Praktischen Theologie der
   kirchlichen Aufklärung. Nürnberg 1970.
Jung, Wolfgang: Liturgisches Wörterbuch. Berlin 1964.

Kantzenbach, Friedrich Wilhelm: Evangelischer Geist und Glaube im neuzeitli-
   chen Bayern (= Schriftenreihe zur Bayerischen Landesgeschichte 70). Mün-
   chen 1980.
KDM Ansbach = Fehring, Günther P.: Bayerische Kunstdenkmale II, Stadt und
   Landkreis Ansbach. München 1958.
KDM Bayreuth = Gebeßler, August: Bayerische Kunstdenkmale VI, Stadt und
   Landkreis Bayreuth. München 1959.
KDM Dinkelsbühl = Gebeßler, August: Bayerische Kunstdenkmale XV, Stadt
   und Landkreis Dinkelsbühl. München 1962.
KDM Feuchtwangen = Ramisch, Hans K.: Bayerische Kunstdenkmale XXI,
   Landkreis Feuchtwangen. München 1964.
KDM Forchheim = Breuer, Tilmann: Bayerische Kunstdenkmale XII, Stadt und
   Landkreis Forchheim. München 1961.
KDM Fürth = Gebeßler, August: Bayerische Kunstdenkmale XVIII, Stadt und
   Landkreis Fürth. München 1963.
KDM Gunzenhausen = Gröber Karl/ Mader, Felix: die Kunstdenkmäler von
   Mittelfranken VI, Amt Gunzenhausen. München 1937

KDM Hersbruck = Schwemmer, Wilhelm: Die Kunstdenkmäler von Mittelfranken X, Stadt und Landkreis Hersbruck. München 1959.

KDM Hilpoltstein = Mader, Felix: Die Kunstdenkmäler von Mittelfranken III, Bezirksamt Hilpoltstein. München 1929 (1983).

KDM Kitzingen = Lill, Georg/ Weysser, Friedr. Karl: Die Kunstdenkmäler des Königreichs Bayern III, Unterfranken und Aschaffenburg II: Stadt und Bezirksamt Kitzingen. München 1911.

KDM Kronach = Breuer, Tilmann: Bayerische Kunstdenkmale XIX, Landkreis Kronach. München 1963.

KDM Kulmbach = Gebeßler, August: Bayerische Kunstdenkmale III, Stadt und Landkreis Kulmbach. München 1958.

KDM Lauf = Meyer, Werner/ Schwemmer, Wilhelm: Die Kunstdenkmäler von Mittelfranken XI, Landkreis Lauf an der Pegnitz. München 1966.

KDM Lichtenfels= Breuer, Tilmann: Bayerische Kunstdenkmale XVI, Landkreis Lichtenfels. München 1962.

KDM Marktheidenfeld = Feulner, Adolf: Die Kunstdenkmäler des Königreichs Bayern III, Unterfranken und Aschaffenburg VII, Bezirksamt Marktheidenfeld. München 1913.

KDM Münchberg = Breuer, Tilmann: Bayerische Kunstdenkmale XIII, Landkreis Münchberg. München 1961.

KDM Neustadt a. d. Aisch = Strobel, Richard/ Liedke, Volker: Bayerische Kunstdenkmale XXXII, ehem. Landkreis Neustadt a. d. Aisch. München 1972.

KDM Nürnberg= Fehring, G. P./ Ress, A.: Bayerische Kunstdenkmale, Die Stadt Nürnberg. München 1961.

KDM Ochsenfurt = Mader, Felix: Die Kunstdenkmäler des Königreichs Bayern III, Unterfranken und Aschaffenburg I, Bezirksamt Ochsenfurt. München 1911 (1983).

KDM Pegnitz = Schädler, Alfred: Die Kunstdenkmale von Bayern, Band II Landkreis Pegnitz / Oberfranken. München 1961.

KDM Rehau = Brix, Michael/ Lippert, Karl-Ludwig: Bayerische Kunstdenkmale XXXIV, Ehemaliger Landkreis Rehau und Stadt Selb. München 1974.

KDM Rothenburg = Ramisch, Hans K.: Bayerische Kunstdenkmale XXV, Landkreis Rothenburg. München 1967.

KDM Scheinfeld = Hojer, Gerhard: Bayerische Kunstdenkmale XXXV, ehemaliger Landkreis Scheinfeld. München 1976.

KDM Schwabach = Gröber, Karl/ Mader, Felix: Die Kunstdenkmäler von Mittelfranken VII, Stadt und Landkreis Schwabach. München 1939.

KDM Stadtsteinach = Lippert, Karl-Ludwig: Bayerische Kunstdenkmale XX, Landkreis Stadtsteinach. München 1964.

KDM Thüringen I = Lehfeldt, Paul: Bau- und Kunstdenkmäler Thüringens, Heft XXXII Amtsgericht Coburg. Jena 1906.

KDM Thüringen 4 = Lehfeldt, Paul/ Voss, Georg: Bau- und Kunstdenkmäler Sachsen-Weimar-Eisenach XXXVII, Thüringen Heft 4. Jena 1911.

KDM Uffenheim = Ramisch, Hans K.: Bayerische Kunstdenkmale XXII, Landkreis Uffenheim. München 1966.

KDM Weißenburg = Mader, Felix/ Gröber, Karl: Die Kunstdenkmäler von Mittelfranken. V. Stadt und Bezirksamt Weißenburg in Bayern. München 1932.

KDM Wunsiedel = Röttger, Bernhard Hermann: Die Kunstdenkmäler von Bayern/ Oberfranken, Band I, Landkreis Wunsiedel und Stadtkreis Marktredwitz. München 1954.

Kerner, Hanns/ Seitz, Manfred u.a.(Hg.): Die Reform des Gottesdienstes in Bayern im 19. Jahrhundert. Quellenedition, Bd. 1-3. Stuttgart 1995-1997.

Kirchliches Handlexikon (Karl Meusel). Bd. I. 1887.

Klein, Laurentius: Evangelisch-lutherische Beichte. Lehre und Praxis (= Konfessionskundliche und kontroverstheologische Studien 5). Paderborn 1961.

Kliefoth, Theodor Friedrich Detlev: Liturgische Abhandlungen. 2. Bd. Schwerin 1856.

Kneule, Wilhelm: Die Entwicklung der Beichte in der ehemaligen Markgrafschaft Brandenburg-Bayreuth-Kulmbach 1533-1810. In ZBKG. Nürnberg, 37/1968.

Kolde, Theodor: Zur Geschichte des Gottesdienstes in Nürnberg. In: Beiträge zur Bayerischen Kirchengeschichte III (1897), S. 190f.

Kraußold, Lorenz: Geschichte der evangelischen Kirche im ehemaligen Fürstenthum Bayreuth. Erlangen 1860.

Langmaack, Gerhard: Evangelischer Kirchenbau im 19. und 20. Jahrhundert, Kassel 1971.

Leder, Klaus: Kirche und Jugend in Nürnberg und seinem Landgebiet 1400 - 1800 (= Einzelarbeiten aus der Kirchengeschichte Bayerns 52). Neustadt a. d. Aisch. 1973.

Lipffert, Klementine: Symbol-Fibel. Kassel 1961.

Löhe, Wilhelm: Beicht- und Kommunionbuch für evangelische Christen. Zum Gebrauch sowohl in als außerhalb des Gotteshauses. 9. Aufl. Gütersloh 1919, S. 97.

Loewenich, Walther von: Martin Luther. Der Mann und das Werk. München 1982.

Lohse, B.: Die Privatbeichte bei Luther. In: Kerygma und Dogma 14 (1968), S. 207-228.

Luther, Martin: D. Martin Luthers Werke. Kritische Gesamtausgabe. Weimar 1883ff. (= WA).

Mager, Inge: Beichte und Abendmahl nach lutherischen Beicht- und Kommunionbüchern aus vier Jahrhunderten. In: Makarios-Symposium über das Gebet. Vorträge der dritten Finnisch-deutschen Theologentagung in Amelungsborn 1986, hg. von Jouko Martikainen und Hans-Olof Kvist. Abo 1989, S. 169-185.

Marsch, Angelika: Bilder zur Augsburger Konfession und ihren Jubiläen. Mit einem Beitrag von Helmut Baier. Weißenhorn 1980.

Maurer, S. Wilhelm: Der Pietismus und die Privatbeichte. In: ELKZ 10 (1956), 218-221.

Meißner, Helmuth: Kirchen mit Kanzelaltären in Bayern. München/Berlin 1987.

Meißner I: Beichtstühle - Raritäten im Bayreuther Land. In: „Heimat-Kurier", Beilage des „Nordbayerischen Kuriers", Bayreuth Nr. 10/1996.

Meißner II: Kostbare und seltene Relikte in vier Kirchen - Evangelische Beichtstühle im Kulmbacher Land. In: „Aus der fränkischen Heimat", Beilage der „Bayerischen Rundschau", Kulmbach Nr. 8/1997.

Melanchthon, Philipp: Loci Communes (1521/1559), zit. nach Benrath (TRE 1993), Bd. V. 467f.

Nicolai, Friedrich: Beschreibung einer Reise durch Deutschland und die Schweiz, im Jahre 1781. Nebst Bemerkungen über Gelehrsamkeit, Industrie, Religion und Sitten. 1. Bd. Berlin 1783. In: Bd. 15 der Neuauflage, hg. v. Bernhard Fabian und Marie-Luise Spieckermann, Hildesheim u.a. 1988.

Obst, Helmut: Der Berliner Beichtstuhlstreit. Die Kritik des Pietismus an der Beichtpraxis der Lutherischen Orthodoxie (= Arbeiten zur Geschichte des Pietismus, hg. von Kurt Aland u. a., 11). Witten 1972.

Peters, Albrecht: Die Einzelbeichte als Vollzugsform des Schlüsselamtes. In: Kommentar zu Luthers Katechismen. Band 5: Beichte, Haustafel, Traubüchlein, Taufbüchlein, Göttingen 1994, S. 15-93.

Pietzcker, Carl (Hg.): Jean Paul: Siebenkäs. Stuttgart 1988.

Pfeiffer, Gerhard: Die Einführung der allgemeinen Beichte in Nürnberg und seinem Landgebiet. In: ZBKG, S. 40-67 u. 172-183.

Poscharsky, Peter: Die Kirchen der Fränkischen Schweiz. Erlangen 1990.

Raschzok, Klaus: Lutherischer Kirchenbau und Kirchenraum im Zeitalter des Absolutismus. Dargestellt am Beispiel des Markgraftums Brandenburg-Ansbach 1672-1791, 2 Bände. Frankfurt/Main u. a. 1988.

RDK = Reallexikon zur deutschen Kunstgeschichte. Stuttgart 1937ff. Stichwort „Beichtstuhl".

Rickert, Arnold (Hg.): darin: Löhe, Wilhelm, Vom Schmuck der heiligen Orte. Bielefeld. Kassel 1949, S. 25f.

Roepke, Claus-Jürgen: Die Protestanten in Bayern. München 1972.

Rühl, Eduard: Kulturkunde des Pegnitztales und seiner Nachbargebiete. Nürnberg 1961.

Scharfe, Martin: Evangelische Andachtsbilder (= Veröff. des staatl. Amtes für Denkmalpflege Stuttgart, Reihe C: Volkskunde Bd. 5). Stuttgart 1968.

Schatz 1994 = Schatz, Helmut: Privatbeichte hat sich noch lange halten können. In: „Fränkische Landeszeitung", Ansbach, Nr. 297 vom 24. 12. 1994 (mit Abb.).

Schatz 1995 = Schatz, Helmut: Evangelische Beichtstühle in Franken. In: „Sonntagsblatt" Nr. 47 vom 19. 11. 1995 (mit Abb.).

Schatz 1996 = Schatz, Helmut: Evangelische Beichtstühle in mittelfränkischen Kirchen. In: „Frankenland", Würzburg 2/1996, S. 94-98 (mit Abb.).

Schelter, Alfred: Der protestantische Kirchenbau des 18. Jahrhunderts in Franken (= Die Plassenburg 41). Kulmbach 1981.

Schlombs, Wilhelm: Die Entwicklung des Beichtstuhls in der katholischen Kirche (= Studien zur Kölner Kunstgeschichte 8). Düsseldorf 1965.

[Schmidt, Christian] (Hg.): unterwegs daheim - daheim unterwegs. Glauben und leben im Dekanat Pegnitz. Pegnitz 1994.

Schmidt, Frank: Die Beichtstühle als Bestandteile ev.-luth. Kirchenausstattung. Unveröffentlichtes Manuskript, Dresden [1999].

Schober, Theodor: Wilhelm Löhe. Ein Zeuge lebendiger lutherischer Kirche. Gießen und Basel 1959.

Schornbaum, Karl: Geschichte der Pfarrei Alfeld. Erlangen 1922.

Schwemmer 1967 = Schwemmer, Wilhelm: Kunst in Stadt und Land Hersbruck (= Schriften der Altnürnberger Landschaft 16). Hersbruck 1967.

Seggel, Friedrich C.: Zur Einführung der Allgemeinen Beichte in Bayreuth. In: ZBKG 26/1957

Seggel, Friedrich C.: Hummelgauer Heimatbuch. Bayreuth 1963.

Sehling, Emil: Die evangelischen Kirchenordnungen des 16. Jahrhunderts. Fortgeführt vom Institut für evangelisches Kirchenrecht der Evangelischen Kirche in Deutschland zu Göttingen. 11. Bd., I. Teil Franken, Tübingen 1961.

Simon 1952 = Simon, Matthias: Evangelische Kirchengeschichte Bayerns. Nürnberg 1952, 2. Aufl.

Simon 1957 = Ansbachisches Pfarrerbuch. Die Evangelisch-Lutherische Geistlichkeit des Fürstentums Brandenburg-Ansbach 1538-1806 (= Einzelarbeiten aus der Kirchengeschichte Bayern XXVIII). Nürnberg 1957.

Simon 1960 = Simon, Matthias: Historischer Atlas von Bayern/ Die evangelische Kirche. München 1960.

Simon 1965 = Nürnbergisches Pfarrerbuch. Die evangelisch-lutherische Geistlichkeit der Reichsstadt Nürnberg und ihres Gebietes 1524-1806 (= Einzelarbeiten aus der Kirchengeschichte Bayerns XLI). Nürnberg 1965.

Sitzmann, Karl: Künstler und Kunsthandwerker in Ostfranken (= Die Plassenburg 12). Kulmbach 1957.

Skov, Erik: Skriftemal og Skriftestol (= Beichte und Beichtstuhl). In: Kirkens bygning od. brug. Studier Tilegnet Elma Moller. Nationalmuseets Forlag. Kopenhagen 1983.

Spener, Philipp Jakob: Theologische Bedenken... 3 Bde. Berlin 1676.

Spindler, Max (Hg.) Bayerische Geschichte im 19. und 20. Jahrhundert. Sonderausgabe München 1978.

Stählin: Meine Seele erhebt den Herrn. Briefe von Frau Oberin Therese Stählin. Neuendettelsau 1957.

Stuhlfauth, Georg: Protestantische Privatbeichte und protestantische Beichtstühle in Ostpreußen. In: „Monatsschrift für Gottesdienst und kirchliche Kunst" 40 (1935), S. 231-234 (o. Abb.).

Sturm, Leonhard Christoph: Architectonisches Bedencken von protestantischer Kleinen Kirchen Figur und Einrichtung. An Eine Durchläuchtige Person über einem gewissen Casu gestellet/ Und Als eine offtmahls vorkommende Sache zum gemeinen Nutzen im Druck gegeben/ Mit dazu gehörigen Rissen. Hamburg 1712.

Tauch, Max: Der Beichtstuhl in den katholischen Kirchen des deutschen Barock. Phil. Diss. Bonn 1969.
Thomas, Edith: Beichtbüchlein für evangelische Christen. Kassel 1951.
Töpner, Kurt: Lutherische Orthodoxie und theologischer Rationalismus. Auswirkungen auf den evangelischen Kirchenbau in Franken. In: Schönere Heimat, München, 4 (1997), S. 265-270.
TRE = Theologische Realenzyklopädie. Berlin/New York 1980, Band 5.

Ulbrich, Anton: Geschichte der Bildhauerkunst in Ostpreußen. Königsberg o. J. (1929).

Zobel, Alfred: Beichtstühle in schlesischen evangelischen Kirchen. In: Evangelisches Kirchenblatt für Schlesien Nr. 31 (31. Juli 1932), S. 265-268, Nr. 32 (7. August 1932), S. 273-278, Nr. 33 (14. August 1932), S. 281-284 (o. Abb.).
Zündel, Friedrich/ Schneider, Heinrich: Johann Christoph Blumhardt. Ein Lebensbild. Gießen 11/1928.

Orte und Namen. Kursive Ziffern verweisen auf Abbildungen

Abel, Karl 31
Aland, Kurt 29
Alfeld 48, 49, 50, *65*, 66
Alfershausen (Thalmässing-) 45, *66*,
    82, 142
Altdorf 9, *10*, 11, 29, 34, 45, 46, 67,
    68, 92, 116, 136
Altenstadt (Neustadt-/Opf.) 32
Altheim (Dietersheim-)53, 54, *68,
    69, 74*
Althofer, D. Christoph 25
Ansbach 15, 27, 45, 52, 59
Ansorg, Georg 155
Artelshofen (Vorra) 42, *44,* 46, 49,
    69, 70, 89, 146
Arzberg 40, 53, 70, 113
Aue (Thalmässing-) 70, 142
Augsburg 18, 24, 25, 52, 64, 153,
    159
Auwera, Johann Georg 88

Backoff, Wolfgang 129
Baden, Markgraf v. 15
Bad Windsheim, St. Kilian 20, 43,
    52, 59
Baemler, Johannes 64
Baier, Dr. Helmut 18
Baudenbach 43,
Baumgart, Lothar 142
Bayreuth 10, 25, 26, 27, 28, 29, 30,
    33, 43, 44, 56, 59
Bayreuth-St.Georgen 14, 56, *71*
Benk (Bindlach-) 34, *35*, 44, 47, 50,
    60, 61, *73*
Benoldt, Johann Conradt 155
Berlin 26, 27
Bernau 13
Berolzheim (Bad Windsheim-) 54,
    55, 61, *73*

Bertholdsdorf (Windsbach-) 45, *74*
Betzenstein 41, 54, *161*
Bezzel, Dr. Ernst 24, 62
Bibelt, Johann Samuel 134
Billenberger, Joachim 118
Bindlach 72, 75
Birkenfeld 43
Bischofsgrün 75
Blumhardt, Johann Christoph 29
Böhme, Wolfgang 33, 63
Bogner, Gerhard 62, 63
Borromäus, Karl 36, 39
Brandenburg-Ansbach 10
Brandenburg-Ansbach/Kulmbach 22,
    24
Brandenburg-Bayreuth 27
Brandenburg-Kulmbach/Bayreuth 20,
    25, 29
Brater, Paul 58, 134
Breitenau (Feuchtwangen-) *75, 76*
Brenck, Georg 153
Brodswinden (Ansbach-) *76*
Bromig, Johann Leonhard 70
Brosig, Michael 70
Brückner, Prof. Dr. Wolfgang 12, 14,
    90, 91, 113
Buch am Wald *77*
Buchau (Mainleus-) *77*
Buchbrunn 20
Bugenhagen, Johannes 17, 37

Calvin, Johannes 29
Canisius, Peter 62
Castell, Susanne Gräfin 130
Christian Ernst, Markgraf 25, 27
Coburg 18, 20
Cranach, L. d. J. *37*
Creußen 78

Dänemark 13
Delsenbach, Johann A. 43
Diespeck *162*
Dietelmaier, Johann Augustin 68
Dietenhofen 54, 100
Dietrich, Johann Friedrich 51, 149
Dietrich, Veit 22, 23, 24
Dinkelsbühl 49, *78,* 150
Dorfgütingen (Feuchtwangen-) 14, 49, 79, 81
Dresden 12

Ebersdorf (Ludwigsstadt-) 41, 163
Egenhausen (Obernzenn-) 51, *80*
Elhardt, Arnulf 124
Elseßer, Barbara 81
Elseßer, Georg Heinrich 81
Emtmannsberg 80
Engelhardt, Hans 78
Engelthal 14, 81, 125
Erlangen 27, 29, 34
Erlangen-Nürnberg/Univ. 12, 136
Esper, Christoph Emanuel 155
Etwashausen (Kitzingen-) 41, 53, 82
Eysölden (Thalmässing-) 49, *82,* 83

Fellner, Gerhard 165
Flachslanden 54, 74, *83*
Fleischmann, Johann 87
Forst (Gerhardshofen-) *84,* 85
Francke, August Hermann 26, 27, 29, 62
Frankreich 36
Fürth 59, 129
Furttenbach, Joseph 25

Gabrieli, Gabriel de 141
Gauerstadt *85*
Gebeßler, August 71, 85, 86, 113, 120
Georg Friedrich Karl, Markgraf 26, 27
Georg Wilhelm, Markgraf 25
Gerhardshofen 43, 84
Gesees 42, 57, *85,* 86, 149
Glaucha/Sachsen-Anhalt 26
Götz, Balthasar 105
Goldkronach 54, 55, 61, 86, *87*

Gollhofen 51, 80, *88*
Gräfenberg 88
Graff, Paul 26, 62
Greising, Joseph 155
Greifswald 13
Grieninger, Karl 33, 153
Groß, Johann Matthäus 75
Großgründlach (Nürnberg-) 41, 54, *163,* 164
Guttenberg 89
Guttenberg v. 58

Hahn, Karl 158
Halle 26, 27
Haller, Johann Christoph 81
Hallerstein, Bernhard Haller v. 163
Hamburg 13
Harleß, Adolf v. 31
Harsdörffer 161
Hecht, Heinrich Samuel 141
Heckel, Wolfgang 163
Heidelmann, Hildegard 14, 90, 120,128
Henfenfeld 14, 42, 46, *89,* 125
Henfenfeld, Pfinzing v. 161
Herreth (Izgrund-) *90, 91*
Herrnhut 27
Hersbruck 14, 40, 41, *56, 57,* 59, *92*
Herzog, Johann Adam 79
Hildmann, Andreas 12, 108
Hiltpoltstein 15, 44, 45, 47, *93,* 98
Himmelkron 9, 28, 45, 63, 93, 125,
Hof 16, 40, 72, 93
Hohenberg 94
Hohenberger, Dr. Eleonore 135
Hohenlohe, Franziska Barbara v. 155
Hohenlohe-Schillingsfürst, Grafen v. 155
Hohenstadt 43
Holnstein/Opf. 157
Horb, Johann Heinrich 27

Ickelheim *94,* 95
Insingen *95*
Italien 36

Jäger, Elisabeth 159
Jean Paul 15
Johann Casimir, Herzog 139
Jung, Wolfgang 32

Kachelofen, Konrad 64
Kalbensteinberg 43
Kantzenbach, Friedrich Wilhelm 26,
    27, 62, 63,
Kapp, D. Johann 30, 72, 80, 85
Karlstadt, Andreas 17
Kasendorf *9*, 10, 20
Katzwang (Nürnberg-) 42, 44, 96, 97
Kaufbeuren 57, 151
Kern, Dietrich Georg 93
Keyle, Christian 84
Kirchahorn (Ahorntal-) 99
Kirchleus 60, *164*, 165
Kirchrüsselbach 15, *42*, 44, 45, 46,
    98
Kirchsittenbach *97*
Kirnberg (Gebsattel-) *45*, 98
Klausstein (Ahorntal-) 44, *99*
Kleemeyer, Georg Wolfgang 158
Kleinhaslach (Dietenhofen-) 54, *99*,
    100, 101
Kleinschwarzenlohe *101*, 102
Kneule, Wilhelm 62, 63, 64, 112,
    116, 127
Knörringen, Herrschaft 149
Koerber, (Pfarrer) 132
Kohlmann, Philipp 134
Kolb, Johann 141
Kornburg (Nürnberg-) *102*
Kotowski, Norbert 72
Kramer, Karl Sigismund 126
Krauß, Georg 118
Kreß, Christoph Friedrich v. Kreßen-
    stein 88
Kulmbach 10, 20, 59, 102, *103*

Langbein, Otto 104
Lanzendorf (Himmelkron-) *52, 53,*
    60, 61, 103
Lauenstein 104

Lauf 49, 54, 55, 92, *104*, 105, *106*
Lehfeldt, Paul 136
Lehental *107,* 143
Leutershausen 152
Leuzenbronn (Rothenburg-) 107, *108*
Lichtenau 108
Lilien, Caspar v. 28
Lindenfels, Achatz v. 121
Lindenhardt (Creußen-) *109*
Lipprichhausen (Hemmersheim-) 109
Lips, Abraham Heinrich 134
Loer, Johann 112
Löhe, Wilhelm 29, 32, 38, 39, 43,
    63, 68, 79, 80, 116
Löw, Jsaack 78
Lohe, Heinrich Samuel 40, 72
Ludwig I, König 31
Luther, Dr. Martin 9, 34, 35, 38, 62

Mailand 39, 63
Mangersreuth (Kulmbach-) 102,103
Mantua 18
Markt Berolzheim *110,* 111
Marktbreit 23, 121
Martius, Georg Samuel 56
Matthes, Johann Jacob 77
Mecklenburg 13, 22
Meißner, Helmuth 7, 12, 14, 15, 62
Melanchthon, Philipp 18, 20, 63
Melkendorf (Kulmbach-) 38, 57, *58,*
    59, 70, 111, 112, 113, 134, 135
Merz, Hans 157
Mistelbach 42, 49, *61*, 113, 120
Mistelgau 113, 114
Mitwitz 48, 50, *114,* 115
Mösel, Johann Ulrich 69
Moratneustetten (Weihenzell-) 165
Mosbach (Feuchtwangen-)*115*
Müller, Annemarie 64
Müller, Heinrich 26
München 12, 36

Negerlein, Andreas 141
Neher, Leonhardt 100
Nemmersdorf (Goldkronach-) 165

Neudrossenfeld 115, 116
Neuendettelsau 29, 32, 38, *39*, 79, 116, 130
Neunhof 43
Neustadt a.d.Aisch 52, 59, 84
Neustädtlein/Sachsen 151
Nicolai, Friedrich 15, 62
Niekel, Günter L. 149
Noack, Peter 153
Nürnberg 10, 11, 12, 14, 15, 17, 18, 22, 23, 24, 27, 29, 33, 34, 43, 44, 56, 59, 60, 68, 81, 97, 144, 145, 146
Nürnberg-Behringersdorf 43
Nürnberg-Mögeldorf *11*, 20
Nürnberg-St.Jobst *117*

Oberampfrach (Schnelldorf-) 118, 125
Oberasbach 54, *118*
Oberkotzau 37, 38, 119
Obernsees 48, 49, 57, *119*, 120
Obernzenn 13
Oberredwitz (Marktredwitz-) 53, 54, *55*, 56, 58, 120, 121,
Oberröslau (Röslau-) 122
Obristfeld *122*, 123
Ochsenfurt 157
Oettingen v. 130
Offenbau (Thalmässing-) 123
Ohrenbach *123*, *124*
Ostendorfer, Michael *21*
Ostpreußen 13, 59
Ottensoos 45, *124*, 125

Petersaurach *48*, 49, 125, 126, 154
Petrini, Antonio 82
Pezold, Uta v. 77
Pfalz 22
Pfeiffer, Georg 125
Pfeiffer, Gerhard 29
Pfeiffer, Martin 157
Pilgramsreuth *126*
Pirckensee, Friedrich Teufel v. 121
Plech 38, 42, 48, 49, 50, *127*, 128
Pommelsbrunn 128, *129*

Poppenreuth (Fürth-) 44, *129*
Portugal 36
Poscharsky, Prof. Dr. Peter 15, 62, 136, 158
Pretzer, Raimund 144
Prichsenstadt 43

Raab, (Schreiner) 113
Rabenstein (Ahornthal-) 99
Radius, Georg 56, 121
Radius, Johann Jacob 70
Randel, Johann Martin 152
Raschzok, Prof. Dr. Klaus 62
Raspius, Johann 93
Raz, Christoph 148
Reber, Herbert 130
Regelsbach 43
Regensburg 21, 29
Rehau 130
Reich, Johann Christoph 40, 92, 104, 147
Reichenschwand 43
Reinhard, Friedrich 126
Remlingen 41, 48, 49, *130*, 131
Richter, Johann Albrecht 81
Richter, Traugott 90
Riegelstein (Betzenstein-) *132*
Riemenschneider, Tilman 101
Rink, Christoph Friedrich 15
Ritschel, Dr. Hartmut 12
Roepke, Claus-Jürgen 31
Rössler, Phil. Friedrich 112
Röthenbach (Arzberg-) 70
Röttger, Bernhard Hermann 121
Rom 36
Roßtal 41, 49, 54, 132, *133*, 134
Ruckdeschel, Christoph Friedrich 122
Rückersdorf 43
Rügen 13
Rügland 43
Rugendorf *41*, 57, 58, 70, 125, 134, 135, 149
Rühl, Eduard 118
Ruppmannsburg (Thalmässing-) 135, 142

Sachsen 13, 29
Sachsen-Coburg, Herzogtum 48
Sailer, Johann Michael 29
Sankt Helena (Großengsee-) *6, 47*, 136
Sand, G. B. v. *22*
Schade, Johann Caspar 29
Schäblin, Balthasar 156
Schatz, Helmut 42, 49, *69*, *73*, 78, 84, 94, 126, 128, 142, 147
Schelter, Alfred 62
Scherneck (Untersiemau-) 48, 136
Schertel, Johann Heinrich 127
Scheufelein, Hans Jörg 88
Schleswig-Holstein 13
Schmid, Johann Christoph Jacob 105
Schmidt, Dr. Frank 12
Schornbaum, Karl 60
Schwabach 59, 64
Schweden 36
Schweinfurt 20
Schweinsdorf (Neusitz-) 51, 54, *137*
Schweiz 36
Schwemmer, Wilhelm 145, 146
Seggel, Friedrich C. 32, 85, 86, 113, 114
Seibelsdorf (Marktrodach-) 14, 49, 137, *138*
Seifert, Heinz 66
Seiler, Georg Friedrich 30
Siegordner, Erwin 158
Silchmüller, Johann Christoph 27, 28
Simon, Matthias 52, 64, 153
Singer, Dr. Friedrich Wilhelm 70
Sitzmann, Karl 40
Söffing, Ludwig 112
Sommersdorf (Burgoberbach-) *51,* 52, 138, 139
Sondheim v.d. Rhön 15, *139*
Spener, Philipp Jakob 26, 27
Stadelmann, Wilhelm 103
Stäblein, Andreas 132
Stählin, Therese 32, 63
Stauf, Oberamt 45, 67, 83, 143
Strauss, J. *25*

Stegmann, H. 97
Stein (Gefrees-) 50, *140*
Steinbach a.d. Haide (Ludwigsstadt-) 41, 166
Steingruber, Johann David 67, 82
Steinmaier, Walter 117
Storner, Johann Balthasar 84
Stuhlfauth, Georg 13
Sturm, Leonhard Christoph *14, 15,* 62
Stuttgart 15, 112
Sugenheim 140, *141*

Tassert, Franz Peter 108
Tetzler, Johann Georg 88
Thalmässing 15, 70, 135, 141, 142
Thomasius, Gottfried 80
Thüringen 13, 48, 143
Tiefenbach (Thalmässing-) 49, *142*
Töpner, Dr. Kurt 77, 108
Trient 18, 36
Tröbst, Anna Catharina 163
Trost, Gottlieb 91

Ulbrich, Anton 62
Ullrich, Johann Christoph 131
Ulmer, Theodor Wilhelm 91
Unterlauter (Lauertal-) 46, 136, *143*
Untersteinach 42, 49, *60,* 61, 143, 144, 145

Velden 42, 49, *50, 145,* 146
Vogel, Hans 65
Voll, Gertrud 12, 14, 57, 85, 100, 102
Vorra 14, 146, *147*

Walburger, Michael 16, 93
Walsdorf *147,* 148
Wartburg 96, 97
Weidelbach 159, 160
Weiltingen 48, 50, 61, 148, *149, 150*
Weimersheim 52, 57, 150, *151*
Weinl, Johann Konrad 115
Weißenbrunn (Lkr. Kronach) 151,

152
Weißenburg 10, 20
Weißenkirchberg (Lehrberg-) *33,*
  152, 153
Werner, J. 113
Wernsbach 43
Wertheim 130
Westheim (Illesheim-) 49, *153,* 154
Wettringen (Lkr. Ansbach) 47, *154*
Wiedl, Franz 144
Wilhermsdorf 14, 49, *155,* 156
Windsbach 59, 116, *156,* 157
Winterhausen 15, 38, *40,* 41, 49, 62,
  157, 158
Wirsberg 158
Wittenberg 10, 17, 37
Wöhrd 70
Wolframs-Eschenbach 72
Wonsees 15, *46,* 48, 158, 159
Wolfrum, J. A. 127
Württemberg 22, 29, 149
Württemberg, Juliana v. 149
Würzburg 12, 14, 19, 25
Würzburg, Bistum 155
Wunder, Wilhelm Ernst 86
Wunderlich, Friedrich 131
Wunsiedel 41, 159

Zahn, Benedict Wilhelm 104, 105
Zapf, Kaspar 113
Zinzendorf, Nikolaus Ludwig v. 27
Zocha, Friedrich v. 83, 142, 152
Zwanziger, (Hofrat) 131
Zwernberg (Schopfloch-) 159, *160*
Zwingli, Huldrych 29

Schriften und Kataloge des Fränkischen Freilandmuseums

Häuser aus Franken. Museumsführer, 256 Seiten, zahlr. Farb- und SW-Abb., vollständig umgearb. Neuauflage 1994, DM 14,-.

Volksmusikinstrumente in Franken, 104 Seiten, zahlr. Fotos und 8 Farbtafeln, 1983, DM 12,-. Eine gleichnamige Musik-Cassette ist als Ergänzung erhältlich, DM 8,-.

Hirten, Schäfer und Arme Leute, 127 Seiten, zahlr. Abb. und Zeichnungen, 1984, DM 14,-.

Kleidung in einem fränkischen Dorf, 144 Seiten, 66 Farb- und 119 SW-Abb., 1986, DM 25,-.

Biographieforschung. Gesammelte Aufsätze der Tagung des Fränkischen Freilandmuseums vom 12.-13.10.1990, 184 Seiten, 58 Abb. , 1991, DM 16,-.

Mühlen und Müller in Franken. Mit einem Anhang über die Mühlen im Fränkischen Freilandmuseum, zahlr. Abb. und Zeichungen, 272 Seiten, erw. Neuauflage 1992, DM 29,-.

Evangelische Bilderwelt. Druckgraphik zwischen 1850 und 1950, 180 Seiten, 90 Farb- und SW-Abb., 1992, DM 25,-.

Malerhandwerk & Wanddekoration im frühen 20. Jahrhundert, 80 Seiten, 35 Farb- und SW-Abb., 1992, DM 23,-.

Historische Hausforschung. Eine Einführung in Arbeitsweise, Begriffe und Literatur, 192 Seiten, 83 Tafeln mit zahlr. Zeichnungen und Abb., davon 16 in Farbe, 1993, DM 39,-.

Weil ich Jesu Schäflein bin. Kinderleben und Kinderglauben im evangelischen Franken, 240 Seiten, zahlr. Farb- und SW-Abb., 1995, DM 28,-.

Kirchgang, Klöße, Kartenspiel. Traditionelle Sonntagskultur im evangelischen Franken, 223 Seiten, zahlr. SW-Abb., 1997, DM 25,-.

Bauernhäuser aus dem Mittelalter. Ein Handbuch zur Baugruppe Mittelalter im Fränkischen Freilandmuseum, 316 Seiten, zahlr. Farb- und SW-Abb., 1997, DM 29,-.

Mägde • Knechte • Landarbeiter. Arbeitskräfte in der Landwirtschaft in Süddeutschland, 304 Seiten, zahlr. Farb- und SW-Abb., 1997, DM 25,-.

Haus und Kultur im Spätmittelalter. Berichte der Tagung „Ländliche Volkskultur im Spätmittelalter aus neuer Sicht" im Fränkischen Freilandmuseum vom 24.-26.4.1996, 240 Seiten, zahlr. Farb- und SW-Abb., 1998, DM 39,-.

Häuser und Landschaft. Eindrücke aus dem Fränkischen Freilandmuseum, Bildband im Großformat, 132 Seiten, ca. 100 Farbabb., 1999, DM 39,-.

Fremde auf dem Land, 279 Seiten, zahlr. SW-Abb., 2000, DM 25,-

Ein Fotograf in Franken, 216 Seiten, zahlr. Farb- und SW-Abb., 2000, DM 28,-

Sachkulturforschung, Tagung der Arbeitsgruppe Sachkulturforschung und Museum, 222 Seiten, zahlr. SW-Abb., 2000, DM 19,-

Arbeit und Leben auf dem Lande (Schriftenreihe des Ausstellungsverbundes)
Die Milch. Geschichte und Zukunft eines Lebensmittels, 403 Seiten, zahlr.
Farb- und SW-Abb., 1996, DM 40,-.
Stein auf Stein. Ländliches Bauen zwischen 1870 und 1930, 408 Seiten, zahlr.
Farb- und SW-Abb., 1999, DM 39,-.
Frauenwelten. Arbeit, Leben, Politik und Perspektiven auf dem Land, 390 Seiten, zahlr. Farb- und SW-Abb., 1999, DM 39,-.

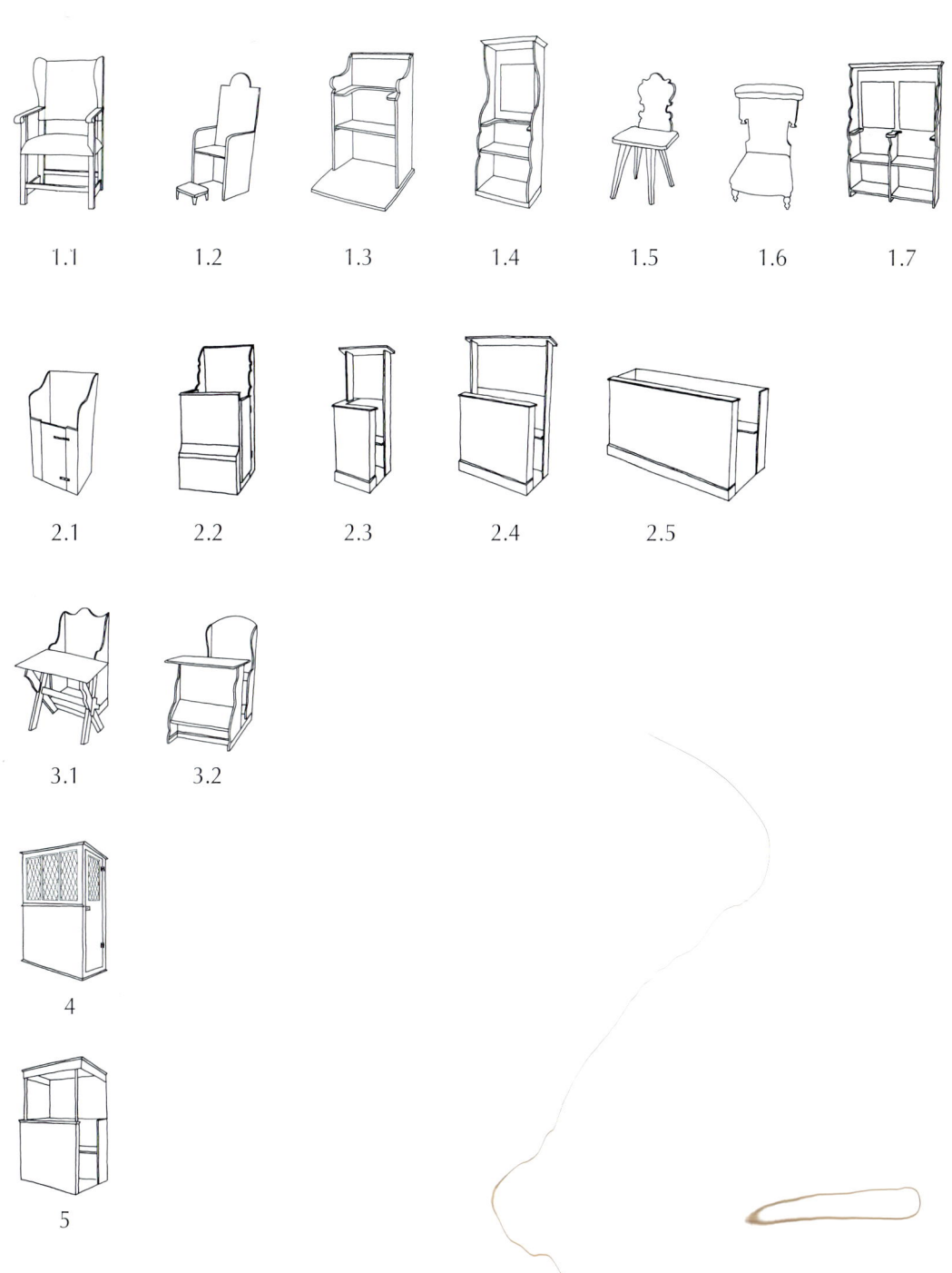

1.1 1.2 1.3 1.4 1.5 1.6 1.7

2.1 2.2 2.3 2.4 2.5

3.1 3.2

4

5

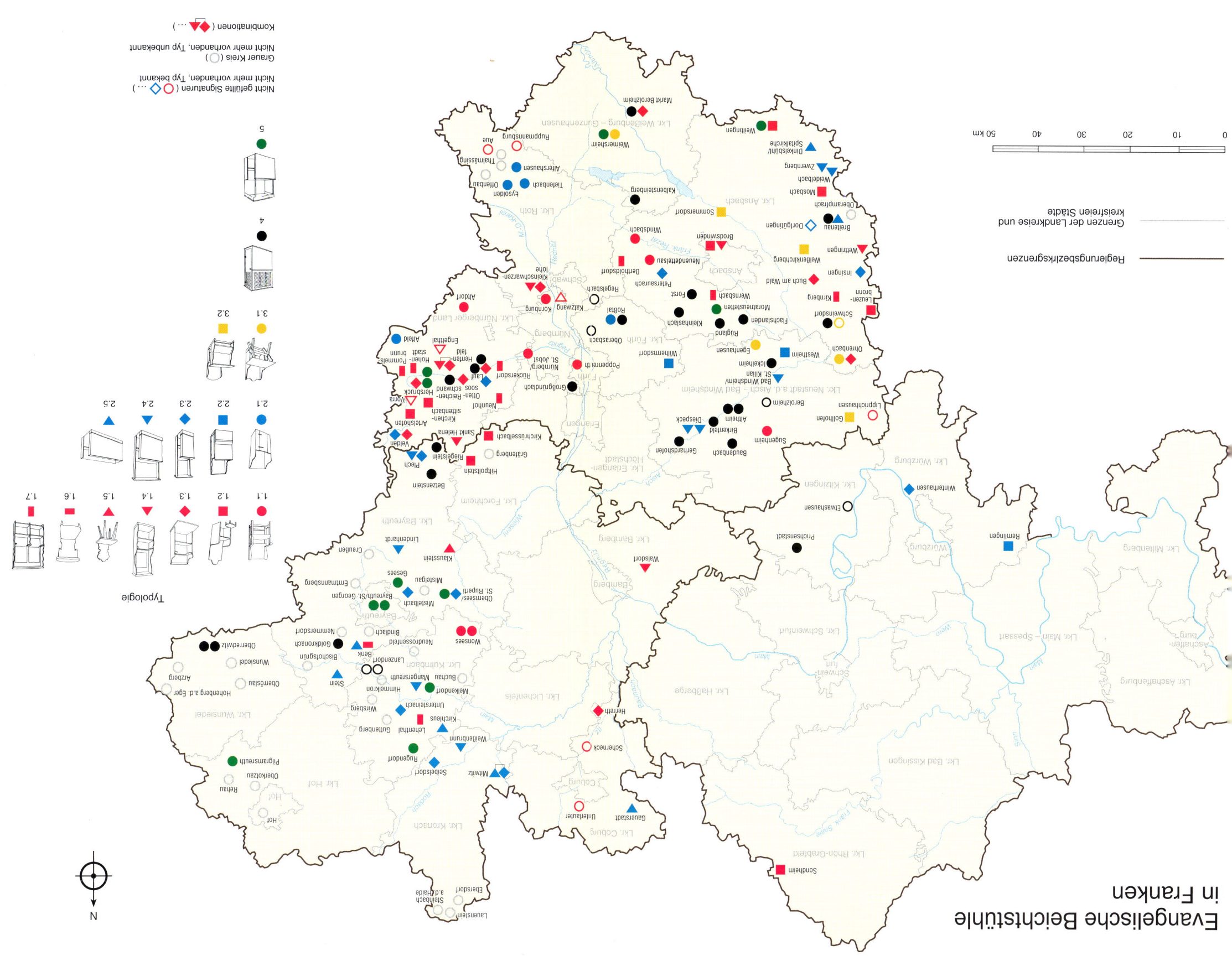

Evangelische Beichtstühle in Franken